あるくみるきく双書

田村善次郎・宮本千晴【監修】

宮本常一とあるいた昭和の日本

17

北海道①

農文協

はじめに

——そこはぼくらの「発見」の場であった——

「私にとって旅は発見であった。私自身の発見であり、日本の発見であった。書物の中で得られないものを得た。歩いてみると、その印象は実にひろく深いものであり、体験はまた多くのことを反省させてくれる。」これは『私の日本地図』の第一巻「天竜川にそって」の付録に書かれた宮本常一の「旅に学ぶ」という文章の一節である。これは宮本先生の持論でもあった。近畿日本ツーリスト・日本観光文化研究所に集まる若者の誰もが幾度となく聞かされ、旅ゆくことを奨められた。そして「どうじゃー、面白かったろうが」というのが旅から帰った者への先生の第一声であった。一生を旅に過ごしたといっても過言ではないほど、旅を続けた宮本先生にとって、旅は面白いものに決まっていた。それは発見があるからであった。発見は人を昂奮させ、魅了する。

この双書に収録された文章の多くは宮本常一に魅せられ、けしかけられて旅に出、旅に学ぶ楽しみと、発見の喜びを知った若者達の旅の記録である。一編一編は限られた村や町の紀行文であるが、こうして地域ごとに集めてみると、期せずして「昭和の風土記日本」と言ってもよいものになっている。

日本観光文化研究所は、宮本常一の私的な大学院みたいなものだといった人がいるが、この大学院は学歴も職歴も年齢も一切を問わない、皆平等で来るものを拒まないところであった。それだけに旺盛な好奇心と情熱をもった多様な性向の若者が出入りしていた。『あるく みる きく』は、この研究所の機関誌的な性格を持った月刊誌であり、所員、同人が写真を撮り、原稿を書き、レイアウトも編集もすることを原則としていた。編集者もデザイナーも筆者もカメラマンも、当時は皆まだ若かったし、素人であった。公刊が前提の原稿を書くのは初めてという人も少なくなかった。発見の喜び、感激を素直に表現し、紙面に定着させるのは容易なことではない。何回も写真を選び直し、原稿を書き改め、練り直す。徹夜は日常であった。素人の手作りからの出発であったが、この初心、発見の喜びと感激を素直に表現しようという姿勢、は最後まで貫かれていた。

月刊誌であるから毎月の刊行は義務である。多少のずれは許されても、欠号は許されない。特集の幾つかに宮本先生の古くからのお仲間や友人の執筆があるし、宮本先生も特集の何本かを執筆されているが、これらは欠号を出さず月刊を維持する苦心を物語るものである。

『あるく みる きく』の各号には、いま改めて読み返してみて、瑞々しい情熱と問題意識を感ずるものが多い。それは、私の贔屓目だけではなく、最後まで持ち続けられた初心、の故であるに違いない。

田村善次郎　宮本千晴

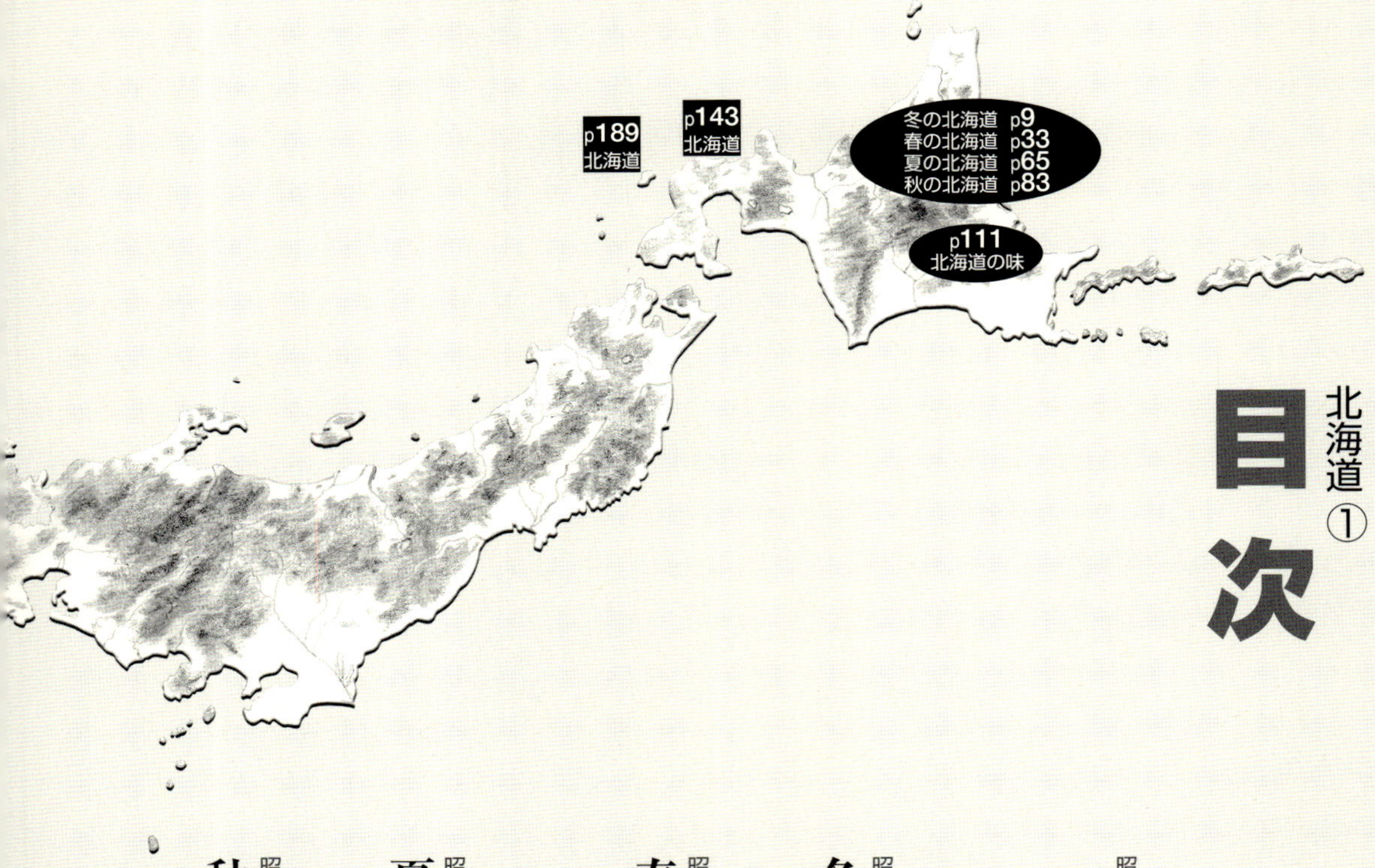
冬の北海道 p9
春の北海道 p33
夏の北海道 p65
秋の北海道 p83
p111 北海道の味
p143 北海道
p189 北海道

北海道① 目次

はじめに　文 田村善次郎・宮本千晴 ― 1

凡例 ― 4

昭和五四年（一九七九）七月「あるく みる きく」四九号
一枚の写真から
―舟とコンブ―　文 宮本常一　写真 工藤員功 ― 5

昭和四三年（一九六八）一月「あるく みる きく」一一号
冬の北海道　文・写真 更科源蔵 ― 9

昭和四六年（一九七一）二月「あるく みる きく」四八号
春の北海道　文・写真 更科源蔵 ― 33

新十津川開村記　文 宮本常一 ― 62

昭和四三年（一九六八）六月「あるく みる きく」一六号
夏の北海道　文・写真 更科源蔵 ― 65

昭和四七年（一九七二）九月「あるく みる きく」六七号
秋の北海道　文・写真 更科源蔵 ― 83

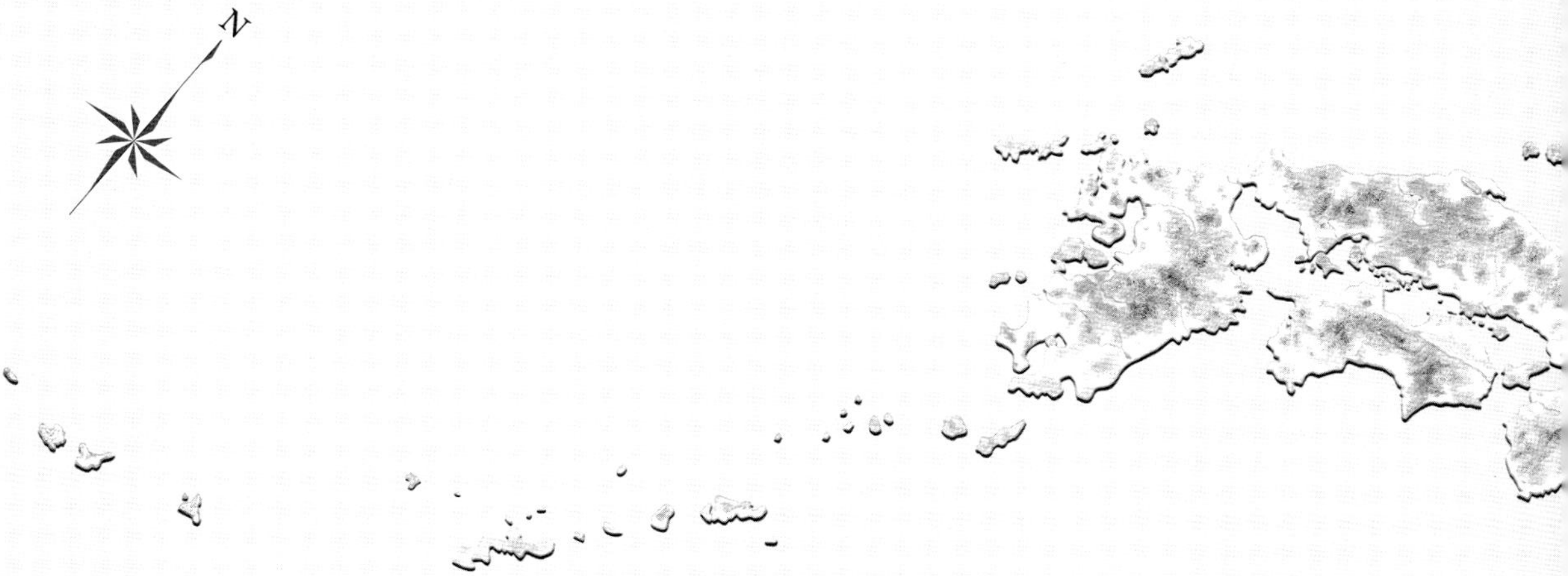
N

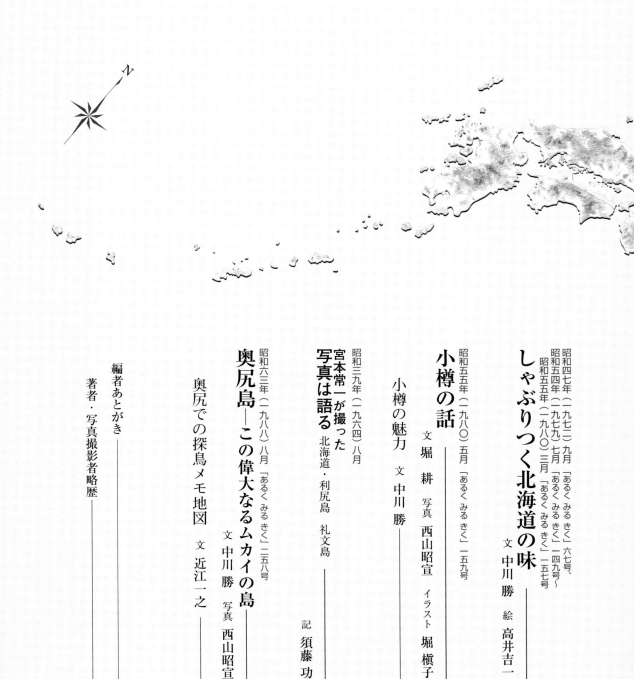

凡例

○この双書は『あるくみるきく』全二六三号の中から、日本国内の旅、地方の歴史・文化・祭礼行事などを特集したものを選出し、それを原本として地域および題目ごとに編集し合冊したものである。

○原本の『あるくみるきく』は、近畿日本ツーリストが開設した「日本観光文化研究所」（通称　観文研）の所長、民俗学者の宮本常一監修のもとに編集し昭和四二年（一九六七）三月創刊、昭和六三年（一九八八）一二月に終刊した月刊誌である。

○原本の『あるくみるきく』は一号ごとに特集の形を取り、表紙にその特集名を記した。合冊の中扉はその特集名を表題にした。

○編集にあたり、それぞれの執筆者に原本の原稿に加筆および訂正を入れてもらった。ただし文体は個性を尊重し、使用漢字、数字の記載法、送り仮名などの統一はしていない。

○写真は原本の『あるくみるきく』に掲載のものもあれば、あらたに組み替えたものもある。原本の写真を複写して使用したものもある。

○掲載写真の多くは原本の発行時の少し前に撮られているので、撮影年月は記載していない。

○写真撮影者は原本とは同一でないものもある。

○市町村名は原本の発行時のままで、合併によって市町村名の変わったものもある。また祭日や行事の日の変更もある。

○日本国有鉄道（通称「国鉄」）は民営化によって、昭和六二年（一九八七）四月一日から「ＪＲ」と呼ばれる。『あるくみるきく』はほとんどが国鉄当時の取材なので、鉄道の路線名・駅名など国鉄当時のものが多い。民営化によって廃線や駅名の変更、あるいは第三セクターの経営になった路線もあるが、それらは執筆時のままとし、特に註釈は記していない。

○この巻は須藤功が編集した。

一枚の写真から

宮本常一

―船とコンブ―

北海道えりも町・襟裳岬。昭和46年（1971）10月　撮影・工藤員功

北海道の海は資源がゆたかであった。沿岸には海藻がよく茂り、沖には来遊する魚が多かった。したがって沿岸には早くから多くの人が住んでいた。それらの海の幸をとって生活をたてていたのである。本州の南の方に住んでいる者にとって、北海道は寒く、人口も少なく、古くはアイヌの住んだ世界であると考えられていたのであるが、そこに住んでいる者にとっては決して暗く息苦しい世界ではなかったようである。昨年（昭和五十三年）北海道の北見へいって、常呂《ところ》町《ちょう》を訪れたとき、その町内に縄文時代の居住址が一万五千もあると聞いて、北方文化についての私の認識の浅いことにつよい反省を与えられた。本州の一地域に一万五千もの居住址のあるところがあるであろうか。北海道の考古学的調査はまだ何ほども進んでいないが、進むにつれていろいろのことがわかって来るはずである。

北海道の原住民たちはその初めは本州に住んでいた者と文化の上では大きな差はなかった。土器を作り、石器を用い、豊富な資源を利用して当時としてはゆたかな生活をしていたはずであるが、採取できる食料が豊富だというだけでは文化はたかまるものではなかった。文化を高めるためにはいろいろの条件と要素が必要であった。西南日本では稲作がはいり、鉄の精錬技術がはいって来て、その生産技術を高めていったが、北海道へは稲作は容易にはいって来なかった。また鉄もシベリアから樺太を経由してはいって来ることはあったけれども、その量は知れたものであった。船を造るにしても木を削るには斧など用いたであろうが、北海道で鉄を産出しないとすれば、すべて大陸から輸入せざるを得なかった。

しかしそうした中で船を造り、漁労や狩猟をおこなって来たのであった。昔のアイヌの船の絵を見ると、帆は苫帆《とまほ》を用い、船は板を縄で縫いあわせて造っていた。釘を用いていなかったのである。船の内側に竜骨をあて、それに板を結びつけ、また板と板を縫いあわせていたので、われわれはこれを縫い船とよんだ。そのような船はアイヌだけでなく、ひろく太平洋全域にわたって分布を見ていたばかりでなく、アラビア海に今も多数見ることのできるダウという帆船も、縫い船であった。そしてダウはアフリカの東海岸を南端までゆき、東の方は中国の泉州あたりまで航海して貿易をしていたのである。さほど大きな船ではないが、貿易風を利用して海をわたり、遭難することは少なかった。一五〇〇年、ポルトガル人ヴァスコ・ダ・ガマがアフリカの喜望峰をまわって東岸のラムにいたり、そこからインドのゴアに至ったのはラムにいたアラビア人のダウにみちびかれてのことであった。アラビア人たちはダウのゆくところをイスラム教の地帯にしていった。

そのように彼らは日本の船などよりもはるかに丈夫な船を造りあげていったのであるが、アイヌの船も実はダウに通ずる造船構造を多分に持っていたのはいったいどういうことであろうか。文化は停滞するように見えつつ思いもそめぬような遠い世界につながりをもっていた。

そればかりではなかった。アイヌの船は車櫂《くるまかい》という櫂をもっていた。船の両舷に杭をたて、櫂の柄穴《ほぞあな》をその杭に差し込んで、後向きになって櫂をこぐ。それは北欧などにも通ずる操舟法であった。

ところが稲作の伝来とともに人が船に前向きにすわり、櫂を両手にもって水をかいて船を前進させる操舟法がもたらされた。長崎でおこなわれているペーロンや沖縄のハーリーなどもこのような漕ぎ方をしている。そしてそのような漕ぎ方は島根県美《み》保《ほ》神社《じんじゃ》や、和歌山県新宮の熊野《くまの》速玉《はやたま》大社の諸手船《もろたぶね》の神事にも見られるのである。

これら二つの操舟法のほかに、朝鮮半島を経由して櫓《ろ》を用いる操舟法が伝来し、これがひろく普及してゆくことになる。

襟裳岬で見かける漁船は和船の型になって来つつ内側には竜骨（マツラといっている）が見え、櫂がある。但しこの櫂は撞木《しゅもく》がついていて、内地風な使い方をするものである。アイヌ型の漁船は縫い船から釘使用にかわって来ても、型そのものはもとのままで、北海道の海岸各地で用いられ、車櫂もまた使用されていた。そしてそのような船は下北半島にも分布を見ていたが、古くは関東地方の沿岸にも用いられていたのではないかと思われる。三陸の海岸には舳《へさき》も艫《とも》も区別のつかないような船が、ごく最近まで何艘も見かけられたものであった。磯漁をするにはこういう船が使い勝手がよかったのであろう。

アイヌ型の磯船でコンブをとっているのを北海道北端の礼文島《れぶんとう》で見たことがある。男が一人船に乗って箱眼鏡で水中を見つつ、長い棹を海中に挿しこみ、コンブを切ってひきあげるのである。その時片足で車櫂を操作する。船を進行させるのでなく、船を一定のところにとどめ、方向だけをかえるのなら、片舷の櫂を操作するだけで十分である。そのようにして船の中にはコンブが見る見るうちにうず高く取りこまれていったのである。

襟裳岬の浜にもコンブが干してあった。しかし一面に干してあるとは言い難い。コンブも昔のようにはとれなくなったのであろう。あるいは最盛の漁期にはコンブでこの浜がうずまることがあるかもわからない。

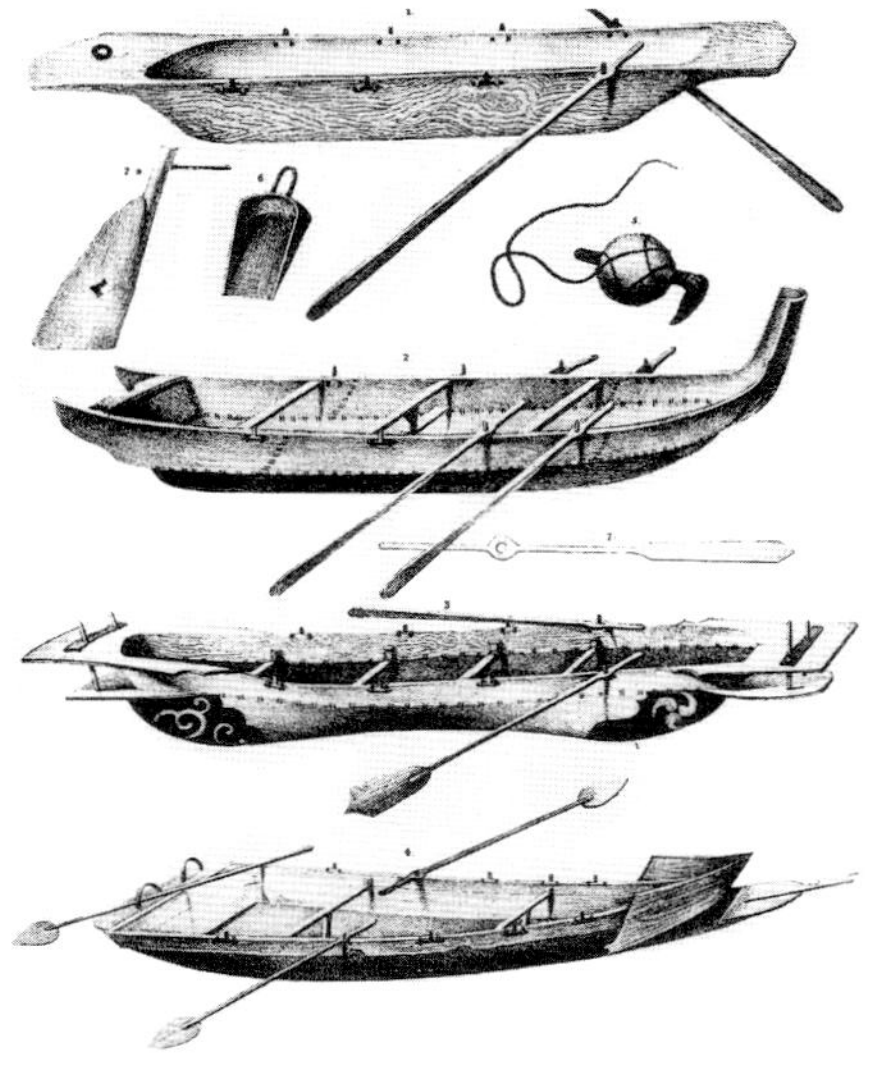

アイヌの船。須藤功編著『図集　幕末・明治の生活風景』より

知床半島の南岸に羅臼《らうす》という町がある。その羅臼の町のちょうど真中ほどに知円別《ちえんべつ》という漁村がある。もとはコンブの村であった。知円別の沖はコンブの密林になっていた。そのコンブを山形、秋田の海岸の人たちがとりに来た。男たちが船をうかべて沖に出てコンブを切る。そして船一ぱいになると海岸まで来て渚にそれをあげる。女たちはそれを浜の上の方まで背負って運んで、浜一面にひろげて干した。一日中砂浜を上ったり下りたりすると、踏みごたえのない砂の上を歩くのですっかりつかれてしまう。そして夜は足が棒のようになった。

浜で作業するのに鮭の皮の靴をはいた。鮭の皮は乾くとパチンパチンにかたまるが、水気を含むとやわらかになる。そして藁靴などよりは丈夫であったという。長い苦労を重ねて、いつの間にかコンブをとりつくしたようになったとき、魚をとる漁業に転じ夏場の出稼ぎに来るのではなくて、この地に住みつくようになったとの話であった。長く苦しみつつ働いて来たその土地に愛着が生じて住みついたのだという。

「子供たちは札幌へいって学校に通っています。私たち一代でここでの生活は終るでしょう。しかしここにはどこよりも深い思い出があります」

と一人の老女は語った。アイヌたちが北海道に根深く住みついたのも一方にはゆたかな資源があったからであろう。しかし今ここに長くつづいて来た自然採取の文化は幕をとじようとしている。

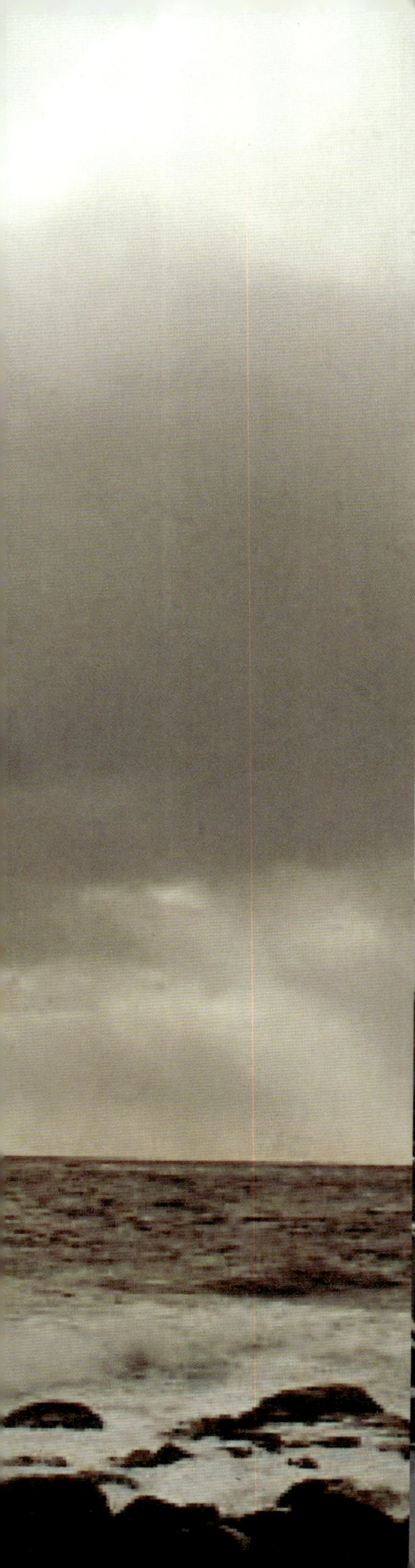

冬の北海道

文・写真　更科源蔵

冬の川白海岸（神《かも》恵《え》内村《ないむら》）と札幌の時計台（右）

霧氷と流氷のきた宗谷海峡

冬の旅

南の太陽の光の下から来た人々は、生命の上に霜柱のたつような北の旅をあまり喜ばない。小鳥たちでさえ南に帰るではないかと、南から移り住んだ人々は、自由の翼をもつ小鳥をうらやみ、限りない望郷の歌をのこした。

さいはての駅に下り立ち
雪あかり
さびしき町にあゆみ入りにき

これは明治四十一年（一九〇八）の冬、流離の果《はて》に啄木がたどりついた釧路の街の姿であった。今の釧路にそれを求めるべくもないが、この歌にうたわれているような町はまだいたるところにある。大雪原の果にプッツリと鉄路が切れて、駅名表示板にもそこから先は空白のまま、絶望の国のように白々と雪明りがつづいている。そんな先に人家の灯りが光っていても、おそらくそれを灯と見る旅人はないであろう。雪原の果に沈む凍った星のようにそれは冷たい。

夏の北海道を知っている人でも、こんな荒涼とした風景の中に投げ出されると、一瞬これがあの北海道かと息をのむであろう。そして自らは、世の中のわびしさや悲しみのすべてを背負った、不幸な旅人であるという心の痛みに胸がうずき、改めて人間とは何であるかという、自問の場に立たされたりもするのである。冬の北の風景は右しても左してもよいなどという余裕がなく、絶対をせまられるきびしさと対決しなければならない。だから冬の旅は観光旅行などというものとは、程遠いものであるようだ。

厚い窓霜で覆われた車内からは、外の風景をうかがい見ることもできない。罪をおかして地の果に送られる列車のようで、全くツルゲエネフの物語でもよむ思いである。だが落着いて車内を見ると、土と太陽とにやかれたずるそうで、案外素朴な顔が牛の値段だとか、くったくのない天気の話などをしているのにぶつかる。これは近代化した急行列車などでは駄目だ。各駅停車の二等鈍行に限るといってよい。この車内は村の集合所で、土の臭いや海の臭い、魚とか牛の臭いのぷんぷんしている社交場でもある。

そして夏は観光客でゴッタ返している観光地も、この頃になるとシーンとした反省の中に沈んでおり、薪ストーブがパチパチ音をたてて燃える部屋で、明日も吹雪がつづくであろうかなどと、不安と期待の入りまじった時がすぎる。

いつか吹雪のあと新雪を割って進む木材トラックに乗せてもらって、阿寒湖畔に行ったことがある。熊の皮ですっぽり身体を包んでいたが、夜の山道を走るトラックの上は痛い寒さであった。山の星が直ぐ睫毛のあたりでまたたいて見えた。夜中近くねむりかけた湖畔に着いたとき、足だけは動いたが上体は凍ったように動かなかった。宿につくと顔見知りの主人から一喝をくった。冬道に耐えて来た旅人にやさしい言葉は禁物なのである。ガックリして気を失うからだ。主人の拳固のような一喝は、たしかに私を立直らす効果はあったようだ。そしてその夜食膳にそなえられた、クリーム状に凍った酒と、椿の花のように飾られた、姫鱒《ひめます》のルイベ（凍らした魚の刺身）の味は終生忘れることのできないものだった。主人はすっかり私の身体に人心地が戻ったころにはいって来て、さっきの無礼をわびた。そして乾魚を入れて漬けた生臭漬（鰊《にしん》漬とも、魚漬ともいう）をどんぶりで運ばせて、昔の冬道の遭難の話などをしてくれた。多くの遭難者は山の中や原野でなく、人里の灯の見えるところに来て安心して睡《ねむ》り込むのだということだった。主人は先代から

凍った積丹《しゃこたん》半島の中の滝（神恵内村）と海苔採りに行く人

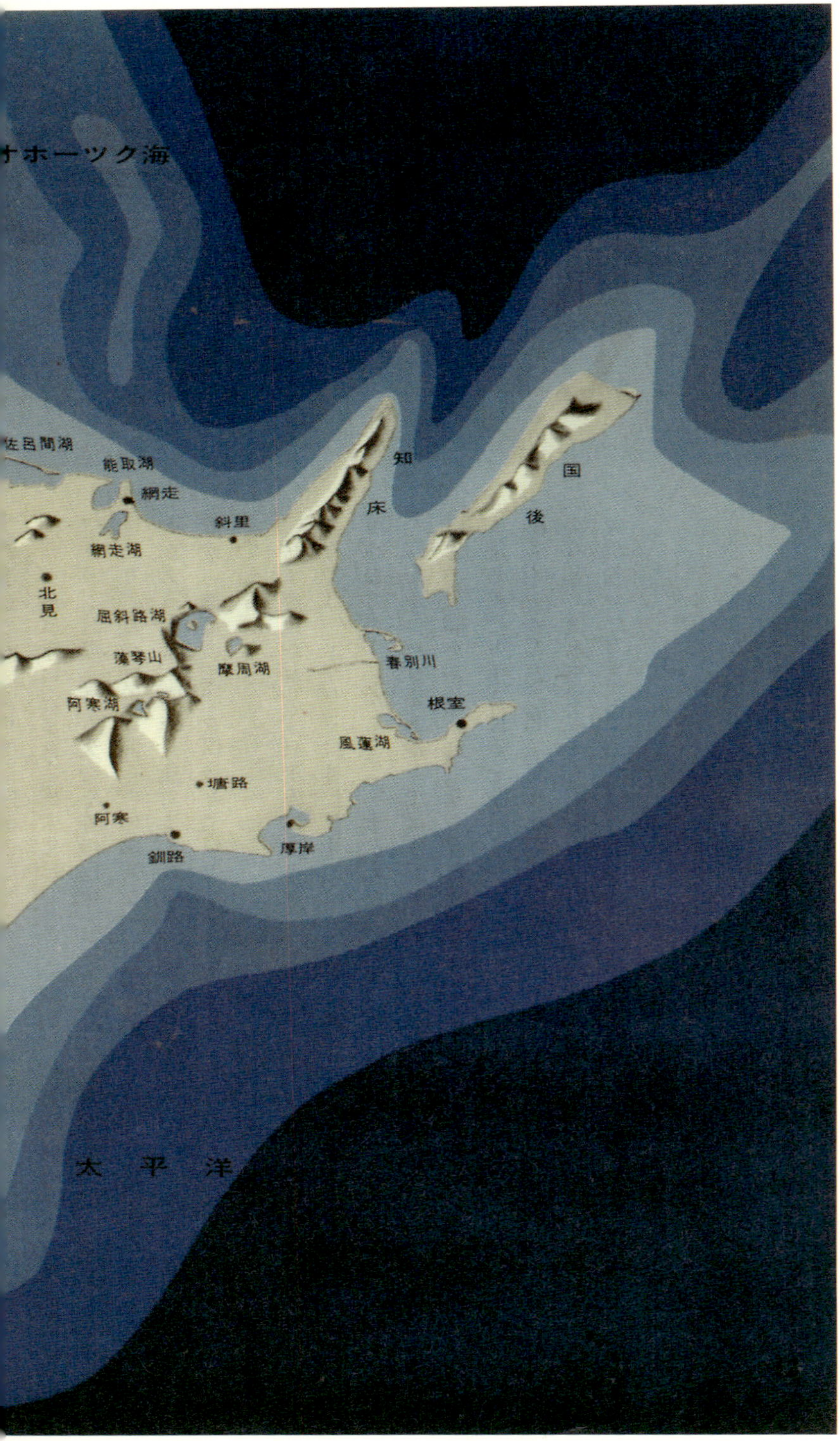

ここに駅逓（官設宿泊所）をしていて、冬の旅人の宿をしていたので「今でも昔の習慣が咄嗟に出てくるので、家の者に叱られるのです」と頭をかいて出て行った。

冬の旅は吹雪とばかりはきまってはいない。目のくらむほどの新雪に馬橇《ばそり》の鈴をならして行く旅は、もうよほど僻地に行かなければなかなか味わえないが、ないわけではない。

春が近くなると雪の表面が少しずつ解け、夜になると再び寒さが戻ってきて雪面を凍らし、朝の間はいわゆる堅雪《かたゆき》になり、銀色にきらめく子供達の自由な広場がひらけ、雪のないときにはとても行くことのできない川向うでも、道のない藪の上でも畑へでも勝手に出かけることができるし、転がろうとどうしようと着物のよごれる心配もない。雪の多い羊蹄《ようてい》山麓などでは馬ですら自由に堅雪が渡れる。この銀盤の照り返しは人々の皮膚を渋紙のようにこがしたり、雪眼炎を起したりする。

雪になれない人は大抵都会の雪道で辷《すべ》って転ぶ。雪に埋れて道かたのなくなったところでは、思いがけない深

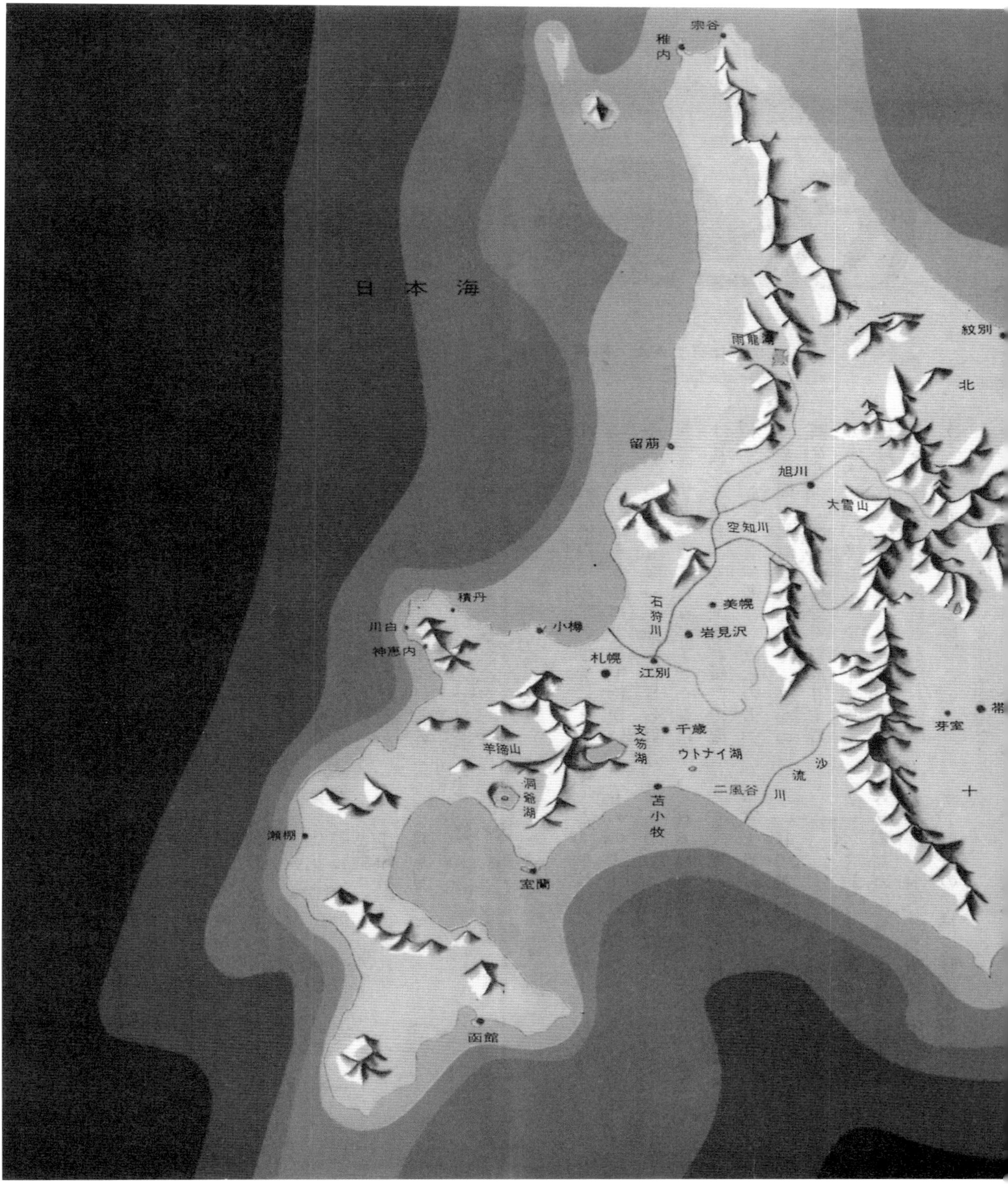
宗谷
稚内
日本海
紋別
雨竜湖
北
留萌
旭川
大雪山
空知川
石狩川
美幌
岩見沢
積丹
川白
小樽
神恵内
札幌
江別
帯
芽室
支笏湖
千歳
羊蹄山
ウトナイ湖
沙流川
洞爺湖
苫小牧
二風谷
十
瀬棚
室蘭
函館

北海道概略図

みに足をふみはずして行き悩むことが多い。ところが土地の人は決して雪に辷って転ぶへまをやらない。足を凍った道からはなさずに辷らすように前に運ぶ、そしていつ辷ってもよいように、靴の中で足の親指をまげて警戒しているのである。道かたのわからなくなった雪道でも、目では区別はつかないが足の爪先が、吹雪に埋った道をさぐりあてるから、道からはずれることがない。親切な人は枯れた蓬《よもぎ》を道の両側に立てて、この苦労をゆるめてくれる。

雪虫の行方《ゆくえ》

十月に入り隙間の多くなった林を梳《す》いて、肌寒い北風が人間を物かげの方へ吹き寄せると、長くのびた夕暮れの蒼い木蔭のあたりから、僅かな気流の動きに舞いあがった焚埃《たきぎぼこり》のような、白い片々が舞い上がる。舞い上がるというよりも、さまよいただようといった方がよいかもしれない。これを吾々は雪虫と呼び、アイヌの人達も昔からウパシ・キキリ（雪虫）と呼んできた。

このあるかなきかのかなしげな生命の流れが姿を現わすと、北国の生活が急にあわただしくなる。冬の間部屋をあたためるための燃料を運び込んだり、薪を切って風よけのように積み上げたり、主婦たちは日に日に寒くなる北風に手を赤くして、野菜の貯蔵や漬物の用意に、あれこれと気をつかわなければならなくなる。その忙しい人々の肩や背中に、雪虫がしがみつくようにとまっていたりする。

雪虫が現われると北海道は、晩秋と初冬との境になり、ビショビショと冷雨が落葉をぬらし、夏も取りはずさないストーブの煙突から、いっせいに煙がたちのぼりはじめる。そして冷たく屋根を叩いていた冷雨が、急に霰に変ったり、シンとしていつの間にか雪にかわっていたりする。山に来る初雪はすでに九月に入ると間もなくやって来るが、村里を訪れるのは雪虫が見えなくなる十月の末か、十一月のはじめである。どういうわけか昔は、十一月三日の天長節（現在の文化の日）というと必ずといってよいほど雪に浄められた。それを

「天長さまのお祝い日だから……」

と明治の人はいった。

早い年は十月末に三〇センチも積って、まだ咲き終らないコスモスやダリヤの花が、恥しそうに雪の間からのぞいていることがある。

雪虫が飛ぶのは、夏の間トドマツの根に寄生していた、トドノネオオワタムシという昆虫が、新しい寄生主のライラックやヤチダモの林の方へ移動する姿なので、トドマツやヤチダモの少い地方には見られないが、北海道の植林には、この両方の樹種を混生させるところが多いので、たいていの地方では雪虫を見ることができる。見た目にはいかにも薄命な生命の漂泊のようにうつるが、現実的には北海道の植林に、少なくない害をおよぼすのだそうである。

雪虫がとびはじめると、人々は心なしか肩をすぼめ背中を丸めて、前こごみになって足元に視線をおとす。季節の弱い陽差の中で、傾斜してゆく人生の終焉のことを、全身で感じているかのような姿である。たしかにこの季

雪降るなかでサッカーをする子どもたち。稚内市

節は北に生きる人だけでなく、この季節の中を旅する人にとっても、栄光の秋のあとに来る、凋落のさびしさが、永遠とは何であるかを腹の底の方から、ある決心をもって考えさせられ、そしてやがてシーンとした物思う冬に落込むのである。それは壮大な夏の風景の中では、到底考えも及ばない静寂な、人々を思索の底に引込む季節感である。そして暗く風雪にかげった日々と、白銀に目もくらむ日々とがくり返され、やがて軒先の氷柱《つらら》からせわしく雪解けの雫が落ちはじめると、別な雪虫が雪面を小さな妖精のように、ピョンピョンとはねはじめる。トビムシの一種でアイヌの人は雪解かす虫《ウパシニンケプ》と呼んでいる。

この虫の出る前に客集めの雪祭や流氷祭が各地で行なわれる。北国の最大の邪魔物である雪や氷を、逆に利用する行事は、まだ住民の中にまではとけ込んでいないが、北国でなければ見られない魅力に富んだものであることはたしかである。

白鳥コタン

碧落を湛へて地下の清冽と
噴きつらなる一滴の湖。

湖心に鉤を投げる。

白鳥は来るであろう、
火環島弧の古《いにしへ》の道を。

これは孤高の詩人吉田一穂《いっすい》の詩集「羅甸薔薇《らてんそうび》」におさ

鈴の音を響かせて行く馬橇（上）と陽が西に傾き始めた十勝の雪原（下）。芽室町

められた、「白鳥」という詩の一章である。彼の故郷北海道積丹《しゃこたん》半島には、冬になっても白鳥が訪れないはずである。だが寡作な彼は白鳥の詩を十五章も書いている。北方のするどい自然の中に青春の思い出をもつこの詩人は、自らの心象として、冬になると多く南に去る鳥の中で、北を愛し白い世界にだけ生きる道を求める白鳥に、限りない愛情といつくしみを感ずるからであろう。たしかこの詩は「白鳥コタン」という題で、私のやっていた詩の雑誌に書いてくれた記憶がある。

　白鳥コタンという言葉から思い出されるのは、根室の風蓮湖《ふうれん》である。私も幾度か「白鳥の湖」という題でこの湖のことを書いたことがある。凩《こがらし》の音が鋭い口笛のようになると、凍った光がただようオホーツク海の上空を、悠々と純白の翼を張ってこの鳥の群が渡って来る。そしてそのほとんどが、この風蓮湖の上に雲のように舞いおりる。その数は数千とも数万ともいわれているが、定かなことは誰れもしらない。複雑に入りくんだこの湖は、幾百千と知れない群がいくつも散在していて、とてもその全貌を見極めることができないからである。

　しかしこの湖は彼等の古里ではなく、彼等の故郷は更に寒い夏の花ひらく、シベリヤか北欧の国々であるという。冬になると凍原になる故郷からはるばる、古の道を通って食を求めて北海道の湖にやって来るのである。

　いつかの冬私は、千島を追われてこの湖畔に牛を飼っている人の家に泊めてもらったことがある。夕昏すでにカメラのシャッターがあやしくなり、空の白鳥座も寒波のために動きがとまるほど寒い夜であった。寒い夜はことさらに彼等の合唱が高まるといったが、床について耳を枕にあてると、枕の中にまで白鳥の合唱がいっぱいにつまっていたが、夜があけてみると湖畔の樹木までが真白に凍てはて、薔薇色の朝の光の中では、凍った湖上に一羽の彼等の姿も発見することができなかった。しんしんと骨を凍らす夜の中の彼等の合唱は、凍結する湖を捨てて不凍湖へ移動するときの、別れの曲だったようである。彼等はこの湖に生えるアマモやオオカサスゲの根などをあさって、貧しくも純白を維持しているのである。

　不凍湖といっても食糧のない深い湖に彼等は行かない。凍る湖のそこここにある湧水池や河川などが彼等の吹雪をさける越冬地である。釧路厚岸《あっけし》湖に海水が出入する「汐きり」のあたり、秋には菱祭のある塘路《とうろ》湖、そして冬も白い湯煙をあげている屈斜路《くっしゃろ》湖畔。冬のはじめに彼等の根拠地になる風蓮湖では、春別《しゅんべつ》川の川口あたりに蝟集している姿が見られる。近年ここでは餌付に成功して、冬の旅の好きな人々を呼んでいる。

　かつては室蘭港を白鳥澗と呼んだことがあるが、銅鉄の街になってからはその姿を見ることができなくなり、苫小牧《とまこまい》や千歳《ちとせ》の中間にあるウトナイ湖や白鳥沼に冬の初めに訪れることがある。

　アイヌの人達もこの鳥をレタッ・チリ（白い鳥）と呼んでいるが、この鳥があまり姿を見せない地方では疱瘡の神であるといっておそれているところがあり、そのおそろしい白鳥の子孫であるという人などがあって、その人達だけがうたう意味不明の歌がある。

ハンロ　サエ
ルフ　ワ
ハロ　エ
ルフ　ワ

この歌をうたうと疱瘡神が、その一族を荒らさないともいうが、何故そうした歌が生れたのであるか、はるかな時空の彼方に消え去って、遙として不明であるが、北の大自然を絶対唯一の生活の場にしていた人々にとって、それは何等かの理由によって、生れたものであることには間違いない。

夏の日私は、白鳥達が雲のように群れていた風蓮湖を訪れたことがある。だがそこには彼等の一枚の羽毛すら残っていなく、かつての冬の日のあの白鳥達の大合唱のあとは、全く別の世界の出来ごとででもあるかのような、静かな水のたたずまいより見ることができなかった。湖とオホーツク海をへだてる砂丘の上は、敷きつめたようにハマナスの花がさき、ここにも白鳥の足跡をすら探し得なかった。やがて荒々しい流氷が削ったと思われる砂《さ》嘴《し》に出たとき、砂に埋れかけている大きな水鳥の骨に出あった。白鳥の骨である。それは近くの蝦夷松《えぞまつ》林に棲む、野狐の仕業のように思われた。冬の夜氷に足が凍てついて、心ない漁夫に鎌で刈られたなどという話があるように野狐も氷を渡って白鳥に忍び寄るのであるが、逆に狐が湖におちて凍え、朝起の漁夫に拾われたりもするという。心の底まで凍り果てる北国の夜の闇の中でも、生きるための激しい争いがつづけられているのである。そして春のよみがえりの声をきくと、冬の精のようなこの生物は、風雪にさらされた骨だけを残して、北に去って行ったのである。

流氷の来る頃

不思議な白光る虹をともなって、石板色のオホーツク海に流氷が姿を現わすのは、毎年一月の中旬頃である。

知床に押し寄せる流氷

荒れる冬の日本海。神恵内村

遙かな北洋で生れたこの悪戯者《いたずらもの》の氷の群は、白い大陸のようにおしよせたと思うと、次の日には幻のように消え去ったり、また忽然と暗い海面に現われて、海をどろんと気味悪い静けさにおしつつみ、鳥だけが右往左往して大騒ぎをする。流氷に定着されると、鳥達は餌場を失って、寒い冬をすごさなければならないからである。殺気だった鳥達が小さな蟹の甲羅一つで、烈しく争いを展開するのもこの季節である。

この岸に生きる人々は、必ず毎年やって来る白く広大な訪問者をさけて、船も漁具も歳の暮のうちに陸にまきあげ、板片や筵《むしろ》で包んで船庫にしまい込み、いつでも来てみろという反抗の姿勢を示し、流氷の来る北側には風と雪を防ぐための冬囲いをして、ボンボンと火を焚き、完全に海に背中を向けてしまう。

流氷のよせて来るのはオホーツク海岸と、北太平洋岸の釧路辺までであるが、それが凍結して氷海になるのは根室附近から北見紋別辺までである。文化（一八〇四～一八一八）の昔、樺太《からふと》や千島がロシヤ兵に荒らされたため、オホーツク海岸斜里《しゃり》で、警備のために越冬した津軽藩士達が、海が荒れ狂う音のために、話す言葉もききとれないほどであったのが、そのうち流氷がおしよせ「日増氷りけり其上氷り押上り大山之如くに相成申候皆々驚き入申候事も御座候」（斎藤勝利『松前詰合日記《まつまえつめあいにっき》』）とあるように、一面の氷海になって警備の藩士の胆を冷やしたが、当時ここの詰合をしていた、幕吏の最上徳内だけは意気軒昂で、この氷を渡って樺太へ行くなどといって、斜里を出発したとある。

蟹を売る屋台。札幌市

流氷を渡って樺太へ行くなんてことは、いくらオホーツク海でも無理であるが、千島からは氷を渡って往来できると根室できいた。

もう四十年ほど前である。根室へ遊びに行っていたとき、氷海に点々と風防《よ》けをつくり、氷に穴をあけて虹色のコマイを釣っているのを見に行ったとき、遥か千島の方から、赤い夕陽を浴びて、長い竿をもって歩いて来る人に出会った。どこから来たかという私の問に、

「国後《くなしり》からせ」

とぶっきら棒に答えた男は、無表情のまま根室の方へ歩み去った。かついでいた棒は、氷の薄いところを渡るときに敷いたり、氷が割れておちたときに、それにすがって助かるのだと、その夜友人からきかされた。しかしたしかに私が出会ったこの男を、この頃はどうも信じられなくなってしまった。もしも本当にそれが可能であるならば、現在でもやすやすと越境出国や入国ができるはずだからである。だがそれは流氷の街での白日夢ではなく、たしかに四十年前に氷海に沈む斜陽を浴びて、経験した思い出なのであるが。

鳥も鷗《ゴメ》も影をおとさない、音のない白い流氷の世界に、ここを唯一のふるさとにする生物がいる。この途方もない孤独な世界の好きなアザラシ達である。アザラシには五、六種あって、流氷が嫌いで流氷が近よると南へ逃げ、流氷の去った夏の間も北海道の周辺で、漁場の網を破って漁夫の獲物を横取りするのもあるが、多くは氷原の上で綿毛に包まれた仔を産み、氷を渡って近よる剽《ひょう》盗《とう》達から、無抵抗な自らの種族を守り通してきた。彼等

波荒れる冬の宗谷岬。稚内市

根室港を埋める流氷。根室市　撮影・中村貞世

にとってこのきびしい世界が、世にも安全な平和境なのである。かつては北方の狩猟族は、色々と人智を働かして、この氷盤の上でアザラシ狩をしたという。冬は氷に包まれる樺太では、アザラシは熊よりも大切な神の化身であり、この神と人間との婚姻噺などがあるのは、四季を通じてこの海獣が、彼等の生活を保証していたからである。

必ず流氷がおしよせ氷海になるところでは、アザラシ狩をしたり、氷下漁などの生活があったが、氷が来たり来なかったりする地方では、流氷によって網をさらわれたり、昆布礁が削られたりする被害を受ける。釧路アイヌの間には流氷が寄せてくると、流氷を去らせる呪術的な歌舞があった。

アイシモ　カンギ
シモ　カンギ

この歌はどうも日本語のなまったもののようで、「合しも風よ、しも風よ」といって、氷を沖に運び去ってくれる風を呼んでいるようである。昔、北風が吹いてほしいとき、北風の吹く日に生れた子が、

「私の神の影よ《ク・カムイ・クリ》、
出て下さい《サンケ》、
出て下さい《サンケ》」

といって踊ると北風が吹き、雨をふらせるためにも、雨を降り止めるためにも、雨ふりや晴天に生れた子供が、自分の守神を呼ぶ呪術があった。

春近いといっても、まだ氷を張ったままの屈斜路湖。弟子屈町

氷橋を行く

昭和のはじめ屈斜路湖畔の部落《コタン》の学校に行ったとき、湖に張った氷の割れ轟く音に、異様な感動をもって耳をかたむけた。それは部落の直ぐ近くのあたりから生れた音が、永い余韻をもって遙かな対岸の藻琴《もこと》山の方へ走り去るのである。その音が次第に沖へ沖へと遠のき、やがて湖のすべては氷磐の下に静かな眠りにはいった。湖畔にたたずんでいた老婆が、

「湖の神が眠ったな《トノコロカムイ・モコロ・アン・ナ》」

とつぶやくようにいったのが、今もはっきり耳底にのこっている。

風の全くない、ピシピシと寒波のおしよせてくる音がきこえるような夕方になると、宝石を並べたように星を浮べていた湖面の光がキラキラする動きをとめ、うっすらと睡気をもよおしたと思うと、すーっと眠りにすい込まれたように光が消えてしまう。湖の冬眠はこうしてはじまり、やがて厚くなった氷の割れる合唱がはじまるのである。そしてその音が消えて湖が深い眠りにはいると、もうその上を人が渡って歩いても大丈夫なのである。

しかしこの寒さのきびしい北国でもめったに凍らない湖がある。洞爺《とうや》湖、支笏《しこつ》湖、摩周《ましゅう》湖がそれで、昔は洞爺湖が凍ると人が凍死するとさえ伝えられた。北見から石狩の部落を襲うべく山越えした群盗が、ある夜広い原野に出て火を焚いて夜営していたところ、急に氷がとけて野盗の群が湖に呑まれてしまった。支笏湖の神が石狩の部落を守るために湖を凍らしておびきよせ、群盗の野

望をくじいたのであると。

今も北の方の湖畔の人達は湖が凍って、馬橇で近道のできるのを待って、農産物を運び出す仕事をしたり、木材を運んだりする風景が見られる。そのとき必ず湖畔で何台かのグループになるまで待っている。もしも途中で不測の事故で、氷が割れたりしたときに助け合うためである。

その凍結した湖の上で、点々とうごめく孤独な姿が、通りすぎる瞬雪や吹雪の幕で見えかくれする。厚い氷に穴をあけて、氷盤の下を廻遊する魚族を漁る人達の姿である。いつか真白に霧氷のさく夜明けの阿寒湖で、じっとして何かを待っている人々の影をみた。近寄ってみると温泉が湧いている氷の穴から、糸をたれて姫鱒を釣っている部落《コタン》の人達だった。じっと暗い湖の底をのぞき込みながら、しきりに何かつぶやいている。

「コトボ　コトボ　コトボ　コトボ……」

そんなつぶやきがきかれた。何を言っているのかという私の問いに、

「あまり食いつかないから、〝どうしてこんなうまいものに食いつかないのだ〟って悪口いっているのだ」

と真白く霜に包まれた顔をあげて、ようやくさしそめた朝日の光の中で笑った。そんな呑気な風景はもう見れなくなったが、犬橇を馳って氷下網をかけに行き来する風景は今もある。氷の下に網を張りめぐらして、その辺に遊んでいる魚をごっそりとすくいあげる漁法である。どうして氷の下に網を張るのか不思議に思っていたが、いつかサロマ湖畔の人達が氷に穴をあけ、長い竿の先に網の紐をむすびつけ、順繰りに穴から穴へ網をのばして、両手をひろげたように網を張りめぐらし、ある時間がたつと、そのひろげた網の先をすぼめて、中に入った魚を

氷の下に網を張って魚を獲るサロマ湖の氷下待網。佐呂間町

箱橇で遊ぶ子どもたち。芽室町

氷の上に、沖上音頭をうたいながら引上げるのである。最果ての地に生きる人々の智恵である。その時、

「水の中ってあったかいものだよ」

といって真赤になった両手を、氷の屑の浮ぶ水に入れて、あざやかに網さばきをしていた若者のことが妙に忘れられない。氷の上にあげられた虹色をしたコマイが、見る見る白く寒さの毛布に包まれたように、凍って動かなくなるのと対照的であった。この氷下網は佐呂間湖の他に、網走《あばしり》湖、能取《のとろ》湖などオホーツク海岸に並んだ海跡湖や、阿寒湖などで見ることができる。

川が凍結するのは大寒の頃である。北方の生活者だったアイヌはこの頃を〝川波の氷る寒さ《チウ・ルプ・タシコロ》、六日の寒さ《イワン・タシコロ》〟という言葉で呼んでいる。それは生命の危機を感ずる寒さだったからである。川の氷は両岸から氷の板が次第にのびて行って、川波のおしゃべりの口をふさいでしまう。だから同じ川筋であっても、流れの急な上流は凍ることがないが、流れのゆるやかな川下はふさがってしまう。野兎が氷の上に足跡を印すようになれば、もう人間が渡って大丈夫だともいう。この寒さがかけてくれる自然の橋のおかげで、夏は遠廻りをしなければ会われない対岸の人達と親しくなり、冬の間に嫁どりの話がまとまり、氷橋のとけないうちに馬橇に乗った花嫁が、対岸に輿入れする風景が見られる。しかし一般に凍った川の流れは淋しい風景である。

空知川《そらちがわ》雪に埋《うも》れて
鳥も見えず

北海道の鹿は、明治12年（1879）の大雪で絶滅しかけた。函館市

岸辺の林に人ひとりゐき

とうたった啄木の歌は、そうしたやりきれない風景であり、旅の孤独がひしひしと胸をしめつけるのである。

鶴のいる村

きらめく雪原の中に、雪よりも白い端麗な鶴の姿を見るということは、冬の旅の一つの魅力でもある。昔、開拓以前は札幌附近にも棲んでいて、千歳という地名は元はシコツ（大きな窪地）と呼んでいたが、死骨という日本語の音に通じることを嫌って、鶴が沢山いたので千歳にしたと言われているが、人間くささの嫌なこの鳥は、開拓が進むにつれて北の方に移動し、最後の拠点を釧路を中心にした湿原に求めている。しかしこの鳥は観光客の押しかける頃には、狡猾な人間も狐も容易に近付けない葦原の奥にかくれて、いわゆる巣ごもりにはいるので、たまたま孤独になった鶴以外には目にふれることがない。よく蒼鷺《あおさぎ》を鶴と間違えて、大騒ぎをする汽車の客もあるが、初夏から秋にかけて鶴の姿を見るということは先ずないといってよい。

鶴ばかりでなく狐でも野兎でも、莫迦莫迦《ばか》しく大きな音をたてて走る列車や自動車を、少しもおそれてはいないが、その走る箱の中から人間が現われた途端に彼等は警戒態勢に入る。枯草色の外套を着た狐は、白一色の世界へは危険を感じて日中はほとんど姿を現わさず、多く夜に入ってから蔭から蔭に、長い尾をのばして動きまわるが、秋と春との枯草の季節には犬かと思うほど大胆に

行動する。これに対して鶴は、雪の精が生命ある者に化したようなので、雪原が故郷のように抱いてくれるから、安心して人里近くまでやって来て、人間の子供や仔牛と戯れたりする。

　鶴は白鳥のように季節を追いまわして移動することなく、完全にこの地を故郷とする道産子であって、丹頂鶴の繁殖地としては今や道東の湿原地は、貴重な存在になった。アイヌはこの鳥をサロルン・カムイ（湿原にいる神）とか、サロルン・チカプ（湿原にいる鳥）あるいは単にサロルンなどとも呼んでいる。鶴の舞（サロルン・リムセ）というのもあって近年は普通のチカプ・シノッ（鳥の遊び）と呼ぶ踊りまでを、鶴の舞と混合して呼んでいるが、本来のものは、

フン　トリ
フン　チカプ
ハァ　ホー
ハァ　ホー

という囃子につれて翼をひろげて舞う優美なものであるが、この舞は餌を飽食したあとの歓喜の舞とも、青春の喜びの踊りともいわれているが、実はこの鳥はどういうわけか熊とは仲が悪く、熊を見ると両翼をひろげて前に突き出し、敢然として襲いかかって行くといい、そのために悪い熊に痛めつけられている人が、救われたことがあったという故事があり、そうした地方はこの鳥を神にし、鶴の舞も大事な踊りにし、そうでない地方は鶴の舞を嫌うところすらあるのは、元来歓喜の舞ではなくて、熊と闘う姿勢であったのではないかとも思われる。

　世に「鶴の一声」という言葉がある。睫毛《まつげ》の凍る寒い朝、湿原が薔薇色に染るとき、

　〝コロローン〟

という、たしかに玉をころがすという形容以外に、表現の仕方のないような、明るく透き通った声が空を響きわたると、葦原のここかしこからそれに答えるかのように、象牙の玉をころがすような大合唱が、暁の空いっぱいにひろがって行く。それは明るい朝の瀏喨《りゅうりょう》とした挨拶であろうか、それとももっと別な彼等だけに取交わされる、特別の信号であろうか。曇り日の朝には私は聞いたことがない。

　白鳥や鶴が騒いだり移動したりすると、必ず近いうちに天候が荒れるといって、アイヌは薪を集めたり、吹雪になっても困らないように用意をした。科学者達は迷信としてあまり信じないようであるが、私の釧路原野での三〇余年間の経験では、事実であった。戦後間もない春近い頃、北見の斜里川の近くで、夕ぐれ白鳥の騒ぐ声がしていたが、翌日は急に大西風が吹いて、接岸していた流氷が沖に押し出され、氷原の上を近道して歩いていた三人の旅人が氷と共に漂流し、大騒ぎをしたことがあった。風向きがかわって、一度沖に出た氷原がこわれずに翌日吹き戻されて、一命だけはとりとめたが、ひどい凍傷にかかった暗い記録がある。

　子供の頃夕ぐれの空を白鳥や鶴が、何物かにおびえたように渡って行くのをよく見たものである。そうした翌

鶴のいる阿寒原野。阿寒町

日は盲いたような吹雪が、開墾小屋をギーギーきしませて、すっぽり雪の中にのみ込まれてしまう。雪中放牧している牧馬も、ボサボサした冬毛の先でどうしてそれを逸早く感じとるのか、山かげの風のあたらない笹山に避難するのである。そうした自然界の動きによって、大自然に生きる人々は危険を事前に感じとるが、近代を過信しすぎる人々はかえって自然からきびしい刑罰を受ける。

部落《コタン》への旅

私は昔の部落《コタン》にはなるべく冬に訪れることにしている。それは部落の古老たちの多くが、夏の間観光地にかりたてられて、ほとんどが留守だからであり、観光地へ行ってもゆっくり落着いて話をきくことができないからである。

部落《コタン》と呼ばれるところも近年はブロックの建物になり、ペチカやテレビを供えつけ、自家用車が入って、遠い日のことを知っている古老達は次第にその数を減じ、暁の星をさがすよりもむずかしくなった。そこへ絵葉書にあるような人々を期待して行くと、大きな失望が待っているだろう。洋服を着て近代生活をしている姿は、本州の農山村の老人よりはずっと近代人である。更に明治の日本教育を受けた老人は、近代の合理主義を身につけて、すでにアイヌ文化が何であったかを忘れてしまっている。したがって思いあがった日本の近代文化を鼻の先にぶらさげてなど行ったら、まことに奇妙な調査ノートをとるよりないであろう。

もしもこの季節に「熊祭（熊送り）」を見ることができたら、それは素晴しい収穫といわなければならない（近年、熊祭は観光客に見せるショーになっているが、本来のものは冬の山狩に入る前の、豊猟祈願祭であったから、十一月頃からはじまり翌年の二月頃まで行われた）。だがおそらくたとえそれが冬であったとしても、それは本当の熊祭とは言えないであろう。何故なら彼等はすでに狩猟生活を失い、今は全く近代日本人の生活を身につけているのであるから、熊祭の信仰も意義も忘れて、ただ見まねでそれらしい仕草をやっているのである。

しかし昔は冬になると雪山を生活の場にした古老達からは、耳を傾けるべき冬山に対しての多くの教訓を得たのである。さきにも書いたように、冬は山を生活の場にした彼等は、動物達の行動を観察して、変りやすい冬の気流配置を察して、自然の暴力に対して素早く身構えをする。そして深い雪を踏みかためて、先ず燃えにくい木を探してしきつめる。ナナカマドがあれば最も理想的であるが、あたりにその木がないときは何の木でももえにくい木を敷いて、その上に川砂をかぶせる。その上で火を焚くのである。焚火の熱で雪がとけてもその水は下にさがって、直接火にふれないから、燠《おき》になった火は消えることがなく、下に敷いた燃えにくい木はロストルのかわりになり、焚火の下から空気を送る役割をする。吾々の常識では焚木は枯木であるが、枯枝は焚付けにはよいが、焚火は枯枝ではいけない。

枯木のもえた燠はもえつきるとほとんどが灰になってしまうから、相当量の枯木を集めなければならない。火が消えると新しい木を加えなければならないから、誰かが起きて火を守らなければならない。こんなとき山の生活者達は生木で燃えるのを探す。ヤチダモ、アオダモ、イタヤなどは、生木のままそれ自身蠟でも含んでいるかのように、ばりばりとよく燃える。そしてその生木の燠は炎がおさまったあとでも灰になることなく、いつまでもホカホカとして、野営する人たちをあたためてくれる。

こうした冬山で生きる方法は永い間の経験から得た、貴重な体験の集積の上に身につけたものであり、また自然に対して小さな人間が体当りをするような、無謀なことは絶対にしない。自然の中に生きる人達は自然をよく知り、自然を畏敬し自然にさからおうとはしない。そして来る年も来る年も冬になると山に入って狩をし、山や谷に抱かれる毎日を送りながら、未だかって冬山遭難の話をきいたことがない。

いつか知床《しれとこ》の山の中に、熊狩する古老について行ったことがある。真暗な星のない夜の中で、方向を見失ったとき、笑って木の幹にさわって見ろといわれた。「苔のついている方が北で、肌のなめらかな方が南だよ」と教えられた。たしかにそうである。

そして丸木舟をつくるときは北側を底にするんよとも教えられた。北側は成長がおそく年輪が緻密だから一番重いので、舟のバランスがとれるからだという。これもその通りである。

カケスが神であるということは神謡にも伝承されているが、それが何故だかということは永い間の私の疑問であり、科学者はそれを迷信だと信じないが、実際山へ行ってカケスが騒いでいる下には鹿の群がおり、エゾフクロウの夜啼いて行く方には、必ず熊がひそんでいるということも、事実であるということをたしかめ得た。無気味に静まり返っている自然の奥には、まだまだ吾々のうかがい知れない多くの謎がひそんでいるが、部落《コタン》の人々はそれを身をもって知っていることを、もしも冬の旅で知ることができたら、それも大きな収穫であろう。

雪解けが始まると、冬山造林を終えて山をおりてくる。十勝山地

熊送りのヌササン（祭壇）。平取町二風谷　昭和52年（1977）3月　撮影・須藤　功

春の北海道

文・写真　更科源蔵

春の洞爺湖。撮影・楡金幸三

角巻を着けて外出するのもあとしばらく

春を待つ心

北国の冬は思索の場であり瞑想の時である。然し一般にはやはりきびしい雪と氷にとざされた牢獄の季節であり、一日も早くその縄目からのがれて、明るい光の中に出たいという欲求が、地をかりたてるのである。

道北や道東では年中ストーブを片付けないところもあるが、普通ストーブを焚きだすのは、大体十月中旬からで、それが四月半ばまで焚きつづけられ、ストーブの焚かれている間が冬という感じであるから、冬の気配は半年以上も身辺につきまとっているわけである。この閉塞された世界で人々は、いやでも思索の世界に置かれるのである。

だがこのとじ込められた世界の中で、北に生きる人々は、一日も早く春の足音をきこうとして、全身をアンテナにして春を待つのである。

鰊のとれた頃、ニシンのことを春告魚《はるつげうお》といったのは、その氷の屑のような銀鱗が、海岸に群来《くき》てくるのを一日千秋の思いで待った名であり、その賑いは「江戸にもない」と昔の人が誇示した言葉も、現実の賑いよりも自分の中に燃えている、春に対する喜びの表現といってよいように思われる。

かっての紀元節が過ぎると、軒にさがった氷柱《つらら》から落ちる雫が、キラキラと輝きながらせわしい音をたてはじめる。街の花屋のガラスが磨硝子《すりガラス》色にくもった中で、桜草のピンクが路行く人の足を止めさす。足を止めてももうあまり寒さが追いついて来ない。そのしっとりと水をふくんだ積雪の上に、学校帰りの子供達が、わざとドタリと倒れて両手をひろげた自分の姿を印し、そのまましばらく雪に抱かれながら、雪の下の物音にじっときき耳をたてる。もう雪はそんなに冷たくない。どこかで目を覚ました蛙のように「コロコロ、コロコロ」と雪解け水の流れる音がしていると、春はもう近くまできているのである。

　雪は表面からばかりでなく、地熱によって地表の方からもとけているのである。その雪のとけた水の流れる音が、雪に耳をつけなくとも足元の下からきこえてくるようになると、春はいよいよま近く近よって来て、微風になって肌をくすぐりはじめると、それまでは凍った風の音よりきこえなかった林の奥から、キツツキの古木を叩く音がきこえ、カラ類の声にも、何処となく艶っぽいものが現われてくる。

橇道を残した春近い北見路

　堅雪《かたゆき》になるのは三月に入ってからである。日中解けた雪が、夜中に舞戻ってくる寒さのために凍って、雪面全体が見渡す限りの大銀盤になり、深雪に行動をうばわれていた子供たちには、自由の世界がひらける。この堅雪は夏でも行けない川向うまでも行けるし、転がろうとどうしようと着物をよごす心配がない。昔は橇ももたずに着物の裾を股にはさんで、そのまま坂をすべりおりて、綿入の綿を出し母親を嘆かせたものである。身体中で春の喜びを爆発させせないと、我慢がならない衝動をおさえられないのである。

　女の子達も堅雪を渡って、逸早く川岸に銀色の蕾をのぞかせる猫柳や、大木の根元に咲きだす大地の瞳のような福寿草を探しに出かける。木の枝に福寿草の花をさしてかつぎ、知っているありったけの歌をうたって戻ってくる。冬の前ぶれのように飛ぶ雪虫とちがう、雪の消えぎわに雪面を走っ

北の大地に春を告げる福寿草

燃えて雪を溶かす昭和新山。撮影・楡金幸三

たり、小さなダンスをするトビムシの一種を、やはり雪虫と呼んでいる。晩秋の降雪を予告するのにとぶ雪虫（トドノネオオワタムシ）とちがって、こっちの雪虫は明るい希望をもった雪虫で、アイヌはウパシ・ニンニンケプ（雪を消し消しするもの）と呼んでいる。

堅雪の大銀盤はそこに遊んだり働いたりする人の皮膚を、真夏の太陽よりも強く焼きつける。北極に住む人達が板に穴をあけたのを目にあてるのは、このギラギラの強い外光から目を護るためであることは、一日カタ雪の上で過してみると、昔の人の生活の知恵に感心させられる。この頃は色眼鏡をかけてこの春の雪にやられる雪眼炎からのがれているが、顔の色だけは渋をぬったようにあれて、色眼鏡だけがギラギラして異様である。

以上のような状態は然し、旅人の目からはやはり深い深い冬の眠りの姿であって、決して春の気配など何処にも感じられないだろう。そう、それは旅人ばかりではなくて、ここを故郷とする人々にとっても、それはまだ安心して春の胸に抱かれたという状態ではないのである。春の風は過ぎた年の狐色に枯れた草原の底から、若草がもえはじめてからも、突然怒り狂ったように襲いかかってくることがあるからである。そんな雪のことをアイヌは行者にんにくをかくす雪とか、うばゆりを目茶目茶にする雪などと名付けている。本当は春はまだまだ遠いのである。

松前の春

僅か開拓の歴史百年よりないといわれている北海道の

中で、松前・江差を中心にする地方は、鎌倉時代の昔に和人の足跡をさぐることができる。鎌倉幕府は建保四年（一二一六）強盗・海賊など不逞の輩五十余人をこの島に放ったという。永仁四年（一二九六）には日蓮上人の高弟日持《にちじ》が、異域布教のために渡島・函館付近に居住したという。殺生を生活の基本とする蝦夷には、仏教は縁なき衆生《しゅじょう》であったが、日持の教えに耳をかたむける宗徒ができたとみるのは、あながち的をはずれた見方ではあるまい。

種類の多いことで知られる松前の桜の一本

さらに時代がくだるにつれて、東北の地を追われた大小の豪族たちが、いつの日か失地奪還を夢見て、小高い丘に砦主として姿を現わしたが、あるものは蝦夷の反撃にあってあえなく潰えさり、あるいは同族の権謀術数に亡びさってしまった。またそれらの周辺には、東北の飢餓に追われた難民達の群が蝟集《いしゅう》し、魚介をあさり海草を拾う生活がつづいた。そして、「江差の春は江戸にもない」とまでさわがれたのは、春告魚といわれたニシンが、海面を盛りあげてこの海岸によせたからであるが、今もこの地には春になると奥地に見られない椿が花をつけ、イチジクや竹藪がそっと、民家に寄りそっているのを見ることができる。要するにこの地の気候風土が北海道というよりも、本州の一部なのである。

松前城下の桜は有名である。昔は僅か五、六種よりなかったというが、現在は八〇種を超えているという。松前城の近くに光善寺という寺があり、ここにある桜の大樹を血脈桜《けちみゃくざくら》と呼んでいる。

昔、松前の鍛冶屋の娘にお芳というのがいたが、関西見物に行って吉野山で手折った吉野桜の一枝を持ち帰り、それを庭にさしたのが根付き、はじめ一重の花だったのに八重の花がさいたので、光善寺におさめたが、花は年と共に瓔珞《ようらく》のように枝を飾ったので誰いうとなく瓔珞桜と呼んでいた。その桜に血脈《けちみゃく》がさがっているので、誰か授戒の時の御血脈を枝にさげて忘れたものと思っていたが、いつまでたっても取りに来るものがないので、樹霊が御血脈をいただいたのだという噂がひろまり、血脈桜というようになった。

これは頭のいい僧侶のたくみな演出であるかもしれないが、伝説を生むほどにこの桜は人々の心の底に深く根をおろしているといってもいいかもしれない。

万葉時代の殿上人《てんじょうびと》に「かにわざくら」とよまれた、色のあでやかなエゾヤマザクラは、札幌あたりよりも半月早く四月の半ばになると花開き、それをきっかけに、この古い歴史の街は一ヶ月近く、桜の花びらの中に埋もれる日を迎え送るのである。

日本人は本能的に桜と松が好きで、木を植えるというと桜か松であって、野生の草花に対してはほとんど反応を示さないようである。松前に近い伝説のある御髪山《おぐしやま》の麓の、カタクリの群落を土地の人はほとんど問題にしていないし、函館在のネムノハナも声をかける人が少い。ネムノハナは奥地へ入るともう姿をかくしてしまう。

奥尻島と本島の間を奥尻海峡と呼んでいる。ここで鮃《おひょう》網にアンコウがかかるようになると海は春である。アンコウはここから北ではとれない。ここはアンコウと和人の生活圏の北限なのであった。「江戸にもない」という賑いは、ニシンが寄らなくなってからは、灯が消えたようになった。昔は空がどんよりとして、所謂ニシン雲りの天気配置になると、寺の鐘をついてはいけない、鉄砲をうってはならない、野火や火葬も禁じ、大声で談笑することすらはばかり、だから雛祭は月遅れにし、葬式も本葬は繰延べ、人々はひたすら息を殺して、この神魚の寄るのを待ちに待った。最初のニシンがとれると早馬を仕立てて松前城に急信、麻上下に威儀を正した重臣が、殿様にうやうやしく報告に及んだという、そんな莫迦《ばか》莫迦しいことが大真面目に行われ、一度浜にニシンの群来が押し寄せると、武士も町人もあったものでなく、坊さんまでが法衣の袖をまくりあげて、ニシンにいどみかかり、「ニシンは松前の米なり、釈迦も食《け》、地蔵《じんぞ》も食《け》」と、ニシンを仏飯のかわりに仏様に供えたともいう。したがって明治に入ってからもニシンのとれた地方は、汽車を通すことに反対し、文明開化から取り残されたところもあった。

それらの物語は今は昔の物語となり、ニシン漁の道具は文化財として保存され、物資を積んだ船が土蔵の中にまで入る、豪壮な漁場建築の文化財も、今まさに崩壊寸前の姿である。これを亡びしものは美しきかなと見るべきであろうか。

今は三月にはじまるヤリイカ漁に、漁夫達は春のどよめきを感じ、青マス漁とかワカメなどの収穫の中に、海に生きる望みを託し、春が近づくと稲荷さんの祠の前にニシンを供える術もないが、マスでもホッケでも供えて、それを狐が来て頭を食うと漁が早いといい、腹を食っていると大漁だといって喜び、尾から食いはじめると「不漁かな今年は、それとも漁が遅いのか」とうかない顔をして酒をくむのを、若い人々は「そったらことあてにならないの知ってて、酒のみたいもんだから」と冷たく笑う。「莫迦こけ！」と眼玉をむいてはまた酒をのむ。海に生きる者には酒はやはり船と同じに重要な存在であるようだ。

そういえばこの辺では、船というものは身体の一部の

春の陽が味を豊かにする烏賊《いか》干し

ように肉体化していて、不思議な言葉が通用している。「便船もらう」とは、幸便にものを託すことであり、車に便乗することも「車に便船する」という。バスに乗るときも前の方を嫌って、真中が混み合うのは、衝突をおそれているからではなく、船のへさきは海では一番大きくゆれるからである。

が、こんなところにも影をおとしている。永い間海に生きてきた歴史の陰影海はもう若い人々を受け入れるほどの資源が乏しく、地元ではやっきになって地場産業の振興に努力しているが、春が来ると業者達は活気のある海を求めて、大きな近代漁業の場である北の海の漁場に飛び立ち、心なしかこの浜で啼く鷗の群の声にも、追分節の哀調が流れているようである。

日本海岸の春

北海道という島が国造神によってつくられたとき、男神は太平洋岸の仕上げをまかされ、日本海岸は女神が担当した。工事が少し進んだとき女神は女友達に出合った。

「まぁしばらく、お元気？」

といった具合で、話は春の日のようにいつ終るともしれなくつづいた。ふと気がついてみると、太平洋岸を受持たされた男神の仕事は順調にはかどって、もうあらかた終りそうになっていた。あわてた女神は途中海岸の絶壁などあまり手を加えず、そのままさっさらさと片付けてしまった。日本海岸が今日なお、鉄道どころか道路も通っていないところがいたるところに残されているのは、女神がお喋りをしていたからだと、コタンの人々の間に愉

日本海岸に沿った道はなく、雪の消えた枯れ草を踏んで隣の集落へ行く。

快に伝承されている。

　この女神のお喋りの結果が、この海岸で春になると
「やっと、その日の新聞が読めるようになったなァ」

などという言葉になって、何か解放された喜びを表現するのである。いつか積丹《しゃこたん》半島の西海岸に行ったとき、

「雑誌だけはその月のを読めると思っていたら、たまげたね、街では二ヶ月も前から売っているんだもな。だから本当はいつも月遅れの雑誌を喜んで読んでいたわけよ。それも送料を別にとられてよ」

という話だった。月刊雑誌は送料加算されて、早くて半月おくれだという。ヒカタとかクダリヒカタという、南西や南からぶつかってくる風は、命から二番目の網を捨てなければならない風で、これが吹くと定期航路など何日も休まなければならず、そんなとき一番先に欠乏するのは子供のお菓子で、おやじたちの酒はきれないということだった。荷物の積出港に来て何日も風待ちしているうちに、お菓子はほとんど鼠に荒されてしまうが、「鼠の野郎なんぼ歯が良くたって、酒びんまでかじれねからな」、だから酒は品切れにならないのだということだった。

　こんな僻地には医者もいないから、月に何度か診療所に医者がやってくるが、来るときは舟待ちしてなかなか来ない。だが帰るときは海が荒れると山越えしても、

「さっさと尻に帆かけて行ってしまうもなハ」

といった状態だ。だから学校の先生たちには離島なみに月給に二割僻地手当が加算される。そんなところに明治二十六年（一八九三）の電話機が、往時の豪勢さを物語って保存されている。ニシン場華やかな時代、親方達が大胡座《あぐら》をかいて、文明の

利器で取引した名残りである。

「何たって春が一番確実にやって来てくれる」

ニシンに叛《そむ》かれ、医者にも見はなされながら、カキか何かのように岩かげにへばりついている人々は、何処にも動かず、やはり春の来るのをじっと待っているのだ。この岩礁の多い荒い海は、それぞれにこの人々をあたたかい愛情で抱いてはなさないのである。

近年まで冬になると二日おくれの新聞をよんでいた海岸では、

「ここにいると、世の中のことよっくわかるてば、それラジオだべ、それにテレビで見て、忘れかけた頃に新聞が来て、もう一度とっくりよまされるものせ、だどもよ、テレビのアンテナたってるの、店屋と月給とりの家だな、漁師は買いもしないし、買っても見る暇も少ないな、だから大相撲はじまると喧嘩だ、〝オイ頭高けエぞ〟〝何こく表さ出ろ〟って、外さ出て取っ組んでいるうちに、相撲の勝負ァ終ってんのよ」

そして、このあたりの言葉で、「茶椀籠ひっくら返したような」笑いがとび出す。

平地が少ないので、学校のグラウンドはイカどきにはイカの干場になり、昆布時季になると昆布の干場になる。これの忙しいときは学校も「イカ休み」「昆布休み」になるから、グラウンドで遊ぶ子供もいないのである。そしてイカも昆布も乾さないときは、各戸がグラウンドのまわりに小屋がけして、大漁旗で飾って「大運動会」をひらくのである。学童や青年だけでなく、おとちゃんもおっかちゃんも目の色を変えて、干場グラウンド一杯に春の祭典をくりひろげるのである。それは体育などというものではなくて、年に一度の腹の底から開放された、心のやすらぎなのである。

いくつかの人の通れない岬と、荒い海を越えた北に増《まし》毛《け》というところがある。いつかの春ここを訪れたとき、道傍に椿が咲いているのにびっくりしたことがある。椿は日本海岸にも点々とこぼれ咲いているが、こんなに北にまで咲くとは知らなかった。日本海をあたたかい汐の流れが北上しているからであろう。文化年間オロシヤ船がこの近海や、千島方面に現われて、略奪暴行が行われたとき、奥羽の各藩が警戒の兵を送ったが、オホーツク海岸に駐屯した武士達が、なれない氷海の越冬で壊血病におかされ、むくんだ身体を引きずるようにして、「増毛まで行けば助かる」という言葉をたよりに、気の遠くなるような果しなくつづく海岸線を、ひたすら南をめざして重い足を運んだ記録は、この椿のさく郷だったと、改めて思いかえしたことであった。

椿だけではなかった、豊かな林檎園が、まだ白々と雪をかぶってねむっている暑寒別岳《しょかんべつだけ》を背景にして、うす桃色の蕾をふくらませ、その影のこぼれる下草に、幼い日の夢を思わせるエゾエンゴサクの、青紫の花の群落が、春の女神の敷物のようにひろがっていた。

札幌の春

「蛍の光をうたう頃になると、家々から鰊をやく煙がたちのぼる……」札幌生れの森田たまは、札幌の春をそう表現している。円山の南斜面にある私の家は、雪路の下を「コロコロ、コロコロ」と音をたてて、水の流れる音がすると、どことなく日差がやわらかくなり、その雪どけ水の音が夜になっても絶えることなくきこえるようになると、近くの祠のわきにある猫柳の枝が赤味を増して、やがて蓋をおしのけて小さな柔毛《にこげ》の蕾が姿をあらわし、山の方から鷽《うそ》が明るい口笛をふきながらおりて来て、果樹や桜の蕾を食い荒して憎まれる。

2月の旧北海道庁。昭和54年（1979）撮影・須藤　功

「追ってはいけない、鷽が食ってくれるのでちょうどよく花が咲くんだよ、そうでないと花のあと、わざわざ実を摘まなければならないんだよ」

と、微妙な自然配剤をとく老人は、欲張った公害農薬を否定していった。

　寒さの割に根雪の早いこの地方では、ほとんど雪の下で土が凍らないので、雪の下から地面が顔を出すと、チューリップなどは黄色い芽をのばしてすでに万歳をしている。

　向いの藻岩山《もいわやま》の山裾の雪が消えたと思うと、新しい雪のようにキタコブシの花の白が現われ、その残雪のような白さが次第に山にのぼりはじめると、追われるように本当の残雪が山頂の方に移動し、ついに残雪もコブシの白も山肌から消えてしまうと、エゾヤマザクラの蕾が、恥らいをふくんで梢をそめる。この桜は万葉人に「かにわざくら」と歌われた。謎の桜であろうと国文学者風巻景次郎がいった、普通の山桜よりはずっと色の濃いあでやかな桜である。奈良平安朝時代までは、今日我々が考える以上に、北海道と京阪地方の交流が深かったらしく、札幌近郊の丘陵地帯に、和銅開珎や蕨《わらび》手《て》直刀《ちょくとう》を副葬した、当時の貴族の古墳と思われる墳墓のあるのは、あるいは樺桜《かにわざくら》と何等かの関係があるのではないか、などという想像も浮んでくるのである。

　桜と一緒か、どうかすると少しおくれて梅が開き、レンギョウも咲く、白木蓮が満開になるのもこのときである。待ちに待った大地のエネルギーが、一度に喚声をあ

2月の暖かい日の時計台。昭和54年（1979）
撮影・須藤　功

げ爆発する。それは家のまわりだけでなく、人けのない郊外の原野や林や山麓など、全世界が何か興奮のうずにうめいている感じである。花よりも美しく春の芽出しが山肌を飾るのもこの頃であり、それは異状なほど新鮮で美しい画面であるため、この風景を描いた画家は、北海道を知らない本州の審査員に容易に理解されないほどである。

あまりに美しいこの風景をねたむかのように、強烈な季節風がここを吹きすぎて、折角の花をもみくちゃにすることがある。それを札幌の人は馬糞風といった。冬の間この街で働き通した馬の排泄物が、春の陽に乾燥して、この風に巻きあげられたからである。馬が前近代的な労働力になってからは、もっぱら冬中焚いた石炭の灰にかわり、炭殻風となったが、燃料が石炭から石油にかわってからは、普通の都塵になって、折角の美しい風景を目かくししてしまうのである。

「我々は、はでに赤旗もかついで歩けないし、花見酒にのめり込むこともできない。だがこの春の喜びを何とか表現してみたいが、ライラック祭なんてどうだ、のみたい人はのんで、踊りたい人は歌って踊って、春の一日を楽しもうではないか」

賛成者が多かったが、「祭の御神体は何だ」などと正面きって切込まれ「花を愛する心だ」などまではよかった。この花木はどの役所が奨励したのでもない、ここの季節風土にあって咲きほこり、この街の者が又こよなく愛している花なのである。それなのに祭の会場にする大通公園を管理する役所から、

「公的な行事以外には使用を禁止する」

という、莫迦莫迦しい横槍がはいった。「公的とは何か」ときくと、「市役所の主催する行事だ」という返事。役人と経済界と政治のはいらないという計画がにごってしまい、計画者の居なくなった、お役所仕事のライラック祭がそれでも行われている。この花の咲き出すのは、大体カッコーの啼き出す五月二十日過ぎである。この行事が終るとビール味がおいしくなる初夏になる。

コタンの春

コタンと呼ぶ部落は正確にいってもうない。然しその片影はすっかりぬぐい去られたわけではない。

コタンの人びとは三月を日脚の長くなる月と呼んでいる。然しこれは月を中心にした陰暦であるから、今の二月である。そして現在の三月を翼の舞いおりる月と呼んで、この月を一年のはじまりにしている。冬の間、天上

の国に行っていた野鳥の姿をした神々が、この月になると、柔らかい南風に乗って、羽音も軽く舞いおりてくるからである。

日本人の耳には、

デデッ・ポッポ

とよりきこえない山鳩の声が、

kusuwep tu tu　クスエプ　ド　ド
huchi wakka ta　おばあちゃんが水汲み
kakke mat toyta　おっかさんが畑を耕し
enchi pakkaite　私が子守りをさせられ
enchi yak yak　私が叩かれた

これは耕作の仕事が部落の生活にはいってきてからのもので、春の忙しさを歌っているようだ。なかには、

山鳩が畑を耕し
おばあちゃんが水を汲み
おかあちゃんが炊事をし
役人《ポントノ》が食べた
ウッ

という役人《ポントノ》に対して呪いの言葉を吐いているが、元歌は役人《ポントノ》ではなくてポンカムイ（仔熊）であったらしいのが、大事な仔熊の食べものを、役人に食われた腹立しさに苦々しく吐きだした歌である。「山鳩が畑を耕す」ということは、山鳩が地頭におりると、枯葉の中をつついて餌を拾う。そのさまが昔のコタンの人々が、鹿の角や叉木のシッタップという道具で土を砕いて、種子をおろすのに似ているからである。同じこの鳥の歌も耕作をしない奥地に入ると、

コイセワㇰ　ド　ドㇰ
垢だらけの皮衣を
私が着せられ
私が子守をさせられ
私がなまけ
私がやっつけられ
私がひっかかれ
私が叩かれた

この歌のうたわれる地方は春になると、女性はヤブ豆を集めたり、行者にんにくや、ウバ百合を採集しなければならず、子供達は遊びたいのに子守をさせられ、その不満を山鳩の声の中にききとったのであろう。

旧暦三月のことを、木の皮を剥ぐ月と呼ぶところもある。堅雪の上をわたってオヒョウダモや、科《しな》の木の皮をはぎに出かけたからである。オヒョウダモは温泉や沼につけて乾し、その繊維を細く裂いてよりをかけ、厚司《アッシ》に織って着物にしたからである。春が近づくと樹木は地下水を吸いあげて、活き活きと活動をはじめるので、そのとき樹皮がはげやすくなるのである。部落の近くの林の中に、樹皮に矢形に傷をつけられたイタヤの木を見ることがある。これはこの木の樹液の中には糖分が含まれて

残雪に舞う丹頂鶴

いるので、傷口から甘い樹液が流れるのを集めたのである。それでこの木をお乳の木と呼んでいた。

カッコーやツツドリが天上からおりてくるのは、五月の半ば過ぎであり、初夏の光が額のあたりに若草の影をおとす頃である。この鳥が啼き出すと、元気のいいマスが川底を黒くしてのぼってくる。だからカッコーはただ、

カッコー　カッコー

とだけないているのではなく、ツツドリもただ「ポッポポッポ」と太鼓を叩いているのではない。

十勝のカッコーは、

カッコー　カッコー
チカッペッに魚いると
利別川に魚いない
カッコー　カッコー
利別川に魚いると
チカッペッに魚いない
カッコー

となき、千歳川のツツ鳥は、

ドド　ドド
千歳川に魚いると
当別川に魚いない
ドド　ドド
当別川に魚いると
千歳川に魚いない
ドド　ドド

となくのだという。十勝川の支流にチカッペッという支流があり、千歳川も昔はシコッペッと呼んでいた。この両者共本当はチコㇽペッであったのではないかと思える節がある。チコㇽペッは私達の川ということで、神謡などでは吾里《わがさと》川などと訳されている。部落を流れていて飲水になったり、魚族達が部落にのぼってくる大事な川である。その川に行ってみて魚がいなくとも、どこか利別川か当別川と呼ぶ、近くの川にのぼっているかもしれんぞ、行ってごらんと、鳥の姿をした神がうたっているというのである。要するにカッコーやツツドリが啼くと、何処かの川に元気のいいマスがのぼっているのである。それを知らせてくれるから単なる小鳥ではなくて、鳥の

雪が消えても春のこない日高路

姿をした神なのである。鳥の中でも昔の生活と何の関係もないものは、ただの小鳥であって神ではない。神とは迷信などから生れるものではなく、昔の生活の上で何等かの関係のあったものである。

昔、ニシンのとれた地方に、山の谷間にのこる残雪をユキニシン《ウパシ・ヘロキ》と呼んで、それが姿を現わすと山の狩猟生活を切りあげて、海岸に出て来て、金波銀波のように寄せるニシンをすくいあげた。長万部《おしゃまんべ》の近くの山にユキカレイ《ウパシ・サマンペ》というカレイ形の雪が残り、八雲地方は雪兎が姿を現わすと、畑に何を播いてもいいというのは、本州から種物といっしょに伝えられたものであろうが、今はその残雪の名をすら知っている人もほとんどいなくなり、ただ斑《はだれ》雪と呼ぶにすぎない。

阿寒の春

まだ氷の下でねむっている、湖の上の堅雪の表面に、オブラートのようなうすい氷のまくができ、それがキラキラと風に飛ぶようになると、あたりはまだ冬のたたずまいでシーンとしているが、肌や髪のあたりがはじめて春の日差しに包まれ、何か遠い夢の世界からでもきこえてくるような、キツツキが枯木をならす音が、

「春が来るなァ」

と人々をつぶやかす。

然し春はなかなか遠くて、人々の期待通りにはやって来ないが、逸早く雪のとけた川岸に、親に叛いて呪われた雷神の娘という福寿草が咲き出すと、湖でとけた氷が春のオルゴールをならしながら、海洋を目ざして流れく

ウンだ道で動けなくなった車

だって行くと完全に春がやってき、はじめてイトウが溌剌として雪どけの川をのぼってくる。それで、花というものにはほとんど関心を示さないアイヌの人達も、福寿草のことをイトウの花《チライ・アパッポ》とよんでいる。

天上から春一番先に地上におりるといわれている山鳩が何かまだ遠慮がちに、どもりどもり歌をうたい出すと、阿寒地帯の人々がやっと畑に姿を現わす。それはたいてい鯉幟がもうおろされてからである。寒い割に雪の来方がおそいこの地方では、地面が三十センチ以上も凍るので、地面に雪が消えて陽炎《かげろう》がもえても、容易に畑にかかれず、じりじりしながら土の解けるのを待つよりない。

これは畑ばかりでなく道路も鉄道も同じであるから、うかつに道路の除雪をすると、そのために道が深く凍結して、いわゆる凍土現象を起し、それがとけると、

「道がウンでしまった」

と舌打ちをする。「道がウム」とは、腫物が化膿して破れる状態をいうのである。湿地のようなところは、道路下の水が凍って膨張し、路面をおしあげ、それがとけると、化膿した腫物がやぶれたように、どろどろの泥が噴き出してきて、何とも手のつけられないようになってしまう。それで北海道の道を舗装するには、一メートルも底から火山灰を敷き込まなければ、完全とはいえない。それをやっていないところは、春の雪どけには三週間から一ヶ月通行止めにして、ウンだ跡が落ち着くまで、待たなければならないという悩みがある。

だが私は柔毛に包まれたような季節の阿寒が好きだ。東京の銀座からつながっているような、夏の人混み

早春の雄阿寒《おあかん》岳（1371メートル）

はないし、観光客の姿が消えてから人家の近くにまで現われた丹頂鶴が、葦原の緑が濃くなるまで人里をはなれず、ピンピンと後脚で、春の青空を蹴りあげる仔牛達と仲よく話をしていたり、時にはイソップ物語を見ているような、野狐がうさんくさそうにその群に近づいて行って、気をもませたりするのである。釧路から阿寒へ行くバスの窓近くには四、五十羽の群がいるし、釧網線の汽車の窓からも、塘路《とうろ》湖を中心にしたあたりに、枯葦色の幼鳥をつれたり、配偶者を失った孤独な鶴を見かけるのは、そうめずらしいことではない。

この辺の桜は、札幌よりは三週間、松前地方よりは一月半もおくれ、五月末にならないと開かない。農家の人々が畑に姿を現わす頃に、灰色の林の梢にやっと、キタコブシの花が一輪か二輪こぼれ咲く程度で、まだ雪のとけたばかりの水はつめたく、土の中から這い出してみたものの、蛙は「コロコロ、コロコロ」とやっと発声練習をはじめ、胸のうずきをころがしている。

私はここで牧場生活をした頃、何とかしてライラックを咲かしたいと努力をしてみたが、ついに紫の花房を開かすことができなかった。やはりこの花は零下三十度近い冬を越すことは無理のようである。冬は流氷にとざされるオホーツク海岸の網走では咲くこの花が、どうしてここでは咲かないのか、不毛の地という悲しい言葉で、私は自分の故郷を呼ぶことに痛みを感ずるが、ある友人は慰めながら言ってくれた。

「それだからこの美しい自然がこわされなかったのではないか、それにこれほど春の喜びを強く感ずる土地が他にあろうか」

然しそれにすら私は心から大らかに喜びがわいてこないのである。その自然がやましい欲望に次第に痩せ細って行っているからである。ただ最後に残っているのは春の喜びであるかもしれない。深い雪の底で、遠い南の空の果てで少しずつ、吹雪や寒波を押しのけてくる春の気配から、大地全体が春の讃歌にわきあがり、どうどうと音をたてて夏になだれ込んで行く姿である。

いつか夜の釧網線の車窓から、壮烈な野火が葦原を走るのを見て、ひどく興奮したことがある。いつか島木健作も根釧原野の闇を走る野火を見て、「永遠とか真理を思はずにはいられない」というようなことを書いている。私は春の山に椎茸を採りに行って、強風にあおられて土《ど》産《さん》馬《こ》よりも早く走る狂女のような山火の炎に追われ、命からがら逃げたことがある。山をのぼるときは巾が百メートルにもなってかけのぼるが、くだりになると速力がおちるので、何とか逃げのびられたが、葦原を風にあおられて走る火は、おそらく馬よりも早いかもしれないし、針葉樹林に入った火は、巨大な炬火になって天地をこがし、太陽も月も真赤にころがすのである。山火や野火は阿寒地帯の風物詩の一つであった。火は木材山、魚釣、きのこ採りの焚火、開墾の火とか蒸気機関車からはき出す火の粉などであった。

根室の春

「君にだけは僕らの秘密を観せてあげるからおいで　五月の中頃がいい」

根室の友人からそんなハガキをもらった。

友人達の秘密とはユキワリコザクラの群落のことで、根室郊外にそれがあるというのだった。私は五月十四日夜行寝台で札幌をたった。札幌はすでに桜が終り、林には薄絹をかけ渡したように、うっすらと淡化粧をしていたのに、夜が明けてみるとすでに列車は釧路領内に入っているらしく、あたりはまだ去年の枯れたままの狐色の

花の広がる納沙布《のさっぷ》岬

原野がつづき、川岸の柳の枝に少し緑がにじんでいる程度だった。だが根室に近づくとそれすらすっかり消えてしまった。

いつか友人達と郊外を歩いていて、濃霧の流れる谷底で、ミズバショウの花かと思って近寄ってみたら、風雪にすれた牧馬の白骨であったことを思いだした。

海岸に打ち寄せる昆布を拾う。

然しその日は雲一つなくよく晴れていた。迎えに出てくれた友人はすぐ私を車に乗せて、街を走り抜け、なだらかな丘の起伏する牧場地帯に出た。友人は急に言葉が少なくなった。何かあるのだなと思った途端に、先手の丘が桃色の霧がかかったように見えた。

「あれは何だ」

というと、友人は自分の興奮を押えるように

「あれだよ」

とただ一言いった。車を道の傍に寄せて止めると、飛び出すように外に出た。外気はまだ寒かった。私達は魚臭い工場のわきを通り、牧柵の下をくぐって無言で桃色の丘に急いだ。可憐な花だった。見ていると悲しくなるほどその姿は可憐で、とても靴で踏む気にはなれなかった。だがベタ一面に咲いている花を踏まずに歩くことは不可能だった、がそんな細かい神経をつかう必要がないほど、このか細く繊細な花は、どこにそんな力があるかと思われるほど強靱なものを持っていて、踏みつけられるたびに、靴の底から高らかな笑い声がわきあがるほど、明るく平然とした微笑が消えないのである。僅か三センチもあるかないかの草丈のこの草花には、風雪に耐えて咲き出した花といった毅然とした姿があるのだった。この花の群落は、翌日訪れた、国後島を正面にしたかつて国後の乱(寛政蝦夷乱)で多くの無謀な血を流したノッカマップ岬にも、太平洋に向った初田牛《はったうし》の丘にもひろがっていたが、土地の人は牛も馬も食わないこの草を、イワバナとか子別れ草などと呼んで、

「何だこっちゃ草か」

花咲蟹をゆでる漁師

といって問題にしていない風だった。牧場や漁場で働く人には何の役にもたたない草なのである。子別れ草と呼んでいたのは太平洋に向った漁村の人々で、この海では三月頃になると猫足昆布と呼んでいる昆布に新芽がでて、この花の咲く頃になると、古い親昆布は新芽に位置をゆずって、岩礁をはなれて海岸に寄りあがるので、その昆布を子別れ昆布と呼び、子別れ昆布の寄る頃に咲くので、子別れ草と呼ぶのだということだった。

友人にさそわれた丘の上にも、国後の乱のあとノッカマップにも、その花の咲くところには、あたりの青草が伸びないので、昔の人々の穴居跡が点々として見られた。どのような民族の生活のあけくれが、この花の咲くあたりにあったのであろうか。この人々の興亡の歴史を伝えて、この可憐な花がひらくのではないのであるが、何処かに滅び去り消えてしまった人々の歴史が、何か哀れに感じられて咲くかのような花の姿ではある。

根室半島には読みにくい地名のいくつかがある。沖根婦《おきねっぷ》（オ・ケネ・プで、川口にはんのきのある川）、歯舞《はぼまい》（アプ・オマ・イで、氷の中にある処）、珸瑤瑁《ごようまい》（コイ・オマ・イで、波の中にある処で、この沖の

網の手入れをする納沙布岬の漁師と家族

小島はいつも白浪がたっている）、紅煙無異《べんけむい》（ペンケ・モイで、かみてにある入江）などである。こうした地名が現代も通用しているのは、住民が少く地名がどうあろうと、あまり気にかけない大らかさがあるからである。

この岬の周辺を歩くと、知らない人々も声をかけ、親切に御馳走などを振まってくれる人が多く、私はノッカマップへ行く途中の、「船の墓場」などといわれるところで、遙か異国の支配下になった国後島を眺めながら、この地方だけでとれる花咲蟹《はなさきがに》と呼ばれている蟹の茹でたのを、何ばいも馳走になり、無口な老漁夫から、

「どういうものか船がこの沖に来ると、羅針盤が狂うのだ、今はこれ、この通りいい天気だども、来月に入るとガスがひどくなってせ、なれない船だば、ドンガリㇵぶつけてしまうんだ」

と煙草に火をつけながら、何艘も横倒しになっている船の墓場の話をしてくれた。ここでは北西から来る風は海をひっくり返す風だが、太平洋岸では南西の風が生命とりのおっかない風だ。ここではヤマセと呼ぶ東風は、

「はじめ雨がおとなしくなるが、段々風が強くなり、一寸一倍といって、一寸沖へ出ると波が倍強くなるのだ」

ともいい、

「磯谷にニシン、ヤマセに雨だ」

という沖揚音頭（ソーラン節）もあるほどだと、蟹を茹でる大釜のふちを木箸で叩きながら塩辛声でうたってくれた。

「どういうものだかな、タマ風（西南風）吹いて、ヤマセ（東風）吹くと魚がよく（網に）かかるもんだなァ。

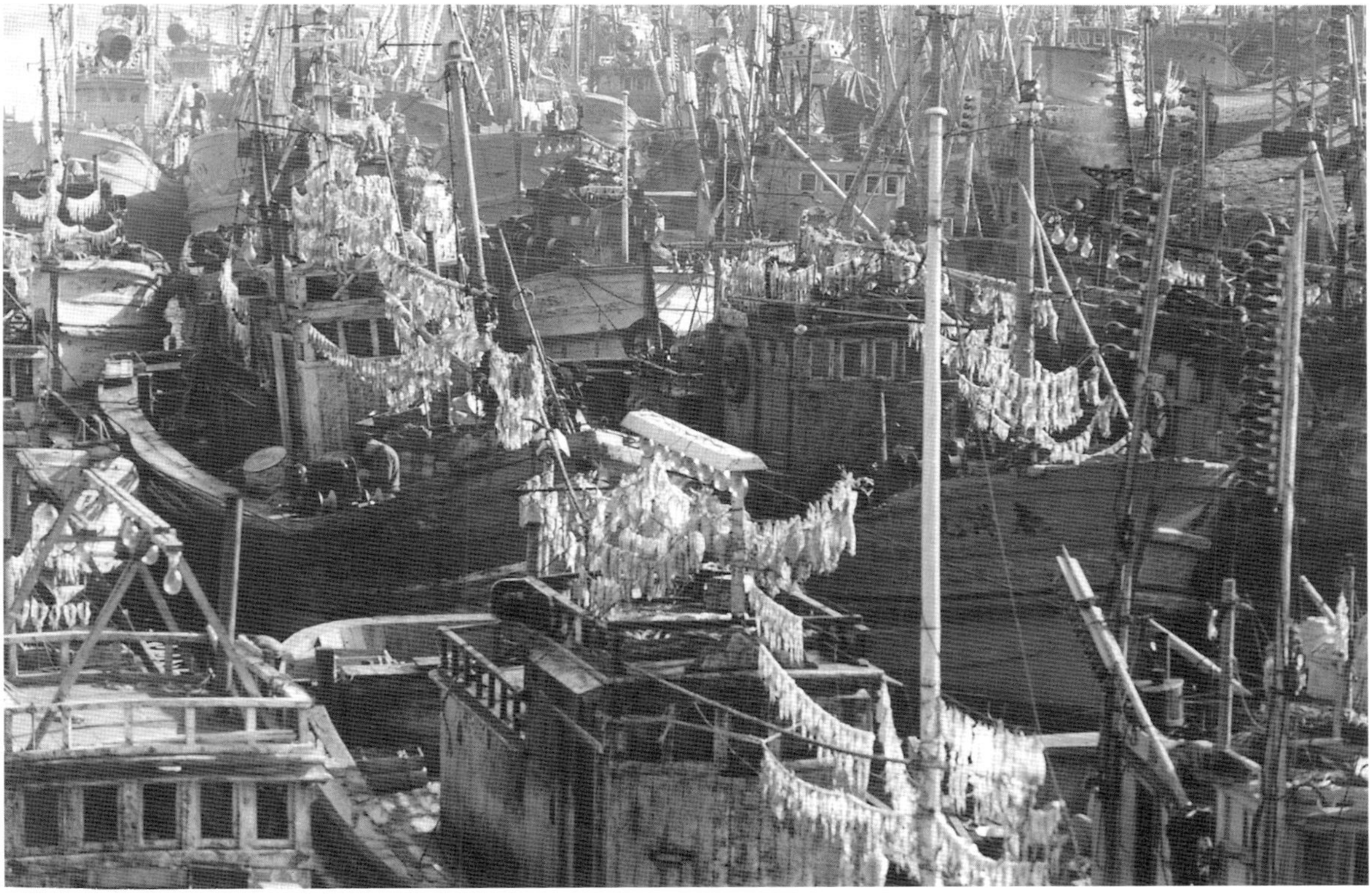

烏賊干しで満艦飾となった漁船

風におされてくるんだかよ、台鍋風ってのもある。南西から来るクダリヒカタセ、これ吹くと台鍋さ入れた魚でも逃げるといったもんだ」

無口な老人だと思っていたのが、こと海の生活のこととなると、無尽に口をついてでるのだった。

「昔は冬というと寒かったもんだが、この頃はどしてだべ、冬あったかくて、四月、五月に寒いんだもな」

といって洟《はなみず》をすすり、釜の下に薪を投げ込んだ。

蟹漁は、海をふさいでいた流氷が去るのを待ってすぐに取りかかるのだ。帆立漁は四月一日から五月十五日まで、タラバ蟹《がに》は四月二十日から十一月までで、勿論大きな親方達には鮭鱒漁はあるが、それをやるのは我々とはちがう人種だという顔付きをした。

太平洋岸では子別れ昆布に春ははじまるが、昆布場は流氷がおそろしいのだということだった。

「それも舶来氷（樺太方面から来る氷）だば厚いすけ、岸に寄らないからおっかなくないども、川から出た氷は薄いべせ、これがおっかないんだ。昆布礁でも海苔礁でもハ石鹸つけて洗ったように、すぺっときれいにやられるんだ。ほんだから氷寄せるヤマセ（東風）が一番おっかないんだ」

オホーツクの春

暗澹たる空の叫びか
滅亡の民の悲しい喚声の餘韻か
オホーツクの風
世界《モシリパ》の果の巨島は今も尚羽搏くのだ

民族とは何だ　種族とはと

海は風にのみググーウンと怒るのか
逆立つ牙は恥づべき不徳の足跡を削らうとするのか
非道の歴史を洗ひ去らうとするのか
オホーツクの海
石器は滅び骨は朽ち
興亡の丘に蝦夷百合は乱れる

あらしは遠い軍談《サニルペ》を語り
敗北の酋長《オッテナ》が眠る森蔭の砦《チャシ》に
穴居の恋を伝へて咲く浜薔薇は赤く
濡れた海鳥のうたふのは何の挽歌だ
オホーツクは怒る
これは戦前の春、オホーツク海岸を旅したときの実感

をそのままうたった、「怒るオホーツク」という私の詩である。戦後、伊福部昭氏が作曲されたが、〝非道の歴史〟とか〝不徳の足跡〟という言葉が、占領軍を刺戟することをおそれて、しばらく発表されなかった曰《いわ》くつきの作品である。私は日本人漁場の不徳や非道をうたったのであるが、脛に傷を持つ者は何にでもなんくせをつけたがるもののようだ。

沖に張りつめていた流氷が去ると、オホーツク海岸の砂丘の彼方此方に、点々と残雪が低みに残っていた。そこがかってこの海辺に生きた人びとの穴居の跡である。かってはここに恋もあり、争いもくり返され、また侵略者の非道の歴史の一頁も埋っているのであろう。

網走海岸からは、頭頂の突き出た、下顎骨が異状に巾の広いモヨロ族と呼ばれる民族の、横臥屈葬の遺骨も何体か発掘された。それらの人々はどうしてこの土地から消え去ってしまったのか、今日もその名が同族間に伝承されている英傑に、毒酒を盛ってだまし討ちにしたのは誰だったのか。初夏が来てハマナスの花がひらくと、その非道の跡は花にうもれて誰の目にもつかなくなるが、春の陽炎の立ちはじめる頃には、それらの歴史の跡が、昨日のことのようにこの海岸のそこここに印されているのである。

流氷が、この沖合から完全に姿を消してしまうのは、四月の半ばである。それまでこの海岸に寄りついた氷塊は、何処までが陸地でどこからが海の上であるか、見定めがたいほど白い大陸となって、蒼黒いオホーツク海の上を覆いつくしている。知床の根拠地ウトロまで道のひらけなかった頃は、当然のように人々は、この結氷した氷原を近道にして往来していたが、春になって南風の吹く日は危険な日である。いつ氷が岸から離れないとも限らないからである。

オホーツクの独航船

戦後五、六年も過ぎてからである。すでに湖の氷の上に水があがり、北の故郷に帰る白鳥達が、湧水池のあたりに翼を休めている姿が見られているのに、三人の旅人が氷原を渡って知床に向っていた。まだ氷に亀裂はなかったが南風が吹いて大きく氷をゆすって、三人が気付いたとき、氷原は音もなく岸を離れて沖に向って漂っていた。泳ぎのできる一人が飛び込んで岸に泳ぎつき、助けを求めたがヘリコプターもない時代で、岸でも人々がただ右往左往するばかりだった。幸い夜中に風が変って、氷盤は目的地近くに接岸して助かったが、全身凍傷にかかっていた。昔はよく国後島の狐が流氷にのって、漂着して来たというが、ソ連支配になってからは監視がきびしくなったせいでもあるまいが、そんな話は聞かなくなった。

「熊の仔を拾った」

などという途方もない話を聞くのも、流氷も白鳥も居なくなってからである。熊の仔が春山の穴で生れるのは、彼岸の頃であるといわれている。春先、思いがけないときに降る雨を「仔熊のうぶ湯」などと呼び、春の吹雪は「あざらしが氷の寝床の上で仔を産むためだ」などと、この海岸のアイヌの人達の間でいわれていた。そうして流氷が見えなくなり、山の谷間にだけ雪溪が走っているところは、仔熊達のよい遊び場になり、両手で舵をとりながら腹ばいになってすべる親熊のあとについて、仔熊達もこの山のスポーツを楽しんでいるが、加速度がつきすぎて、海岸の絶壁の上から下の石浜に落下して、通りがかりの山男達に拾われることがあるのである。そんな

網走湖の水芭蕉

一寸考えられないような妙なことが、この海岸にはまだ昔の露頭のように、ところどころに姿を見せ、ひとところだけ枯葦でもそよぐように、野狐が国道ぶちに姿を現わして、青く光る目で文明社会をたしかめて、また風のように茂みの奥に姿をかくしたり、羊の群の中にまぎれ込んで、狡猾な行動で仔羊をねらったりする姿が、車窓から認められたりする。彼らは人間には油断しないが、人間をとじ込めている車のついた箱はあまり警戒の対象にはしないらしい。

汽車の通じなかった昔は、海が氷にとざされると、知床の根元を根室に山越するか、宗谷の岬をまわる以外ここから脱出する道がなかった。この脱出できない世界に重罪終身刑の囚人をとじ込めて、北海道内陸への脱出口を開鑿させたのが、昔の網走監獄のはじまりである。戦後まで冬になるとこの海岸の漁船は全部陸にあげられ、ぬくぬくと冬ごもりをし、春の海明けを待って海におろされたが、近年は冬になるとそんな消極的な行動から、進んで南の海に進出して、冬も働く前向きの漁船に転換されてきた。そしてそれらの船が海明けした各自の港に帰る頃に、海跡湖の周辺には水芭蕉の群落が、どっと大地の生息を吹き出す。オホーツク海岸は北洋に向っているが、根釧地方よりは半月早く明るい春がやってくる。

離島の春

「ニシンがとれなくなってから、島の経済はかえって落ち着いたのではないですか。何か強がりのようにきこえるでしょうが、ニシンは一攫千金のヤマシバクチでしょう。もうそんなのありませんよ。海の中を耕して魚苗をまく漁業でなくては、もう近代漁業といえないんではないでしょうか」

　島の漁業組合の若い人達が、キラキラ瞳をかがやかせながら、新しい島造りの話に情熱を傾けていた。

　ニシンが島にも寄りつかなくなったのは、昭和二十九年（一九五四）で、プッツリとニシンとつながっていた糸が切れてしまった。それまでとれたニシンが、戦後の暗い時季を乗りきらせてくれた。だから島の人達の間には、まだ雪走り（三月中にとれるハシリニシン）、シノー（最盛期のニシン、アイヌ語のシーノで本当のという意か）、鼻白（後獲《ごと》りニシンともいって、脂が多くてまずい）、エビス（鰓《えら》蓋や鰭《ひれ》の赤いニシン）、坊主ニシン（鱗のおちたニシン）、ケラケラニシンなどという言葉が、もっこ（ニシンを運ぶ背負い箱）についた鱗のように、まだ心の底からはすっかりはげおちてはいないし、天売《てうり》島などでは、春になると魚族を追ってこの島に集まり、営巣する海鳥のウミガラスと、ニシンを追う漁夫のあとについて島にやって来て、ニシン漁が終るとまた何処かへ姿を消してしまう女達を、同じようにオロロン鳥という名で呼んでいる。

　春の離島を抱く海はおだやかである。ニシン時代の、島全体が湧きあがるようなにぎわいは勿論どこにも見られない。山口誓子の句に

　どんよりと利尻の富士や鰊群来《くき》

というのがある。ニシンがとれなくなっても、ニシン曇りといわれた天気配置だけは、今日もすっぽりと島の上を覆い包んでいる。太陽が見えるでもなく、見えないでもなく、白夜とはちがったどんよりとした、灰色の明るい空である。

　荒い北の海の「介党鱈《すけとうだら》の漁が終ると春なんだ」と島の人達は、はっきり漁の変化で季節を受けとっている。ニシンがとれなくなってからは春が来たって別にバタバタしない。去年の夏のお盆興行に本島（島では北海道をそう呼ぶ）をまわっていた大雨のふる怪談映画が、春に島のコヤにかかっていたりする。昔はコヤの前に大きな箱だの樽だのが置いてあって、

「ホイきた」

といって魚を投げ込んで、スーッと木戸御免であった。魚が入場料であり、ハナでもあった。決して入場料より少ないけちな魚などは入れる者はない。それを魚屋へ持って行った方が、入場料よりずっと分がよかった。金を払ってツリ銭をもらって入るのは、月給取だけだったという。

　島で立派なのはお宮と漁協の建物である。豊漁でありますように祈願するのは神様であり、船と生命の安全を祈願するのも神様だからである。

「お寺は貧乏だな、何んだってかんだって死んでしまってからではどうにもなんめいさ、生きて行くのには何だって神様が一番だべせ、のー、死んでからのこと何んぼ仏さまさたのんだって間に合うめさ」

　たしかにその通りである。だから島の寺はお宮ほどパッとしないというのである。

　利尻島の犬は小さな馬くらいもあるが、ほとんど吠え

利尻島から転任する先生との別れ

るということをしない。実際に馬の替りに荷物を曳くのである。この島では雪が消えると燃料の用意に山に出かけて、根曲竹を切り出すのである。一冬に一軒の家で焚く竹の数が四百束であるというが、それを山から運び出すのがこの小馬のような犬の仕事である。大きな割に可愛らしい金色の目をしてやさしい。

「この眼でみると、どったら人間でも仏さまみたいに金色に見えるんだべもなァ」

と飼主に頭を撫でられると、大きな身体をくねらせて喜ぶ。見知らない人にも吠えつかないのは、それを飼っている島の人の人なつこい気持をそのまま反映しているからであろう。焼尻島《やぎしり》できいた話では、巡査所の旦那をわずらわした事件は、五十年ほど前に一度あったらしいということだった。そして毎年春になると、島の中央の高台にあるグラウンドで運動会をやるが、島中の人が家をがらあきにしてそこに集まるが、今まで一度もものが盗まれたことがないといった。

「またはァ螢の光をきかねばネィくなったなァ」

とためいきまじりに言うので、

「卒業式にかネ」

ときくと、

「それもそうだども、先生が転任で本島さ帰って行くのでせ、あといい先生がきてければいいどもな」

いい先生とは島の人達と仲よく酒ののめる先生らしいのである。私が島を去る日、岸壁が螢の光をうたう島の人々に埋めつくされ、船のデッキでは「いい先生」の奥さんであろう、両手にもちきれないほどのテープを握りながら、涙に濡れた顔をハンカチの中に埋めていた。見送人の中にも狂ったように、涙をぬぐわずに何かを叫んでいる人々の姿があった。

「島の先生って幸福だね」

と乗客の間からためいきがもれた。

宗谷の春

札幌では桜の花がとっくに終り、五月末のライラック祭も終ってから、夜行の急行で宗谷に出かけると、夜の明けた窓外は枯葦原が果しなくつづき、ところどころ雪が消えたばかりの水たまりのあたりに、残雪のように水芭蕉が群れ咲いていた。

「昔は汽車が一時間走るごとに、一日ずつ時間がずれました。だから札幌辺にくらべると三週間、いやもっと、二十五日位は遅れましょうナ、春の来るのが。何せ桜は六月が間近にならないと咲きませんからねィ」

あきらめとも自嘲ともつかない言葉である。おそらく水芭蕉の咲いているあたりの地下は、まだ凍った土が解けていないのであろう。うっかりするとマンモスなどがその下に眠っているのではないか、そんな妄想すら浮んで来そうな風景である。

「そうですね、あたりがすっかり緑にならないと、ストーブをはずすことはできませんねィ、そうハマナスが咲いてからですから、七月にはいってからですね」

年中ゴム長靴をはき通すという、牧場を経営しているというMさんは、それが当然だというように宗谷の春を説明してくれた。

Mさんの牧場にあるのは、湿原が果しなくひろがるサロベツ原野で、今このあたりの土地一万六千ヘクタールが、新しく国で開発がされようとしている。葦と熊笹と湿原帯の植物が敷きつめられているこの原野は、それほど遠くない昔は海であったかもしれないと思うほど果しがなく、その向うにはいつか火柱を噴きあげていたであろうと思われる、利尻岳が空につきささっている。

私は何処まで行っても岬の姿の見えないこの海岸を歩いていて、砂丘が風に移動しているのに立ち止まらされた。日本海の荒波に向って砂丘は幾条も波状につらなっていた。私は砂丘は海の波が永い間に運んできて、この海岸に根気よく積上げたり、くずし去ったりしたものだと思っていた。そしてその一番奥の内陸に近いところには、骨太い労働者の腕のような柏林が育ち、海に近い砂丘ほどにそれが細く低く汐風に刈り込まれて、それでも生き伸びようとする努力をつづけているが、最も海に近いところはまだ柏は勿論、ハマニンニクなどの海浜植物すら育っていない、若い砂丘を形成しているが、その若い砂丘の砂が海から吹きつける風に乗って、相当な早さで内陸へ向って移動しているのだった。そして砂丘と砂丘との間の、僅かな凹地に育っている海浜植物の芽や、牧場の人々が播いた燕麦の芽を、見る見るうちに素早い移動の下敷にしているのだった。

僅かな生活者達は、いくつも段々に沖から寄せる波のように並んでいる砂丘の、一番奥の柏林のかげにかくれるように生活の煙をあげているが、砂の移動はこの人々の天井裏にまで吹き込んで、

「学校の教室の天井が落ちるんでないかと心配なんだ」

と部落の人は心配顔である。だがこの風を憎んでばかりもいない。この風が海岸に送ってよこす漂流物には、それぞれ縄が結んであったり、名札が打ちつけてあったりする。海が荒れた翌朝は、暗いうちから腰に縄をさげた

たくさん獲れた介党鱈

りして海岸を歩く。それを浜廻りといっている。漂流物を発見すると、それに縄をむすびつける。それでその漂流物に所有権ができるのが、この土地のならわしなのである。

　サハリンの島かげが雪のように見える宗谷岬のあたりでは、浜廻りをすると、タコのはえなわにつける玉を拾っても、酒代には困らないなどという老人に会った。そのあたりは春になるとタコ漁が、沿岸漁民の生活をうるおすのである。

　今もどうかすると春の青草の茂る前に、野火が天北原野を走ることがある。かってこの原野は大密林に覆われていたというが、漁場の無計画な乱伐と、度重なる山火の被害で今日の姿になり、明治末年の山火は稚内《わっかない》市内をほとんど焼払ったことすらあった。

　この辺の夏は七月から九月のはじめまでであるのに、海流の関係でほとんど流氷が寄らず、冬は意外に暖かで、道東地方では育たないアジサイの花が咲くのに、冬枯れのままの春がいつまでもいつまでも、あきあきするほどつづくのである。

　北方警備の武士達が駐屯し、ここを中心に樺太を警備し、壊血病の薬としてコーヒー豆を煎じてのんだり、カッヘルという鋳物のストーブなど、明治以前から西洋文明が入ったのは、冬がきびしいというよりも、むしろ夏が短かすぎて、南方から来た日本人には、「地の果」という印象を強烈に与えたからであろう。それはいつを春といってよいかわからない、何かはかないものを感ずる土地だからであろう。

緬羊が草を食む春の襟裳岬

昭和8年（1933）の奈良県十津川村池穴。撮影・高橋文太郎

新十津川開村記

宮本常一

私が新十津川をおとずれたのは戦争が終わった昭和二〇年（一九四五）一〇月で、北海道の野はもう雪におおわれていた。私は大阪で戦災にあって働き場を失い、北海道で百姓をしようとする人たちをつれて、一〇月一六日に大阪をたち、その人たちを北端に近い幌延《ほろのべ》まで送り、そのあと北見、釧路などを経て一一月二日の夜は滝川にとまった。そしてその翌朝雪の降りしきる石狩川を渡船でわたった。滝川の宿銭が五円三五銭、石狩川の渡船が一〇銭であったからまだインフレーションはほとんどおこっていなかったことがわかる。

　新十津川をたずねて見ようと思ったのは、その親村である奈良県十津川村をおとずれたことがあったからで、その枝村がどのようになっているかを目のあたりに見たいと思った。新十津川村は、明治二二年（一八八九）の末に奈良県十津川村から六一八戸、二七六九人が分村移住してつくった村であった。十津川村はその年の八月一九日に豪雨のため未曾有の大水害を引きおこし、十津川の本流、支流いたるところで大山崩れをおこし、それが川を埋めて湖をつくること五三にのぼり、やがてそれが決潰《けっかい》をはじめ、最高水位は七〇メートルに達し、その水によって押し流され、跡形さえとどめなくなった家が四〇〇〇戸をこえたという。そして道路という道路は完全にズタズタになり、人の歩けるものではなかったのを、やっとやっと二三日になって村の中央の谷瀬の人が高野山を経て五条町にある宇賀吉野郡役所に報じた。郡長はこの水害のために十津川村田長瀬という所で行方不明になっていたのである。

　十津川の惨状を知って、直ちにその救援運動はおこされ、郷土出身の社会的に活動している人たちの真剣な協力もあったが、惨状のはなはだしいのを目のあたりに見てはその復旧は短時間には不可能であると考え、災害後一五日もたった頃には北海道移住以外に救済の道はないとの結論を出した。ずいぶん性急な無計画な対策であったと思われるが、当時、政府は北海道開拓に大きな力をそそいでおり、十津川村民も北海道に新十津川村をつくり、北辺の守りになろうとする気概を示し、移住者の募集に際し、たちまち六〇〇戸、二六九一人の申込みがあり、後さらに追加申込み者があいついだ。しかし冬はすぐやって来る。その冬近い北海道へこれから出かけるというのはより大きな困難に立ち向かうことになるのだが、村人たちはあえてそれをしなければならないほど追いつめられていた。第一団は一〇月一八日に二〇〇戸、七九〇人が十津川をたち、第二団は一〇月二三日と二四日に二〇四戸、八三〇人、第三団は一〇月二三日と二七日に一九六戸、八六〇人が郷里を出た。この第三団に後《うしろ》木《ぎ》喜《き》三郎《さぶろう》という一三歳の少年が加わっていた。

　喜三郎は南十津川郡知合に生まれた。親につれられて、見知らぬ世界にゆくことに何となない期待をおぼえつつ、第一日はおなじ村の中の神納川というところにとまり、二日目は大股というところにとまった。三日目は高野山をこえて神谷にとまり、四日目は紀ノ川の谷に下り、さらに紀見峠をこえて、河内の三日市というところへとまった。一三歳の子供にとって毎日、山坂をこえての旅は身にこたえ、三日市でとうとう動けなくなって、五日目は駕籠にのせてもらって堺まで来て、そこでまた一泊した。翌日は元気になって堺から大阪の八軒屋まであるき、そこの京屋という宿にとまった。そしてその翌日、神戸まで汽車に乗り、そこから兵庫丸に乗った。船が小樽へついたのは一一月六日であった。当時の小樽はまだ一筋町のさびしい所であったが、町は雪に埋もれていた。汽車が市来知《いちきしり》まであったのでそこまで乗り、そこから雪の中をあるいた。

　雪は一尺も積もっていた。その雪を囚人たちが来て踏んでくれたが、あるきなれない道でみんな死ぬ思いをしてあるいた。そしてやっと奈井江《ないえ》の集治監に来てとまった。今でも新十津川では疲れはてたことを形容するのに、「奈井江の集治監に来たような」といっている。

　その翌日、囚人たちに守られて滝川の兵舎まで来た。荷物はソリにつけられ馬にひかせたが、馬の鈴がシャランシャランと鳴るのが地獄の音のように思えた。滝川では兵舎にとまることになった。三間半に四間くらいの家に四家族が住むことになり、そういう生活が雪のとける翌年の六月までつづいた。

　住居と食物は割当てられても、薪は自分たちで自給しなければならない。雪の中を毎日薪とりに出かけていった。それをもうその日のうちにイロリにくべなければならなかったのだから、室内は煙がたちこめて、みな目をわるくしてしまうほどであった。そのうえ雪の生活になれていないので、風邪をひき、それをこじらせて、老人や子供はあいついで死んでいった。この人たちの力になってくれたのは囚人たちであった。彼らは雪になれている者が多く、官の命令でいろいろの工作や人手を要する仕事の手伝いに来てくれた。その人たちが手ソリをひくとき、

耕地の広がる新十津川町。昭和47年（1972）撮影・須藤　功

ヤンセ　ホンセ　大和の移住民
空知《そらち》の肥料だ

とうたった。それが自分たちのことをうたっているのだが、とがめだてする者もいなかった。みなこの地でくちはてて土になってゆくように思えたのである。

しかし、雪がとけて明るい日がさんさんと照りはじめると、また希望がわいた。六月一五日には入植地の割当がおこなわれて、それぞれ割当地へはいることになったが、アカダモの茂っている原野にはいっていくのに道すらなくて、中にはとうとう入植地にはいらない者すらあったが、何とか見込みのあると思う所をもらった者は、それぞれ開拓をはじめた。そしてひらくはしからソバ、ジャガイモをまいていった。まず食うものをつくらねばならぬ。このようにして明治二三年（一八九〇）にはおよそ、二三〇ヘクタールの畑をひらいた。それは林の中の所々にほんの少しずつの畑があるという程度にすぎなかった。

そしてまた冬が来た。後木一家は新十津川村のほぼ中央に土地を割当られていた。そこは決して条件のよい所ではなかったが、泣きごとも不平も言ってはいられなかった。大和にいても暮らしは貧しかったし、その大和で水害の後を復旧するにも、北海道で努力する以上に努力しなければ、みのりは得られなかったはずである。

条件のわるい土地を割当られた者、病人をかかえた家の者など、北海道をすてて郷里へ帰る者、北海道の他の地方へ行く者などあいついだが、後木一家はどんなことがあっても、この土地で百姓をつづけようと少しずつ開墾地をひろげていった。そして明治二四年（一八九一）にはソバ、ジャガイモのほかに、アワ、イナキビをつくり、その秋には自分でつくった穀物らしいものも食べられるようになった。

しかしどこの家でも北国の農業になれていないので違作する者が多く、このままでは囚人たちのうたったように空知の肥料になってしまいそうであった。明治二五年頃になると、耕作指導者も来て開墾や新作物の作付指導もしてくれるようになり、その翌年にはナタネ、つぎの年には大麻、明治二九年（一八九六）からは亜麻をつくりはじめ、そういうものが換金せられることになる。

明治二七年（一八九四）には耕地も一五〇〇町歩（約一五〇〇ヘクタール）ほどになっていた。その頃から水田もひらかれはじめる。と同時に富山からの移住者がふえて、村はにわかににぎやかになって来た。おなじように水害にあってやって来たのであった。水田がひらけはじめると、木はみるみるうちに伐りたおされて、やがて美田にかわってゆく。後木一家も水田経営が確立して、やっと安定して来た。

ゆくりなく、私のたずねていったのはその後木さんの家であった。そしてその家には二日ほどお世話になった。この原野で十津川から来た当時のまま、土地に留まっているのは、一〇軒ほどであるという。他は多く市街地に移っていった。

大きな倉庫もある新十津川町の農協。
昭和47年（1972）撮影・須藤　功

夏の北海道

文・写真　更科源蔵

海岸沿いに道のない夏の漁港。根室市

函館市街の異国情緒

歴史の陰翳《いんえい》

霧にしめった丘の方から教会の鐘がひびいて来る。明るいようだが何処となく古びた鐘の音である。安政元年(一八五四)神奈川条約によって、最初に外国に向って胸をひろげて開港にふみきった函館には、海の向うの文物が堰を切ったように流れ込んで来た。その近代日本の明るい夜明けが、この街のいたるところに陰翳をつくっているのである。函館の街角に紫陽花《あじさい》が咲く頃、私は教会の鐘の音にさそわれて、不遜《ふそん》にも信者にまぎれ込んで教会のミサの片隅に席をしめたことがある。私は不信の徒であるが、それでも尚その空気の中にとけ込んでみたかったのである。

函館という街は何か人の心にそうした影響を与えるものをもった街である。外人墓地とかトラピスチーヌとか、何げないたたずまいも、それにはそれぞれに理由と歴史とがあり、またここに住む人々の心の上に影をおとさずにはおかないのである。

函館近郷に日本人の足跡が印されたのは、東北地方とそれほど差があったとは思われない。白牛が奥羽龍飛《たっぴ》から白神《しらかみ》の岬へ泳ぎわたったという記録がある。まして舟というものをもつ人々にとって、本州と渡島《おしま》半島とはあまりにも近い隣だったからである。五〇〇年の昔この地方一帯にわたって、和人とアイヌの人々との間に血なまぐさい争いが繰り返された。日本の歴史はそれをコシャマインの乱と呼んでいる。ようやくこの地方に東北の豪族の一味が砦《とりで》を築き、先住のアイヌとの間に感情のもつれがはげしさを加え、ついに夷酋《いしゅう》コシャマインの率いる勢力に、断崖の果てまで追いつめられたことがあった。七月三日になると大沼に倒影する駒ヶ岳から、主人をしたう駒の嘶《いなな》きが聞えるという伝説も、アイヌの怨みをかった松前の館主相原秀胤が、追いつめられて駒を山に放って二人の姫と入水したのをしたうのだとも言われる。伝説は美しく悲しいが、事実は暗くよごれている。

緑の涼しいエルムの学園。撮影・楡金幸三

白牛が泳ぎついたという白神岬。松前町

そのどれをとるかは旅をする人の目的によって自由である。

明治維新には日本人同士が、理想と恩義とを盾にして血を流した函館戦争の名は痛々しい。明るい朝を迎えるために、目を覆いたくなる暁闇《ぎょうあん》を通り越さなければならないのか、函館近郷を歩いているとそんなことを考えさせられ、痛々しい歴史の事実にぶつからざるを得ない。

函館から北海道唯一の城下町松前に行く途中、湯の里という駅がある。平凡な山村の駅であるが、ここから三キロ、かつて金鉱採掘のために千軒の家があったという、千軒岳に向って村道を行くと、開湯六〇〇年という知内温泉がある。千軒岳の砂金は将軍源実朝の命によって採掘されたというが、ここで働く多くの人々は禁制の切支丹を信ずる隠切支丹《かくれきりしたん》で、それらの信者のためにはるばる海をわたったカトリックの宣教師、アンジェリスの報告があり、近年松前家の墓石から、この根深い信仰の姿を物語る、多くの十字の刻まれた印が発見された。知内温泉はその六〇〇年以前にひらかれたというのであり、四季の山菜でまかなってくれる食膳もうれしい。しーんとして毛穴にまで山の緑が、秘められた歴史と共にしみ込んでくる静けさである。

歴史の影の稀薄な北海道で、歴史について語られるのは、この道南だけである。北海道の観光地と言えば自然だけで、名所旧蹟という日本人の血とつながっているものがないが、道南と呼ばれるこの地方には、東北に似た杉林があり史蹟があり風俗がある。

唯一の城下町の松前も、相つぐ火災と鉄道という近代

大沼と駒ヶ岳（1140メートル）。七飯町

からはずれたため、昔の面影は薄れているが、古い社寺が軒を並べて城をとりかこんでいる。それはアイヌは墓地を嫌うので、城の山手には寺をたて墓をつくり、山手からのアイヌの襲撃を喰い止めたためであるといわれている。

　松前を京都とすると江差《えさし》は阪神であり、商人の街であったが、ここもすでに古い商家は近代の装にかわり、昔を忍ぶものは文化財として保存されるという状態である。ここから沖の奥尻島に定期航路がある（もう一つ瀬《せ》棚《たな》からの航路もある）。松前藩祖が本州から北海道に渡るとき暴風にあい、一時この島に留まったとも伝えられているのは、そうした海の避難所であったらしく、島の中央部にある神威山《かむいやま》の噴火で一時無人島になったときも、遭難者のための鍋釜米味噌から火打石まで置いてあったという。

近代と古代

　アカシヤの花が咲くとビールがうまくなるなどという。アカシヤの白い花房が並木に匂うのは、昔の札幌神社、今の北海道神社のお祭の頃である。昔はこの日は北海道中の小学校までが休みだった。この花が咲き出すと本当に北海道に夏が来たという感じになる。

　カッコウがなきだすのは五月の二十日前後であり、カッコウがなくとアイヌの人達は、

　　カッコウー
　　千歳川に魚いなければ
　　当別川に行ってごらん

カッコー
とカッコウが歌をうたっているのだといって、魚扠《ぎょさ》をもって川にのぼった鱒《ます》をさがしに行ったといい、この鳥の歌は明るい希望の歌であった。

　カッコウがなき出すと間もなく薄紫のライラックの花房が初夏の風に香る。この北米や北欧から来た花は、北海道の風土に合うせいかどこの家の庭でも咲きほこっている。鈴蘭が街角でうられるのもその頃である。都会の人々にこよなく愛される可憐なこの花も、牛にも馬にも見向きもされないので、農村では「毒のある花ではないか」などといわれ、この植物の生えているところは火山灰地の痩地なので、そうした点でも好かれないし、アイヌの人達は「狐の苺」などといって相手にしない。朱色のサンゴの珠ような実がなるけれども、それは食べられない実だからである。

　初夏の自然は新鮮で溌剌としているが、盛夏に近づくにつれて自然は重くなる。山麓地帯の畑作はジャガイモや豆の花盛りであり、酪農地帯の巾の広い風の中に放された家畜の姿も大らかである。とくに明治初年開拓の中心地であった札幌附近には、それを見ることができるが、観光バスでも説明に困る原野の風景は、摑《つかま》えどころのない大きさがあって、本当の北海道らしい風景はむしろそうしたところにあるようである。

日本海の風雪で風化した石仏

　最近開拓された洞爺《とうや》湖畔の高原ホテル附近の風景は、天気に恵まれたら類のない景観であろう。洞爺湖と内浦湾が一眺され、天地創造のはじめ、国造神がその山頂におりて、泥海の中に島根をつくったと伝えられる羊蹄《ようてい》山が真近く、今また昭和新山の新しい造山活動のすべてを見ることのできるのは他に類をみることができないだろう。昭和新山の創造を目の前にするとき、我々は古代の人達が地殻活動を体験したとき、天地創造の伝説が生れたのは、決して荒唐無稽のつくり話でないということをも身をもって感ずるのである。

　北海道の姿を道南の渡島半島を頭部にたとえ、鵬翼をひろげた巨鳥にたとえる人がある。それによれば日本海の荒海に突き出た右の翼が宗谷の岬であり、左の茫洋とした太平洋にのびているのが襟裳岬である。

　この両翼によって北海道の風土は大きく二つに分断されている、というよりも複雑な様相を示しているといえる。この岬の西の方の海に生きる人は、東から吹く風は岬と山にさえぎられて静かであり、西風は激しく人々を打擲する魔の風であるが、東側の人々にとってこれは逆になる。だからこれらの岬を古代の人々は魔神の岬と呼んだ。魔物が棲んでいて人間の舟を見ると、急にあらしの息吹を吹きかけるからである。積丹《しゃこたん》半島もまたそうし

女神が造ったという積丹半島の兜岩

た難所である。積丹に限らず日本海岸は険難な地形が海にせり出していて、今日なお交通が寸断されている。アイヌの人達の伝説では、日本海岸の造成は国造神が女神に言いつけ、太平洋は男神が受けもったが、女神は途中で友達と出あって、長々と世間話に夢中になって、さて気がつくと男神は太平洋岸をほとんど完成しているので、あわてふためいて仕事を中途半端に片付けたので、今日のように未完成な海岸線がつづいているのであると。女神のおしゃべりのおかげで、今日とっくの昔に近代人に嫌われて消えてしまったような、古い風俗習慣が生きていて、所謂秘境がのびのびとして息づいているのが特長である。ひなびた温泉が村人の憩《いこ》いの場となって、まだ都会の垢によごれていないのもうれしい。都会人に見せたら目の色を変えるであろう、ジャスパー（天然石）などがおしげもなく道路修理に使われているのはやはり都会から簡単に日帰りできないからである。

いつか私は積丹半島に用事があって出かけたが、陸路がないのに定期船が一週間も止まっているというのであった。針金峠などといって崖から針金のさがっているのにすがって、やっと山越えをしてたどりついたら、海が燃えているような落日が私を迎えてくれた。その翌日「今日は蝮《まむし》が皮脱ぐ日だから山へ行っては駄目だ」と止められた。「今年はとうとう風邪の神も来なかったもなァ」ともいった。都会から定期船にのって来る風邪の神が、毎日海があれていたので、針金峠を越えて来なかったというのである。不思議な国の物語りのようなことを、素朴に信じて生きている家々が、荒い風雪をさけて部落をつくっているのである。そこにも夏になるとハマナスの紅が点々と咲きほこり、それに似た人生の明け暮れがあるのである。それはこの

かつてのにぎわいが嘘のような、日本海に面した鰊御殿

沖合が恵まれた魚田だからでもある。

女神がなまけたため交通が開けないということは、必ずしもここの人達に暗いものを押しつけているばかりではないし、ことによると北海道の将来のことを考えて、粗末な仕上げをしてくれたように私は思うのである。道路が整備されたら近代が直に破壊工作をはじめるであろうが、道が開通したら、必ず新しい観光地になることはたしかである。

男神が丹念に仕上げたはずの太平洋岸にも、時々疲労を感じて手を抜いたところがところどころにある。その最初が長万部《おしゃまんべ》から洞爺までの間の、礼文華《れぶんげ》山道の険で、現在も室蘭本線がほとんどトンネルばかりを通り、途中の駅に停車しても客車の半分以上はトンネルに入ったままで、下車する人はトンネルとトンネルの間の僅かな間からおりなければならない。

二番目の疲労場所は襟裳岬にはじまる。所謂黄金道路といわれている、北海道の荒々しい背骨の露出した、昔の猿留《さるる》山道のあとである。ここの絶景は水墨画に親しんできた日本人に喜ばれそうな、奇岩絶壁がつながり時々波のしぶきがバスを飛び越すことがある。

一年のうち三分の二は十四メートル以上の風が岬を削っているという襟裳岬は、いかにも地の果てらしく、沖合はいつも白くぼけているが、藍くて果てがない。そのいつも飛沫で天末までぬれているような沖に、恐龍の背鰭《せびれ》を思わせる日高山脈の背骨が牙になって波濤を噛んでいる。加えてこの沖合からよせてくる魔女の妖気のような濃霧は、近代装備をした船をすら捕えることがある。

知床の断崖と滝。撮影・楡金幸三

文化年間（一八〇四〜一八一八）、蝦夷地開発の御用船がこの魔女の虜になり、人々はかろうじて岸にたどりついたが、飢えと疲労のために空しくなったのを悲しんでたてたと伝える、一石一字塔が荒涼とした砂浜にあり、ここを百人浜と呼んでいる。

北海道を大きく東西に二分している大雪山につながる日高山脈には、湖があるという伝説がある。それほどこの山は狩人達にすら奥深い懐をもっている。麓の人々が印した足跡の多くは、雪線までも達しないで密林の中に消え、夏はほとんど途中であきらめなければならない。

この道央と呼ばれる地帯は近代と古代とが交錯し合っているが、近代の根は浅いがすでにしっかりと根をおろして、新しい歴史を築きつつあり、古代は頑固な自然の背骨に護られて、なかなかにゆるぎそうにも思われない。

強大な自然

北海道を南北に走る日高古生層といわれる脊梁山脈を境にして、西と東ではこけを一つとりあげてみても異質である。西では神々がすむという高山でなければ見られないサルオガセが、道東では平地の森林地帯でいくらでもみることができる。だから西方系のアイヌはこれを神々の口ふきであるといい、東方系では人間の尻の始末をするのに使ったりもする、というほどの差異がうまれてくる。だから「狩勝《かりかち》峠を越えれば本当の北海道がある」などという人がある。たしかにこの石狩と十勝の国境になっている、日高から大雪山系につながる山連の西側、即ちサルオガセが神のハンカチである地帯では、農耕を生業にする人間の力が自然よりも強くて、はるかに青く霞む山裾まで、人々の開拓がおしひろげられ、不屈な開拓魂を誇っているが、この国境を越すと、人々は前額にまだ荒々しい自然の息吹を感ずるであろう。それほど自然の力が強烈に感じられ、ここにすむ人々はその自然の片隅に、肩身を狭くして置いてもらっているといった感じである。明治の末に札幌近郊を汽車の窓から眺めた石川啄木が、「目を遮ぎる物もない曠野の処々には人家の屋根が見える。名も知らぬ灌木の叢生した箇所《ところ》がある。沼地がある。―其処には蘆荻の風にそよぐ状《さま》が見られた」と書いているが、札幌近郊のそうした姿は、六〇年後の今日もう見ることができない。開拓者たちが一歩押し戻されながらも、二歩前進して今吾々の目の前からそれらの風景を拭き消してしまった。然しこの狩勝の国境を越すと、六〇年前の、いや一〇〇年前の北海道の姿がそのまま実在しているのである。

その黒く奥深い自然の中では、不思議に森の妖精のように咲く白い花が多い。そしてその花たちは強烈な香りをもって人々の心をあやしく波だたせる。それは国境の東側ばかりでなく、西側にだってまだ山懐に入るとそれはある。いつか支笏《しこつ》湖の温泉に泊った晩、直ぐ近くの森に仏法僧《ぶっぽうそう》が来て鉦をならす行僧のように、月の夜の木の下闇の中を高くひくく低迷していたが、その翌朝窓をあけると、清冽な山気にとけた朴《ほお》の花の香りが、なだれ込むように部屋にあふれた。視線をめぐらすと近くの高い梢の上に、比丘尼《びくに》のように白く静座している花の姿が点々としてあった。薄緑のうれいをふくんだウバユリの花、七月のしめった森から誘惑の歌をうたう野生のライラック（はしどい）。香りがなくつつましやかであるが、いつまでもいつまでも湖畔に待ちつづけているサビタ（のりうつぎ）の白、そしてゴトウヅルの白さ、そ

姫鱒《ひめます》を釣る支笏湖の朝

神やどる大雪山

れは冬になれば白一色になる北国の、思い出のようにさびしくも清楚である。

夏は祭のように賑やかな春の小鳥の合唱も消えて、茂りに茂った原始林の奥は風のそよぎすら感じられない日がつづくが、そこを通りすぎると人気のない沼が曇日をうつして光っていたり、遠い沼上の方から思いがけない人声を運んできたりする。湖沼の姿も西側とちがうことは、暗い針葉樹が湖畔までせまっていることである。それが水の色を一層深いものにして、伝説めいた影をうつしている。

大雪山系のオプタテシケ山と、釧路の雌阿寒《めあかん》とは夫婦であったが、女山の雌阿寒の行跡がよくないので、夫婦別れをして子供を連れて釧路へ帰ったが、考えると自分を追い出したオプタテシケ山の仕打ちに腹がたち、或る日手にしていた鉾《ほこ》を憎い男山に向って投げつけた。途中でこれを見つけた十勝のヌプカウシヌプリという山が、兄弟分が危いとみてむっくり立ちあがって、鉾を押えようとしたが捕えそこなって耳を削り飛ばされてしまった。だがそのため鉾はそれて男山に当らなかった。怒った男山は鉾を拾いとると、女山を目がけて投げ返した。怒りの鉾は東に飛んで雌阿寒の胴体を破った。雌阿寒から今も硫黄が噴出しているのは、そのときの傷跡から流れる膿《うみ》であるという。そして男山を助けようとして耳をとばされたヌプカウシヌプリの耳は、四方にとび散って十勝野の火山弾になり、ヌプカウシヌプリの立ちあがったあとに、水がたまったのが然別湖《しかりべつ》であると。

この大雪、阿寒の二つの国立公園にまたがる、雄大な伝説はこの火山性の山と、この山を神として大事にする部族との間の、婚縁と闘争を物語る叙事詩であるようだが、広大な十勝野の夏に立ってみると、そうした物語りが古代の人々の心の中に生れてくる必然性が感じられるようにも思えるのである。

　白い花の多い森と湖のあたりから、北太平洋かオホーツク海の見えるあたりに出てみると、夏は潮流の関係で霧が多く、盲いた海が鉛色にうねりとどろいているが、その汀線にそってここだけ光があたっているかのようにハマナスの紅が、咲かずに埋れさった悲恋の思いのように、砂丘を埋めつくしてはてがない。それを観光地では原生花園と呼んでいるが、それは特定の場所だけではなしに、十勝から釧路、根室の海岸は勿論道央の胆振《いぶり》や日高の海岸とか、石狩や留萌《るもい》の海にもそのはなやかな紅帯はのびているが、冬は流氷がひしめき寄せるオホーツク海岸が最も美事である。

　いつか請われるままに〈はまなすは砂地により咲かない〉と書いたことがあるが、この植物はどういうわけか荒涼とした灰色の海の岸辺が好きなのである。道央の千歳《ちとせ》の近くに馬追沼《まおいぬま》というのがあり、馬追とはアイヌ語のマウオイに当字をしたので、ハマナスのあるところという意味である。海の見えないこの内陸にハマナスの群落があるのである。実はこの湿原の中の小さな沼潟は、そう古くない昔の海のあとで、現在の苫小牧《とまこまい》から日本海岸の石狩までは海つづきの海峡であり、ハマナス咲く沖を鯨が遊泳していたところ、突如として恵庭《えにわ》か樽前の山が火を噴いて焼砂がこの狭い海峡を埋めつくし、鯨や海獣を封じ込めてしまった。明治時代にこの沼から鯨の骨があがったことがあった。その焼砂に埋められながらも、生命力の強いハマナスは海を失った今日も、荒れ果てた古里に花をひらくのである。

　オホーツクの岸の砂丘はいつどうして、この北の海の防波堤になり、水禽たちのねむる海跡湖をつくり、そしてハマナスたちの故郷になったのか。いつか私は屈斜路《くっしゃろ》湖畔に生活したとき、対岸の山裾にある岩盤が何時《いつ》の間にかこちらの岸に運ばれているのを見たことがある。物好きな人間が何かの目的のためにしたのではない。冬に凍結した湖の氷がその底に岩を抱き、春風に砕かれてそのまま対岸に運ばれて積みあげられ、そこで春を迎えて岩盤だけが積み重ねられたのである。自然はときどき意味もない気まぐれな工作をするものである。オホーツク海岸に延々とつづくハマナスの砂丘も、暗いオホーツクの海の果からやってくる風と波とが、いつの時代にか深い入江と、突兀《とっこつ》とした岬の海岸線を埋めつくして、人々の心をはるかな彼方にさそう汀線をつくり出したのではなかったろうか。あるとき北の海岸を歩いていると、樺《から》

虹別高原から望む西別岳（800メートル）と摩周岳（898メートル）

巨木の切株が残る北見内陸の開拓集落

太《ふと》引揚者が砂丘のかげに海風をさけて、燕麦の畑をつくっていた。その丹精をこめた麦の芽が沖から吹きつけられる風の運ぶ砂によって半分以上も埋められているのである。僅か十日か半月の間にこの砂丘は海の方から吹きあげる砂によって変化しているのである。私が数年前にこのオホーツク海岸に見た砂丘は、もう今日の砂丘と随分ちがっているだろう。北の海岸は生きもののように、見る間に移動し変形している。だから小さなハマナスの一本を根のまま掘りとろうとすると、それは五、六メートルにも先に根をもった古木の、砂に埋れた枝の先であることが普通である。

砂丘が国造りをしている一方、濃霧の海の中に没し消え去る老朽した大地もまたこの地方にある。旅人の知らない釧路から根室の海岸は、かつての小学校の地杭が海の中に立っている。この地方は真直な道が冬を越して春になると、くにゃくにゃと曲ってしまう。大地が海にすべり出すのである。そのため小学校が海におち込んだりするのである。この現象はここに限らず日高海岸でも見ることができる。かつての鉄道のコンクリートの橋が、海の中で波に洗われているのを見ることがある。太平洋岸が次第に海にすべり込み、一方では砂が風や波に動かされて陸になっている。北海道が開かれて一〇〇年、その地表は変貌して、地図に描かれた形も人の知らないところで、刻々とその姿を変えているのである。

北の湿原と島

北に進むにつれて創成期の土地を踏む思いが、旅をす

日高路を馬で行く家族

る者の心を捕えてはなさない。それは行けども行けども限りなくつづく湿原と、真夏に近い地表にまだ緑に彩られないところが見られるからである。もしもそこにおりたったら、旅人はその冷たい湿原の底に引込まれてその姿を没し去ってしまうような、そんな幻想にとらわれそうな気がする。人間の愛情などというものを全く無視した、永久凍土帯のような冷たさがみなぎっている世界である。かってはこの磁針のように北をさしている半島は、大陸につながっていた陸橋であったかもしれない。それをわたってマンモスのような大陸の生物たちが、この島になった土地に住みついたのかもしれない。現在北海道に棲むヒグマにしても、シマリスやナキウサギ、すでに滅び去ったエゾオオカミにしても、それらは本州とは隔絶された大陸系の動物達なのである。それは今は断橋になっているこの半島を通って来て、この島に棲みついたのであろう。

　かつてこの北にのびた半島が、大密林に覆われていたことを記憶している人がいる。度かさなる山火と乱伐のために今はその姿を見ることができないが、寒帯の地表のような感じをうけるのは錯覚であって、北に位置しているが本来はそんな寒い地方ではないのである。それはこの日本海岸を暖流が流れていて、思いがけないところで南の方の植物が花開いたりしていることでも知れる。

　北海道には、離島というものが非常に少く、数えるよりないが、その多くは日本海岸であり、然もこの北に寄った地方によりないといってもよい。だからアイヌの伝説では礼文《れぶん》島はもと、北海道の中央部の千歳に近いとところにあった山が、洪水に押し流されて海に浮び、ここに漂着して島になったという。いかにも何処からか流れて来たような島である。戦前はじめてこの島を訪れたとき、島は道傍からめずらしい花々に飾られていた。スケッチするためにその花を手折っていたら島の子供から花を折ってはいけないとたしなめられた。この時代から島の人々は花を愛していたのである。それで私はこの島を花の島と何かに書いたら、そのまま「花の島」の名が通り名になってしまった。本島では高山でないと見られないような花が、漁舎の裏にさいているのである。そして島の人々はこの美しさを自分のものとして大切に保護しているのである。

隣りの利尻島もどこかから流れて来たという伝説をきいたおぼえがある。礼文島が低くて細長い形をしているのに、こっちの島は円くて天を突刺すようにそそり立っている。炎も煙もないがいかにもはげしく天に向って火をはいていた島の姿である。島の人々はその山裾に生活の場をもとめて、本島の内陸よりも古い歴史の跡を刻んでいる。

南に下ったところに空母と旗艦のような姿を浮べている、天売《てうり》、焼尻《やぎしり》の島が仲よく並んでいる。島の人達は北海道本島を地方《じかた》と呼んでいる。地方に近い焼尻の島は美しい水松に包まれた島で、島の一番高いところに村人たちの広場があり、何かあると人々は島中総出でここに集るが、かつてこの島に事件らしい事件が起きたことがないというほどおだやかな島である。地方から定期船で一時間半の距離であるが、夏でないと不定期航路になるからといって、春の渡航をとめられたことがある。焼尻の少し沖にある天売は、戦後紙の不足のとき紙を積んだ船が難破して、紙が薪のように野積みにされているというので、「紙の島」として天下にその名を知られた島であるが、この岩石を積みあげたような島には春から夏にかけて、オロロン鳥とよぶウミガラスが営巣に集って来て、岩が声を出して鳴き交すかのようににぎやかである。この島では鰊場の漁夫を目当に集った娼婦のことも「オロロン鳥」と呼んだ。鰊場が終る頃にこの鳥も娼婦もこの島を去って行くからである。鰊のとれなくなった島には人間のオロロン鳥は来なくなったが、本当のオロロン鳥は今も季節になると島の岩棚の上で、新しい生命をあたためている。

これらの島が何処からか流れついたというように、この北にのびた半島の日本海岸もオホーツク海岸も、何処からか一本の流木が流れより、それが砂に埋れて高まり、それに波が砂を運んできてはつみかさね、やがて鋭い北洋の風圧が吹きつけて砂山をつくって、海跡湖を抱いたようである。日本海岸のサロベツ湿原と、オホーツクに向った猿払《さるふつ》原野には、まだ人間が近よって調べることのできない多くの謎が秘められているようである。

日本海側の元地集落への道。
礼文島

ハマナスの花が盛りの夏の北浜海岸

松前公園にある、14人のアイヌの長の耳を埋めたという耳塚

北海道には源義経にまつわる伝説が多い。

秋の北海道

文・写真　更科源蔵

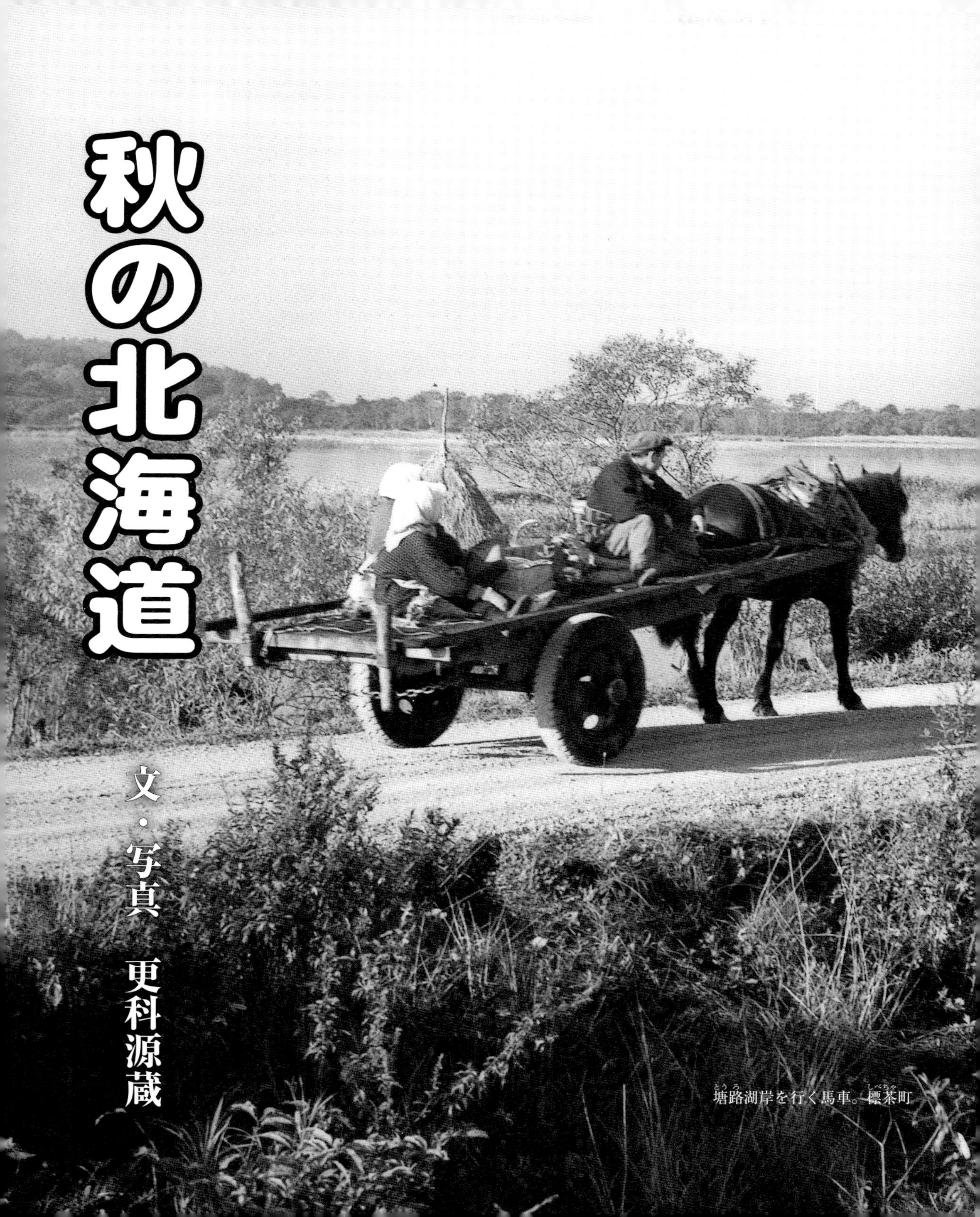

塘路《とうろ》湖岸を行く馬車。標茶《しべちゃ》町

ポプラは大きく天上をゆれ掃き、ヤマナラシの葉は
すでに狂ったように騒々しくさわぎたてる。

第一章　ゆれ動く自然

八月のお盆が過ぎると一時、耳がふさがったんではないかと思われるほど、あたりの自然からは何の物音も聞えなくなる時がある。

その天地寂漠とした中に置かれると私達は、

「ああ、秋がやって来たな」

と遠い空の動きに目を放ちながらつぶやく。

巣立ちをした林の中の小鳥たちは、まだ強くならない雛鳥たちの翼をかばうように、自分たちの所在を誰にも知らせまいと、コソとの音もたてないし、秋の清冽な大気の中で思いっきり羽根を震わせて歌う昆虫達はまだ、出番を待つ舞台裏でじっと心の平静を保つために、息をつめているかのようである。

昨日まで熱っぽく白く光っていた夏の空が、何処となく濡れたようにうるんで来て、烈しく立ちあがっていた夏雲の姿が、冷たいものが吹き通ったようにすじ雲になって流れはじめ、ときどき物かげから吹いてくる風がひやりとしたものを肌において行く。

北海道の東の海岸地帯に暗い陰になって覆っていた、ガスと呼んでいる濃霧が牧場の娘達や、家畜の睫毛から消えて行き、つきぬけたような青い空が大きくひろがって行くのもこの頃である。

私は東北海道の小さな牧場生活から離れて、はじめて自分の生れ育った故郷の秋というものを遠く思い出し

秋、北の山の樹木はそろって紅葉する。浦河町　平成19年（2007）10月　撮影・須藤　功

冬眠前の熊が、溯上する鮭を獲っている。

て、次のような散文詩のようなものを書いたことがある。

秋

巾の広い風が山を越して吹いてくる
故郷ではオホーツク海から高原を越えて吹いて来て向日葵の咲いている庭をまわり　玉蜀黍の葉をカラカラいわせて　また山を越して見えなくなる風だ。
もう西の空に　黒い雲が立つ夕暮がきたらうか　父があれば　母があれば　何がなくとも土の子はさびしくないのだ　その子供達のために今年もコクワが稔ったらうか　あの熊のよく出る沢の葡萄はどうだろ　風が吹くと胡桃の落ちる頃だ　そして蝙蝠傘《こうもりがさ》をついてくる富山の薬屋さんが　今年は何を持ってきて呉れるだらうと　待ってゐる頃だ
霰が獣のやうな音をたてて通りすぎたり　冷たい雨が働く人の手をしびらせたり　それでも夜おそくまで収穫の火が　あっちこっちの闇の中に燃えたり消えたり暗くなった家の中でも　トロトロと燃える焚火がさびしくて、何度も外へ出て待ってみても　誰も畑から帰ってこないので　口のまわりに南瓜をつけたまゝたうたう子供達は炉端にねむってしまふ　澱粉工場の水車がゴトドコまわり　乾燥場のストーブの前では口のまわりを黒くして　バクチ焼を食べてゐるだろうか　今頃は

戦争中に家庭を失って故郷をはなれ、都会を放浪していた頃の、開拓農村への望郷の歌であった。コクワとい

うのはシラクチヅルの実のことで、糖分に縁の薄い山里の子供達に、山葡萄の房と共に北方の自然のうれしい贈物であり、バクチ焼というのは、沈澱した馬鈴薯澱粉のかたまりをそのまま焚火の中に投込んで、表面のやけたところを、皮をはぐようにして食べるのが、バクチに負けて、着物を一枚一枚脱がされるようなところから生れた名である。

　どういうものか私は今も、秋になると自然に心がかきたてられ、秋虫のように心がすだくようになる。それは天地自然が大きく音をたてて、不安定に傾き今にも崩れそうになるからであるように思われる。

　一時の静寂のあとに訪れてくるものは、あわただしく流れ去る雲の影の乱れであり、白く葉裏をひるがえしてドードーと押してくる風の音であり、その風にちぎれ飛ぶ木々の葉は、戦闘の悲鳴につながっているように悲愴である。夏の間は天上に向って合掌し祈願していたポプラは、大きく天上をゆれ掃き、ヤマナラシの葉はすでに狂ったように騒々しくさわぎたてる。

　勿論北洋に向っている海は黒さを増して、怒りに髪を逆立てて、大地の歴史の不正を糾弾するかのようである。オホーツク海岸で小山よりも大きい波が激しく、海浜に襲いかかっていたのを見たのも、或る秋の日のことであった。

木幣《イナウ》が飾られ、……供物をささげて
静かな祈りの時を過すのだった。

第二章　祭の季節

　北海道では豊作を祈願する春祭はほとんど見られない。西洋式の農業形態の上に形成されているからかもしれない。

「神さまの知らないものばかりだから、たのんでも神様の方がわかんめいて……」

　など冗談混りにいう老開拓者の話の裏に、案外本当の気持ちがあるのかもしれない。都会では商店街と神社の祭礼がつながっていて、初夏のあたりの衣替えをねらって大売出しが行われ、この頃では祭という言葉は神さまと関係なしに、大売出しのことを「まつり」というようになっている。新茶が出まわると「新茶まつり」、新学期になると「文具まつり」、嫁入季節の「布団まつり」や「ベッドまつり」、最近ある都市で見たのに「土地分譲まつり」というのがあった。

　こんな混乱しきった祭の中で、農村や漁村の秋祭は盛大であり、御神体があり、はっきり伝承された儀式がある。私はある漁村に行ったとき海岸から神社までの道が掃き浄められ、ところどころにきれいな砂が盛りあげられているのを見て、そんな道に靴跡をつけることをはばかられたことがあった。神社から生活の場である海に守神が通る道を、心をこめて掃き浄めたのであろう。秋の海は鮭場であり、また神さまの機嫌が悪いと手も足も出ないほど、荒れるのが秋の海だからであろう。科学が進んで天気予報があたるようになっても、押し寄せて来る低気圧を科学の力でそらしてくれない限り、海に生きる人々は神社の神々に祈願をするより、心の安らぎは得られないからである。

　農村でも同じことがいえる。長期予報がどんなに正確にあたったとしても、魔物のように襲って来る冷害を科学が排除してくれない限り、大雨注意報や台風注意報をいくら出してもらっても、それを横へそらしてくれない限り、苦心の農作物は被害から救われないのである。強力な自然の暴力に対しては、やはり超自然的な神の加護が実際にあるかないかなどというよりも、何かにたのみ何かにすがりたいのである。だから収穫を前にして神々

アイヌはチセ（家）ができると、チセコロカムイ（家の守護神）を祀る。苫小牧市　昭和46年（1971）10月　撮影・須藤　功

に拍手《かしわで》を打ち賽銭を投げひたすら平安を祈願するのである。守る神にもあらぶる神に対しても。

　色々な客寄せ祭の中に、観光業者が主催するアイヌ祭がある。秋になってめっきり寒さと共に観光客の足が遠のくのを、何とかもう一度引戻そうとする苦肉の策からであるが、実際にこの変動する季節のうつりかわりの中で、昔から生活のために真剣に祈願をした、本当の祭があり、それがひそかに秘事として行われたりしているからでもある。

　ある年の秋、私は日高の山奥でこっそり部落《コタン》の人々が、何か祭をしているときかされて訪れたことがある。ある川の合流点にある中島の頂きに苔むした一基の碑があり、これは明治になってから和人が何神かを祭ったらしく、それはもう村人の心の中から消滅してしまっているのであるが、この小島の頂きに、見る見る細かい柳の枝が、美しく削られた木幣《イナウ》が飾られ、古式な着物を着かざった古老達が、水に棲む神々の名を呼んで酒をあげ、供物をささげて静かな祈りの時を過すのだった。

　私が一人の古老にこの祭のわけをたずねると、

「昔から鮭ののぼる頃になるとやったものなんだ。神《カムイ》の魚《チェプ》を迎える祭といってな、必ずこれをやらなければならなかったんだ。それは川口でも、川の中流でも、こんな山奥でもやらなければならなかったものなんだ。だけどもアイヌが自由に鮭がとれなくなってからは、皆バカくさがって段々やらなくなってしまったのだ」

　北海道の鮭が自由に獲れなくなったのは、地方によって一様ではないが、この地方の川が禁漁になってから、

シンヌラップ（祖先祭）のヌササン（祭壇）。アイヌは家で何かあると祖先祭を行なって祖先に奉告する。平取町
昭和47年（1972）10月　撮影・須藤　功

すでに八〇年もたっているのに、どうしてこの祭がここにだけ残っているのか不可解であった。
「だが祭をやっても、あんた達はのぼって来る鮭をとれないでしょうに」
とあさはかに問いただすと、
「俺達は一本だってとれないさ。だけども俺達がこの祭をやらないと、この川には一尾《ぴき》の鮭だってのぼらないのだぞ」

信仰とはこういうものであるということを、改めて反省させられる言葉であった。おそらく今でもこの素朴な人達の祭はつづいているだろうと思う。この人達の清水のようににごりない心の表現である祭事を、今の物見たかい人々によごされることをおそれて、あえてこの場所をあきらかにしないことにするが、こうした祭事がまだ秘められているのが、北海道の姿であるということも言えるかもしれない。

九月初旬、秋風が湖面をわたるころになると、釧路の塘路《とうろ》湖（国鉄釧網線・塘路駅下車）でベカンベ（菱）祭というのが行われる。菱は水の浅い全道の沼にはいたるところにあって、アイヌの人達の大事な澱粉質食料として、乾燥して貯蔵されたことは、明治以前の記録の中にも見られ、菱の実飯とか酒をかもすのにも用いられ、貴重なものであったので、これの収穫期になると、四方の神々に稔りを感謝し、その収穫にさわりのないように加護を祈願するのである。

昔は、この植物のある道東（十勝、釧路、北見）の各地で、菱祭が盛大に行われたというが、自生地の沼が次第に干拓され水田化されるにつれて、祭が消えてしまって、今は塘路湖がこの祭事の行われる唯一の場所になってしまった。

植物採集は女性の受持ちであったから、菱祭は経験の豊かな老婆が稔りの様子を調べ、祭のための酒造りをすることからはじめられる。祭の前日には火の神に祭の行われる奉告の前夜祭が行われ、当日は湖神をまつる対岸の岬に、それぞれが舟を漕ぎ進めて、岬の砂浜につくられた祭壇を中心に神事が行われ、女達は岬の砂浜で湖神に呼びかけるように、湖に向って輪舞をつづける。熊祭には踊らない鶴の舞などが舞われるのもこの時である。

この祭の終った翌日、先立つ老婆が舟の小縁を叩く音を合図に、いっせいに女達の漕ぎ出す舟が、まだ霧の立ちこめている湖面をすべって、自生地に急ぐ。狩猟や漁撈をする男達には労働歌とか舟唄などはないが、植物採集する女達には舟漕歌も採集のときの歌もある。

それ舟《ホーチプ》よ　とべ《テレケレ》　ほら《フン》
そら舟《ホーチプ》よ　ほらほら《ホーフン》

植物はいくらうたおうと騒ごうと、にげたりかくれたりしないからである。

水に浮んでいる群落にたどりつくと、先立つ者が
菱の群落《ケタ》が稔《ハタ》ってるか
とうたうと、若い娘達が、
菱の群落《ケタ》が赤い《フレ》よ
と歌で答える。群落に赤味が加わるということは、実が充実したことを意味しているのである。

この祭は地元の希望で、菱の実の稔りを中心にした、

鵡川の岸辺でもうすぐシシャモ祭の祭典が始まる。鵡川町。昭和47年（1972）11月　撮影・須藤　功

土曜、日曜に行われることになったが、稔り具合で一週間のずれがあるため、計画的にこの祭を見ることはなかなかむずかしい。だが、それだけに古風なものが色濃く残っている祭事ということもできると思う。このように野生の植物のために祭をするということは、世界的に見て大変めずらしいことであるという。

さきにのべた、神のおくりものである鮭を迎える、神魚迎えの祭は、鮭を勝手にとってはいけなくなった現在では全く衰亡してしまい、見ることができなくなってしまったが、昔は鮭に限らず、ニシンでもシシャモでも、回遊して来る魚を神魚と呼んで、それを迎える祭が盛大に行われた。

魚のことをアイヌ語でチエプというが、これは「吾々の食べるもの」という意味で、魚が常食であったことを物語るものであり、その常食の食料が、どっさり水の上まで盛りあがって来るのであるから、感謝し粗相のないようにお迎えするのは当然とも言えよう。

この神魚《カムイチェプ》迎えの祭事が最後に残っているのが、日高線の鵡川《むかわ》で、シシャモが川を溯る直前に行われる。ここの神魚は秋十一月のはじめ。雷鳴の轟く海上から川に産卵のために殺到するので、川口の砂丘の上に祭壇をしつらえる。祭の順序は菱祭と同じであるが、この柳葉魚については次のような伝承がある。

昔、人間界が飢饉に見舞われ、山に一頭の鹿も得られず、川に一尾の鮭の姿も求め得られなかったので、それを知った雷神の妹が天上の神の国に向って、危急を知らせる叫び声をあげたので、天上の神々が驚いて、梟神に言いつけ神園の流れのほとりの柳の枝と魂とを持たせて、日高の神山の上に舞いおろし、川の水源の方から生命を与えた柳の葉を流した。そのために人間界は飢餓から救われることができたが、天上の神が見ていると、天上からおろした木の葉よりも魚の数が少いので、よくよく調べてみたところ、梟神の飛び方があまりに速かったためか途中で柳の枝の半分が折れて、八雲の遊楽部《ゆうらっぷ》川におち、魂がないため腐りかけていることがわかったので、遊楽部川の方にも生命を与えた。おかげでこの川にも柳葉魚がのぼるのであると。これは鵡川に伝えられているものであるが、シシャモという名はアイヌ語のシュシュ・ハムで柳の葉ということである。この魚体が北海道の水辺に多い長葉柳の葉にそっくりなので、こうした伝承が生れたものと思われるが、どういうわけか日本海岸やオホーツク海岸の川には姿を見せず、昔から八雲の遊楽部川、胆振《いぶり》の鵡川、日高の沙流《さる》川、十勝の十勝川、釧路川など限られた川によりのぼらず、他の川には全然姿を見せないので、これらの川で鵡川と同じように昔は神魚迎えの祭事があったと思われるが、現在はそれを知っている人とてもない。

　阿寒湖には大正年代になって、日本人の新聞記者によって作られた、「恋まりも」の伝説で有名になったマリモの祭が行われているが、これは戦後になってマリモが盗採されるのを防ぐためにはじめられたもので、アイヌ古来のものではない。アイヌはマリモのことを湖の妖精といってこれが湖に多くなると魚が少なくなるといって嫌っていたので、祭の対照にされるものではなかった。阿寒湖では秋十月になると、姫鱒《ひめます》が産卵のために川に入るので、川口に簗《やな》をたてる前に祭壇をしつらえて、豊漁とさわりのないことを祈願する祭があったが、これはもう消滅してしまって今はない。

　こうした神魚迎えの祭事が行われても、何かの都合で魚の溯らないことがあると、昔は糧道を断たれる重大事であったので、呪術師を頼んで、魚の溯上をはばんでいるものが何であるかをたしかめ、それを取除くための呪術が行われた。ある年、鵡川で川口が変化し

串刺しにしてシシャモを干す。平取町。昭和47年（1972）11月
撮影・須藤　功

たため季節になってもシシャモが溯らないので、蓬と柳の枝で川口を浄める式をしているのを見たことがある。八雲では東風が吹くと魚が嫌って川に入らないといって、少しぼんやりした者にボロを着せて東風の神にして海に入れ、陸の方では蓬やイケマ（共に魔除けに使う）を持った者がそれを振りまわしたり、砂を投げつけて追払い降参させるという呪術劇などをしたという。

以上のように秋は川に魚族が溯河する季節であるから、それに関連した祭事が行われたので、さきのマリモ祭をはじめ、火祭であるとか峡谷祭などという類は、いずれも観光業者達の、慾張った豊漁祈願祭であると思って間違いない。そして熊祭は、雪山に狩りに入る前の豊猟祈願祭で、初冬からはじまる。

それはひたすら稔りのために生命を燃焼させたものの、悲しい安らぎにも通じているようである。

第三章　運命的な紅葉

騒然とした秋風が激しい鞭のような音をたてるのは、樹木の頂きだけではない。荒涼とした原野や湿原に最後の抒情詩のように、白、黄色、ときには紫なども混え、悲しいほどの生命を傾けて咲く秋草をかき分けて、ときどき獣でも駈け抜けるような音をたてて通りすぎる。それは血のうずきに燃えた足音ではなく、追いつめられた生命の危機からのがれようとする、必死なものが血の中をつきぬけて行く感じである。

ベカンベ祭が終った九月中旬頃は、まだ自然は重なり茂った緑が重々しくたれさがって、病葉以外に秋の色彩を探すということはむずかしいが、暗い木蔭に分入るとどことなく稔りの近づいている、酸敗《さんぱい》しかけたものの香りがそこはかとなくただよっている。それはひたすら稔りのために生命を燃焼させたものの、悲しい安らぎにも通じているようである。こうした何でもないかすかな自然の身動きにも、心がゆすぶられるのは、北方に生きる動物がみな、自然に防御態勢をとり、いつとはなしに南の季節にひかれるものがうずきはじめたり、冬毛という柔毛が少しずつ皮膜の表面を覆いはじめるからである。

阿寒湖のマリモ。阿寒町。昭和57年（1982）7月
撮影・須藤　功

次第に冷えはじめた地の底から、はじめて秋の色が噴きはじめるのは海跡湖の水辺に群れる、サンゴソウの群落からであろう。サンゴソウは本来はアッケシソウといわれ、釧路の厚岸《あっけし》湖畔ではじめて発見されて名付けられたものであるが、海の干満によって海の水が適当に出入りする環境でないと育たない、非常に神経質な植物なため、厚岸湖では近年水質の変化からほとんど姿を消してしまい、オホーツク海岸の能取《のとろ》湖やサロマ湖、コムケ沼などに姿を見せるようになり、形が植物というよりも葉も花も見当らない、紅い珊瑚に似ているところから、もっぱらサンゴソウと呼ばれている。

塘路湖のベカンベ祭を見たあと、釧網線で網走に下車すると、泊りつけの宿の若主人が私を見つけて、

「今サンゴソウの盛りですわ、見に行って来ませんか」

といって少し昂奮気味に私を誘ってくれたので、そのまま車で能取湖畔に直行した。この湖はかつて、アイヌの人々の米櫃のように魚の豊富なところで、昔は時々魚のために海に通ずる沼口が塞ることがあったというが、今は年中開きっぱなしで、あまり湖畔の人々の生活をうるおしてはいない。なだらかな丘陵と樹林にかこまれた静かな眠っているような湖で、この頃は土地の人でも能取をノトロといわず、ノトリと味けない呼び方をする人が多くなっている。

湖が見えはじめたとき私は、湖が燃えているのかと思われる色彩に息をのんだ、孤雲の浮んだ秋空をうつした湖の縁がたしかに静かに燃えているのである。その冷たい炎の中に臥したりたたずむ牧牛達が、のんびりとネリを噛んだり、尾を動かして蠅を追っているのである。昭和三十八年（一九六三）の九月十日のことであった。

必ず毎年こんな炎が現われるのではない。その年の潮の加減と気温の変化によって、炎が少なかったり、急な冷さが来ると前日までもえつづけていた炎が、吹き消されたように消え去るのだと、この北洋の波の音をきく湖畔のあやしげな生命の運命にも似た話を、その夜の宿できかされた。

私のサンゴソウとの出会いは、特別に見るべくして行って見たのではなく、たまたまその季節に行きあったのである。それだけにこの北方の自然の中で不思議な宿命のようなものを背負って生きる植物との出会いが、何か忘れられない印象を私に与えてくれた。

サンゴソウとの出会いが、ある運命的なものを含んでいると同じように、北海道で美しい紅葉に出会うことのむずかしさは、むしろサンゴソウよりも、よりむずかしいということができるかもしれない。北方の秋の季節は、実にデリケートな均衡の上に進行しているようである。少し強い霖雨がふったとか、少し強い水霜がおりたとか、日照りばかりがつづきすぎたとか、そんなことが秋の風景を全く別な土地の風景のように変貌させてしまう。

したがって北海道の紅葉の名所と名ざしできる土地が、どこにも見当らないのである。誰かに教えられて紅葉を見にいって、かつて目的を達したことが一度もない。層雲峡のが美しいときいて何度か行ってみるが、昨夜の雨で散りはててしまったという、雨の雫にぬれたうらぶれた梢を見せられたり、今年はまだ十日早いですねとい

ゆったりと草を食む乳牛。網走市

われたり、いつも意地悪をされるのである。

いつか古代のアイヌの生活を復元するための、映画をとったときにも、火のように燃えさかる秋の紅葉の中で、アイヌの娘が柴笛《ムックリ》を吹きならすシーンをとりたくて、屈《くっ》斜《しゃ》路《ろ》湖畔に行ったことがある。青年時代この湖畔の小学校の教壇にたったことがあり、そのときこの湖畔が一面、燃えさかる火のような紅葉に包まれた中を、川湯温泉まで歩いたことを思い出したからである。巾広い道も頭の上から降りかかる落葉も火の粉であった。空気までが朱色にかがやいていて、全身に冷たい炎がパチパチ音をたてて、火花がちっているかのようであった。

部落の人にきくと

「そらめずらしいことでないな、ここは湖のある関係でか、そう強い霜が一度に来ないからだろな、よくこんな燃えるような色になるんだ」

とこともなげにいうのだった。その火の中に睫毛の濃い乙女を置いて、胸の想いを吹きならすムックリを思いきりふかせたかったのである。季節はたしか十月十日頃である。念のために地元に問合せると、間違いないというのでスケジュールをたてて、乗り込んで見ると、あたりはまだ青々としていて、僅かヤマブドウの葉が色付いている程度である。

「今年はまたバカに夏が長いもなァ、こんな年もめずらしいなァ、だがもう間もなく寒くなるよ」

「だけど急に寒くなると赤くならずに腐ったような色になるだろ、それではどうにも救われないんだな」

二、三日待ってみたが、結局私達は緑の葉に朱色の顔

秋の湿原

料を吹きつけて、フィルムをまわさなければならなかった。

こんなように北海道の紅葉は全く意地悪で運命的ともいえるように、去年きれいだからといって、今年も美しくなるとは限らない。急に強い寒さがやってくると、木の葉は煮え湯をかけられたように黒くぐったりとなり、あでやかな紅葉の美しさなど何処にも見られない。明るく山全体が炎に包まれたようになるには、寒さが忍びよるように少しずつ、少しずつやって来て木の葉の中の葉緑素が糖化されなければならないのだそうだ。

西の空に山連のような真黒い雲がわだかまっている夕暮れは、昆虫たちがシーンと鳴き止み、せまってくる暗闇の底からシマリスが、腸をしぼるような悲鳴に近い鳴声をあげる。そのような時の、翌朝は野面も畑も真白な霜に被われる、こんな霜が来た年には紅葉をみることができない。

然し北海道はひろい、荒涼とした秋枯れの峠を越すと、突然に野火の燃えさかっているような紅葉の花がひらけてくることもあり、それを通り過ぎると粛々と秋雨にけむる広野に吸込まれたり、すでに冬の貌をした鉛色にどよめく北の海に出会うこともある。

夏の緑一色の毒々しさにくらべると、秋の北海道は人生のうつりかわりのはげしさが、そくそくと身近に感じさせる風景を展開させてくれる、ともいうことができるように思われる。

したがって秋の風景は汽車に乗って、自らが風におされる雲のように、次ぎ次ぎと移り変って行く風景の中を通りすぎるだけで、小説の頁を繰るようなたのしい心のときめきを感ずる。むしろあまり期待や目的をもたず、風の吹くまま気のむくままといった、そんな旅が一番贅沢でみのり多い旅のように思われる。そんなとき何処かで見た紅葉の美しさは、行き暮れた山里の宿の灯のように、忘れえないあたたかいものとなるであろう。

夜おそくまでサイローに切込む、発動機の音が闇の奥でうなりつづける。

第四章　稔りの季節

夏の北海道は夏雲や巾広い風、それに夜冷えのする大陸的気候に助けられて、平盤な風景が何とか救われているが、夏の味覚というとほとんどが冷凍ものである。

近年は春になるともうライラックの花の下で、トウモロコシが出ている。去年冷蔵庫に入れられて眠っていたものである。それを食べる人はよそからの旅人で、食べない人は地元の人であると区別することができる。

昔は八月お盆に青リンゴと新イモ、それにトウモロコシを供えて精霊様を迎えたものである。最近はもっぱらスイートコーンといって、早生の品種が出廻って、一ヶ月以上も早く町の店頭に並べられているが、石川啄木が

「しんとして巾広き街」で嗅いだ、「玉蜀黍の焼くる匂い」は、気持悪く歯にねばつくスイートコーンではなく、粒のとれやすい、「札幌八行」などという、フリントコーンであった。啄木の歌にもあるように、それは秋の夜の風物詩だったのであり、カンカン照りの夏の芝生で食べるものではないし、この植物ほど鮮度に敏感なものがなく、朝に採ったものは昼にはもう味が半減し、夕方には粕でしかなくなっている。したがって畑から採って来て、ギュギュと皮をとり大鍋で茹でたのがトウモロコシで、芯の折口が乾いているようなものはもう、トウモロコシの形をしたものではあるが、味は似て非なるものである。冷凍するにしても鮮度のよいものと、そうでないものと格段の差があるということであるが、冷凍したものは表面からはそれを見分けることが全く不可能である。

　ジャガイモの出荷も早くなって最近は本州からでも来るのか、六月末にはもう店頭に出るようになった。

「新イモが出来ると子供が寝小便をするようになってこまる」

といって昔の開拓地では母親を嘆かしたものである。

　開拓地の子供にとって新イモは、唯一のおやつであった。それほどおいしかったし、他にこれにかわるものが何もなかったからでもある。お盆が過ぎてイモ畑に行くと、雪のように白く咲きほこっていたイモの花が終って、プーンと鼻をついてくる茎や葉の熟した香りがする。高く盛りあげた土の中にそっと手を差入れると、大きくすべすべとふとった球形が指先にふれてくる。まだ表面が絹紙のように薄く、淡桃色の肌を包んでいる。これを炉火の底に埋めておくと、ポロポロとしたおやつになるのであるが、生のまま磨潰してみるとほとんど水である、水分が熱にあうと澱粉質がかたまってほろほろになるが、元来は水なのであるから、このおやつは母親達を嘆かす結果となったものである。或るバター会社の宣伝ではジャガイモでもバターをつけると、決して寝小便はしないものだという。そういうもののようである。

　この頃の合理主義ママは、燃料の節約のために、このジャガイモを一週間分一ぺんに煮ておいて料理に使うそうである。料理によっては、冷めたくなってもいいものもあろうが、茹でたジャガイモを一度冷したら、これは全く別な味の食料品になってしまう。あといくら熱湯に入れようが煮込もうが、ガンとして自分を正当に取扱わなかった者への、抵抗の姿勢をくずそうとしない。ある友人はこれをジャマイモだなどと呼んで、そのかたくなさを憎んでいる。それほどこの食料の冷えたのは始末にいかない。新鮮な愛情の熱で仕上げたのでなくては、本当の味覚を発揮してくれない。塩魚を入れてつくるサンペ汁に、あらかじめ煮ておいたコチコチのジャガイモを入れるような料理店には、二度と行くべきではないといっても過言ではない。要するにかたいジャガイモのはいった料理店は、料理に対する愛情がない店である。

　カボチャもこの頃は早々と夏に出るが、それは形はカボチャだが未成りのように水っぽくて、まともなカボチャではない。カボチャの本当の味が出るのもやはり秋風が立つようになってからである。昔はその頃になると農家の娘たちまでが、農村から来たと一目でわかるほど

稲と交代に大根を掛けた稲架《はざ》。小樽市。昭和47年（1972）11月　撮影・須藤　功

肌が黄色くなった。カボチャにふくまれているカロチンとかいう色素が汗にとけて流れ出し、皺のようなへこみに沈着するからだそうであるが、よく「カボチャを二つに割ったような黄色い顔」なんてのが、言われたものである。少々黄色くなってもやめられないおいしさが、この食料の中に秘められているのである。ところがこのカボチャに含まれている澱粉が、最も白粉の材料によいのだそうであるから、皮肉なものである。

　カボチャ料理というものを私はあまり知らないが、ほろほろとする、よくみのったカボチャを塩茹にして、それをあついうちにつぶして牛乳をかけて食べるのが、正式な食卓に飾れるものではないかもしれないが、私にはふと母を思い出されるほど、なつかしいものである。

　晩秋の畑で最後まで青々としているのは、大根畑と思ってよい。霜に強いこの野菜は雪が一度や二度降ってもビクともしない。都市では割に少くなってきたが、藁縄でつるされた大根干しの風景はまだ見られなくはない。鉄筋コンクリートの近代的なアパートにさえ、秋の明るい陽をうけて大根がつるされている風景を見かける。

　まして農村や漁村では永い冬のため、来客をもてなすためのお茶受けの漬物の根本になる大根は、まだ根強い勢力をもっている。漁村ではこの大根に、干ダラであるとか、干カスベ、コマイの干したのとか、古くなったスルメなどをはさんで漬込む。昔ニシンの身欠《みが》きを入れて漬けたニシン漬（生くさ漬ともいう）が、互いの家庭経済をあずかるおかみさん達の、腕の見せどころであった名残りということができよう。氷や吹雪にとじこめられ

冷たい小川で大根や蕪を洗う。小樽市。昭和47年（1972）11月　撮影・須藤　功

た北洋に向った村の炉端は、今でも各家の漬物の品評会場でもあるわけである。

その干し大根にするのを洗う頃になると、太陽は遠く南の丘のあたりをすれすれにすべり、影が蒼く長くつめたくなって、その肌にしみるつめたい空気の中を、あるかなきかの生命を震わして雪虫がとびはじめる。そしてその頃になると地物の西瓜やメロンにも、本当の味がでてくる。

心細いほど日照時間が短くなり、収穫に忙しい手元がすぐに暗くなってしまい、暗闇の中で収穫の火が蛍火のようについたり消えたり、夜おそくまでサイローに切込む、発動機の音が闇の奥でうなりつづける。

二百十日が過ぎると野生の胡桃にもカッチリ実がはいり、風の吹くたび大きな音をたてておちる。サワグルミといわれる、殻がひどくかたくて、中の実は僅かよりないが野童達には秋のたのしみの一つである。

林の木の葉があまり色付かないうちから、ヤマブドウの葉は野童達に「もういいよ」というように、紅葉の灯をともして紫の粒が甘くなったことを知らせる。小鳥達の声がめっきり少くなったあと、ヤマブドウの蔓にのぼって騒ぐ子供達の声で、林の中が一時はなやかになり、ほとんどの木の葉がおちつくして明るくなったあとまで、歌声がつづく。甘味に飢えている子供達に、北の自然がもたらす秋の大きな贈物である。

ヤマブドウと一緒にもう一つの贈物は、シラクチヅルの緑色の小さな袋である。シラクチヅルなどといっても村の子供達は知らない。コクワというときらきらと目をかがやかせる。コクワとは何処の言葉であるのかアイヌの言葉でもないが、それが北海道の普通の呼び名である。これはヤマブドウのような酸味もなく、よく熟すと袋の色がみずみずしい濃緑になり、さわると柔らかで少し強く蔓をゆすると皆こぼれおちてしまう。独自の甘味は甘露という言葉はこれのことかと思うほどであるが、この甘露の中に不思議な自然な抵抗があって、あまり食べ過ぎると忽ち舌が割れて血が流れだし、いくら食べたくともそんなに満腹するわけにはいかないし、特種な結晶体があって人間の体内から排出されるときも、それが粘膜を刺激しひどい痒味を与える。自然とは人間の独占欲に対してまできびしい規制をするものである。それが未熟であるほど強烈であるようだ。

コクワやブドウを狙うのは村の童たちばかりではなく、山の黒い子供でもある熊も同じで、よく大きなブドウ蔓の下で何日も滞在したらしい、消化されないブドウの種の堆積が、こんもり盛りあがり、すっかり乾いた土がへこんだ寝床のあとなどを見ることがある。それぞれどのコクワは誰のものという、暗黙の協定があって、他人の縄張はお互いにおかさないことになっているが、時々不法侵入があったりすると、

「誰だ、それはオレのものだぞ、とるなア」

と叫んで行ってみると、真黒い侵入者が蔓をわりわりいわせて飛びおりた。みると、それはびっくりして鼻を尖らしている仔熊だった。どなった方が家に帰ってから熱を出して、「熊だ…」とうわごとをいったとか、そんな話のきけるのもこの季節の特徴である。知床のある部落

牧草を取りこむ。静内町

へ行ったとき、小学校の廊下の黒板に「熊のため学校へ来ないのは欠席になりません」という掲示が出ていた。

ブドウもコクワも瓶に詰められて貯蔵される。ブドウの方は酒造法違反であるということであるが、コクワの方は梅酒と同じように、果液酒として法の規制は受けず、腎臓だかの薬だなどと民間で珍重がられたりしている。

漁場のサンペの材料は腹す（腹肉）であり、中骨、頭、鰭《ひれ》、内臓である。

第五章　川と海の味覚

素足で土を踏むあしうらに、土の冷たさがひとしお強く感じられるようになると、大陸の方から雁の列が渡ってくる。部落の子供達はその跡を追いながら、

刀おとせ

珠おとせ

と叫んだ。刀は男の宝物であり、首飾りにする珠は女性の誇りでもあるが、それは秋になると雁と共に川底を黒くして溯河する、鮭と交換して入手できるものであったから、空を渡って来る雁の列に幸福の招来を祈願したのであろう。

さきに「祭」のところで、神の袋の中に納められている神の所有の神魚を、迎える祭についてふれたが、昔のアイヌ部落の生活は、夏は海浜に出て海洋の恵みを求め、秋になると次第に狂暴化してくる海の生活から離れて、天上の神が支配する袋から海にあけられた鮭が、それぞれ神魚迎えの祭をした部落の川に、潑剌とした姿を見せはじめると、それを追うかのように生活の場を、海浜から川岸の鮭の集る場所（多く産卵場）に移動させたのである。

鮭の最もおいしいのは、海から産卵のために川に溯りはじめた、最も脂肪ののりきったときである。海で獲れた鮭は銀毛といって、銀箔のように鱗が光り輝いているが、味が単調であって必ずしもおいしいとは言えない、海から川に入って一、二昼夜を経た、白銀に少し燻をかけたような曇りの現われた、所謂ブナ毛が見えはじめたものが最高であり、そんなのは肉が薄くはがれ、その肉と肉の間にまことに恍惚とさせるほどの脂肪がとけている。

こんな材料をつかった鮭料理の味の醍醐味は、残念ながらきれいずきの日本式料理では出せまい、どうしても少し荒っぽい漁場料理でなければだせないようである。

近年名の知れたサンペ汁というのも、割烹では日本風に骨の少い、見ための美しい背肉を材料にするが、漁場ではそんなまずいところでサンペをつくったらそっぽを向かれてしまう。漁場のサンペの材料は腹す（腹肉）であり、中骨、頭、鰭、内臓である。ついでだから言っておくが、サンペというと鮭でなければならないと思っている人があるが、マスでもタラでも、塩鰊（元来これが本家のようである）でも季節の材料に、季節の野菜を入

宮本常一没後30年記念出版
あるくみるきく 双書通信

No. 7　2011年3月吉日

〒107-8668 東京都港区赤坂7-6-1
農山漁村文化協会（農文協）
ＴＥＬ03-3585-1141
ＦＡＸ03-3585-3668
http://www.ruralnet.or.jp
（価格はすべて税込み）

社会運動から文化運動へ猿まわしの復活・伝承②

談・村﨑修二さん（周防猿まわし猿舞座）
（農文協季刊地域No.4 2011年冬号より）

（通信：前号より続く）

村﨑修二30年の総括

それから11月くらいまでの半年間は、毎月1回、先生が「生まれてからおれに会うまでの間の思い出せるものを全部話せ」というので僕の話を聞く。12月に「猿まわしの会」をつくるまでの間に僕の話を聞いて、30年間の人生を総括するように猿まわしの復活に向けてゆくんですね。その話は家の中ではない。先生が帰るたびに、僕に運転させてどこへ連れて行けとか、ここへ行けと、自分が行きたいところがあるわけ。その間にずっと僕のことを聞いて、猿の話をしたり。

あとの半年は、これが「宮本常一の教育か」と思ったのだけど、僕を仕込んでいる。先生は僕の人生を総括してくれたんです。「村﨑はなぜ自分のところに来たか」と、僕という人間の人生、人格なりを総括して、そして文化運動へ向けてくれた。そして「修ちゃん、文化というのはコンビで生まれるんだ。文化とは何か、命を守る人たちのものだ。命を守るというのは、1じゃない、2だ。文化はコンビで生まれて、コンビで育って、伝えていくものだ」という思想なんですね

それを聞いて先生を家へ送って行く途中で「先生は、昭和の捨て聖（ひじり）みたいなもんじゃね」と言ったら、急に「車を止め」と言われて、今度は怒ったような顔で「おまえは横着者だな」と再び言われました。お会いして2年目の1978年の秋ごろです。

信仰と清めの仕事として

最初の半年の12月までの半年に歩いたのは全部、猿まわし

農文協 地域と伝統を読む

■大絵馬
ものがたり
全5巻 全巻完結!!

須藤功／著
揃定価26,250円
各巻5,250円（税込）

第1巻●稲作の四季
第2巻●諸職の技
第3巻●祈りの心
第4巻●祭日の情景
第5巻●昔話と伝説の人びと

農耕図・福岡県うきは市諏訪神社

地域再興、地産地消、環境保全、ライフスタイルの変換等が求められている現代に、地域の自然や風土にしっかりと足をつけて暮らしていた先人に学び、次の時代を切り拓く知恵としたい

【読者カードより】

■1946年生まれですがこの本の中に書かれていることは、まだ子どものころに体験した農業の基本的な姿が映し出されています。今では農業も昭和30年代の後半から始まった機械化の導入・・・新しい動力機械の発明・・・により、すっかり手作業の見られなくなってしまった稲作ですが、農業の基本を呼び起こしてくれた本です。（茨城県・64歳）

■日本人の住まい
モノ言わぬ民家がその地の暮らしを雄弁に語る。家族と生業と協同が刻まれた日本の家のかたち。
宮本常一／田村善次郎 ●2,800円

■写真集 山古志村
宮本常一と見た昭和46（1971年）の暮らし
須藤功 ●3,500円

■ふるさと山古志に生きる
村の財産を生かす宮本常一の提案
山古志村写真集制作委員会 編
●2,800円

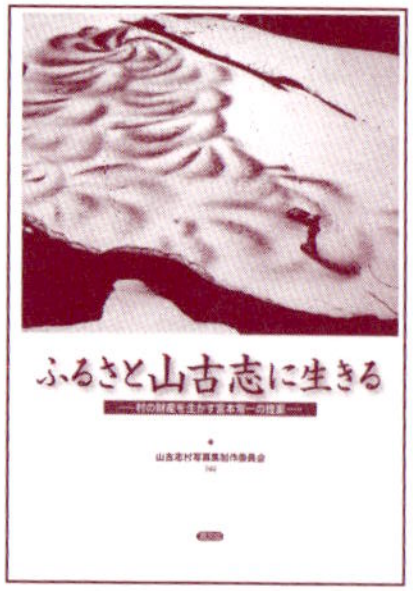

■舟と港のある風景
日本の漁村・あるくみるきく
森本 孝 ●2,900円

■徳山村に生きる 季節の記憶
大西暢夫 写真・文 ●1,995円

■実践の民俗学
現代日本の中山間地域問題と「農村伝承」
山下裕作 ●3,990円

■むらの社会を研究する
-フィールドからの発想
日本村落研究学会 編
鳥越皓之 責任編集

■写真ものがたり 昭和の暮らし 全10巻

須藤功 著
揃定価52,500円
各巻5,250円（税込）

第1巻 農村
第2巻 山村
第3巻 漁村と島
第4巻 都市と町
第5巻 川と湖沼
第6巻 子どもたち
第7巻 人生儀礼
第8巻 年中行事
第9巻 技と知恵
第10巻くつろぎ

【読者カードより】
■山村の暮らしの現場をとらえた記録写真の数々とていねいな解説で戦前の子ども時代の暮らしの様子をまざまざと思い出させてくれます。これからも何度も読み返すことでしょう。（愛知県・71歳）
■貧しい山村の出身です。現在は年金暮らしの日々です。幼少年時代（昭和10年代生まれ）から、成人するまでの生まれ育った農山村の暮らしが貴重な写真で再現されていてたいへん懐かしいものです。これからも日本人の暮らしの視点からの出版を期待します。（愛知県・渡辺様）

■むらの資源を研究する
-フィールドからの発想
日本村落研究学会 編
池上甲一 責任編集
●2,200円

■山漁 渓流魚と人の自然誌
鈴野藤夫 ●5,100円

■越後三面山人記
山に対峙し山に生かされたマタギの自然学
田口洋美 ●1,950円

■小国マタギ 共生の民俗知
佐藤宏之 編 ●2,800円

■増補 村の遊び日 自治の源流を探る
古川貞雄 ●1,800円

■旅芸人のフォークロア
門付芸「春駒」に日本文化の体系を読みとる
川元祥一 ●1,800円

■聞き書き 紀州備長炭に生きる
ウバメガシの森から
阪本保喜/語り かくまつとむ/聞き書 ●1,850円

■野山の名人秘伝帳
ウナギ漁、自然薯掘りから、野鍛冶、石臼作りまで
かくまつとむ ●1,995円

●ご注文はお近くの書店・下記まで
TEL:0120-582-346 FAX:0120-133-730
WEB書店：田舎の本屋さん
http://shop.ruralnet.or.jp/

10歳のときに世話になった小学校の福本歌子先生の話をしたんです。すると「福本先生と出会ったことによって今日の村崎修二がある。君の文化性というのは、両親もいないけど、いい先生とコンビを組んで何かをするときに、とても前向きないい仕事をする。おれから見たら非常に気持ちよい、すてきな青年だし、少年のようだ。これを忘れるな。少年の志、君の志が生まれたとしたら、ここから出ている」と言うんですね。

わしゃ、風ん中

2回目に会ったとき、「それはそうと、君はおれの本を読んだか。おれを気に入ったと言うなら、何で気に入ったのか」とも聞かれた。一番僕が感銘したのがまず『土佐源氏』。要するに乞食の話で「非常に強烈です」と。もう一つ、宮本という人はこういうロマンのある人かと思ったのが、子ども向けに書かれた『海をひらいた人びと』。もう一つは次男を亡くしたときの先生自身を書いた『萩の花』。「この三つはよく覚えています」と言ったら「おまえは横着なやつやのう」と言われた。うれしそうに笑って言うんだね。

もう1回「横着者」と言われて記憶に残っているのが、やはり僕の運転でどこかへ行った帰りのこと。大島の竜崎という岬に上って、いわし雲を見ながら、「ここから見る空が日本で一番美しいんだ、修ちゃん」と。そういうことをぽっと言う歌人みたいな人でもある。そのとき「君は頭の先から足まで祭り師じゃのう」と言われた。意味がわからないですよ。何で祭り師か。「おまえは祭り師だと言うなら、宮本先生、あなたは何ですか」と言ったら、「わしゃ、風みたいなもんじゃ。おまえらよりもうちょっといい加減で、ちゃらんぽらんじゃ」と、本人がそう言う。

そしてばたーっと倒れて、そのときのメモには「宮本常一、つぶやく」とあるんですが、だれに向かうともなく、「空に雲、土に人あり」しばらく置いて「わしゃ、風ん中」。

「君は猿まわしを伝承しながら研究する半芸半学でこれが残せないか。『差別の中で』とうんぬんする限りは非常に暗く見えるけども、おれはそう見ていない。子どもころ自分の村に猿曳きのおじちゃんが来て、おれたちがどれだけ元気が出たことか。それが記憶の中に美しい絵のように残っている。日本の民俗文化として大事なものだ。これは卑下するものでも何でもない。一度滅びたことの原因をはっきりさせるだけでなく、伝承して、よりよいもの、民俗文化としてぜひ後世に残してほしい」

それは「人権問題の解決にもつながる」と言うんです。

「君のおやじさんや先祖がやったように、乞食と言われても道をめぐって、みんなを清めていく。信仰と清めの仕事として、芸能の仕事をずっと担ってきた。これに自信と誇りを持ち、そしてこれからもやり続けることは、じつは部落問題の解決にもつながるんだ。君はここに向かって歩かんか」と。

(構成・文責　「季刊地域」編集部)

れた塩汁がサンペなのである。近年郷土料理というものが一般に喜ばれているのは、こうした殿様料理にない本当の味がわかってきたからである。

　昔はうっかり鮭漁場などを歩いていると、旅人でもかまわず網を掲げるのに動員され、労働賃金に大きな鮭を二、三尾ももらってもてあますという風景があったが、この頃はもうそんなうまい話はおちていない。大体この頃の荒巻などというものは水ぶくれに肥りすぎている。

祝いの膳に盛る料理の鮭をみんなでさばく。平取町二風谷。昭和46年（1971）4月
撮影・須藤　功

昔は塩をしたのを薪のように積みあげて、何度か手返しといって積みなおしをして、水気をしぼったものであったが、この頃は塩水の水溜の中につけ込んで、丸々とふとったままの水漬けなので。見た目には立派だが実は余分な水を売りつけられているのである。

　とにかく、秋は鮭のおいしい季節であることはちがいない。

　鮭よりあとに祭をされたシシャモが、川水をもりあげて溯河するのはさきに書いたように十一月の文化の日の前後である。昔の話ばかりで恐縮だが、この間鵡川で生れたというお婆さんに聞いた話だと、シシャモののぼるときは手籠ですくうと、三分の一くらい魚が入ったというほどのぼったというし、私の父が釧路にいたときはタモで掬って雪の中にあけておき、一タモずつ大きな塊りに凍らしておいて、必要なときに運んできて山刀で割って煮て、豚の餌にしたという。それほどとれたものが近年では一尾が何十円もするようになったことを、どう考えていいのか迷ってしまうが、近年は川に溯るのを待たず、まだ卵の未熟なものを沖取りして店頭に出すようになった。白魚のように身体がすいて見えるようなのは沖取りしたもので水っぽく、すっかり乾しあげると脂肪のない筋ばった棒のようになってしまう。見た目はあまりよくないが、川に入って身体が黒くいかつくなったものの方が、噛むと脂肪がしみ出てくるおいしさがある。

津軽海峡を渡るときよく、「もう函館かしら…」と思わせられたり、青森がもう直ぐだと錯覚を起させられることがある。沖に出てイカ釣り(地元ではイカツケといっている)をしている漁火である。

朝になると顔中にイカの墨を吹きかけられた、海の男達が舟をイカで満舟にして戻って来る。そしてリヤカーをひいたおかみさん達が「イカイカ」とか「イカ　どんだス」などといってふれ売りに来る。

イカは春から秋まで色々な種類が、入れ替りたち替り近海でとれる。秋イカは肉が厚くて豊かであり、それを細く切ってコリコリするのをどの宿でも出してくれる。産地の宿ではウドンのようにドンブリに盛りあげて、びっくりするほどどっさり出してくれる。浜の干場だけでは間に合わずに、バスの走る国道ぶちにも白い布を干したように、スルメにするイカが乾されるし、小学校の運動場にまで干竿が立ちならぶ。ことによるとイカの干場を使わないときに、そこを利用して運動会などをするのかもしれない。日本海岸の陸の孤島といわれているところへ行ったとき、そんなことを考えたことがある。

この干しかけの三分くらい干したイカを炭火でやいて、醤油で食べる味は知ってる人でないと、なかなか説明がむずかしい。

「これはとっときの御馳走で、そうどこでも食えるもんでないんだ」

といって知床へ行ったとき羅臼《らうす》で食べさせられた、醤油漬けにしたイカの刺身?はまことに珍味であった。昔漁場の親分が特別のお客を招待するときに、自分で沖に舟を漕ぎ出して、醤油に味醂を混ぜた液の中に、釣りあげたイカを生きたまま放り込んで二、三日かおき、それを切ってお客に出すそうである。これは函館方面でも昔はやったものだという。名前をきくと「醤油漬けだナ」という素気ないものであったが。

毛ガニにも近年人気が集っているが、地方によって漁期が一定していない。オホーツク海や北太平洋岸では春の解氷から七月一杯くらいで、多くは鑵詰用のものである。千島の国後《くなしり》沖の俗に三角海域などというところでは夏の終りから十月末まで、十勝沖や日高や内浦湾ではむしろ冬が漁期で、これらが生食用に出荷されている。だから毛ガニは年中出廻っているといってもよいが、最近は冷凍されたものが、ひどく歳老いた姿をして出て来たりする。これが人類の智恵の進歩というのかもしれないが、今の段階ではやはりほめる気にはなれない。

カニは雌ガニはとってはいけないと、一応は保護されているのだが、やはり卵を抱いた、いわゆるフンドシの広い雌ガニが売られているし、カニの卵の塩辛が売れてこれもなかなかの人気である。捕ってはいけないのだがカニの方から網にかかったり、カニ籠に入って生活能力

冬近い日高路の海

を失ったものは、この限りにあらずという一文によって店頭に並べられるのである。

タラバガニというがカニではなく、ヤドカリの仲間という大型のものが北洋でとれる。根室近海では春から夏までの漁であるが、西カムチャッカでは秋風のたつまで漁がつづけられ、南千島海域では秋のタラバ漁があったりで、これも年中出廻っているが、これも夏のものより寒くなった方がよいし、大きいのがめずらしがられているが、本当は小形の方の肉がおいしいのである。通になるとこのカニの右の鋏を一番先に狙う、右の鋏が左よりずっと大きくて一番うまいところである。

タラバよりも毛ガニよりも、一番おいしいカニは花咲ガニだと根室の人は自慢する。たしかにおいしい、十月頃からとりはじめ駅の附近でも釜茹にして売っている。小形だが色が濃赤で実にあざやかである。身体にフジツボなどがついていて、何か腫物のようであるが、別に肉質に関係がない、「これの付いている方が味がいいんだ」などと地元の人がいうが、これはどうだかわからない。

タラバよりも毛ガニよりも殻がひどく硬く、しかも棘々しているので、なれぬ人は少したじろぎを感ずるが、味を覚えると文句なしに花咲党になるだろう。

花咲ガニという名は、根室の花咲港を中心にとれるからで、他ではとれない。

以上のように海でも川でも、そして内陸でも秋の北海道は味覚が充実し、盛りあがる季節である。そしてその味覚は日本式に美しく着飾ったようなお料理よりも、野原でボンボン火を焚いてやるジンギスカン鍋のような、少し荒っぽくて自然の味をあまり傷めない、素材の味を生かしたものが、北海道の味覚ということができよう。

夕暮の西の空を、羽音もさせずに南の方に渡って行く、幾組もの渡鳥の影が見える。

第六章　渡りの季節

秋の彼岸が過ぎると秋は大きな足音をさせて、急ぎ足に生活の背後から追いかけて来る。私達は夏の真盛りに石炭を石炭庫に運び込みながら「春来りなば冬遠からじだね」などと苦笑いをすることがある。ストーブやペチカを焚かなくなり、やっと春が終ったと思うと間もなくまた冬のために石炭を運び込まなければならなくなるからである。秋の声をきくといつまたストーブを焚かなければならないか知れないからである。全く石炭のことを忘れているのは六、七、八月くらいのものであるが、八月にはそろそろ冬分の石炭を用意しなければならない。大抵秋になるときまったように石炭の値あがりするのが、年中行事だからである。不況だ石炭山の閉山だという暗いニュースの陰に、石炭が値上りするということは北国生活者にとっては、割切れない腹立しさである。

最近、都会では五軒に四軒は石炭をやめて石油を焚いている。この方が一度に一冬分を買込まなくともいいからでもある。北海道では公務員や大会社に冬季燃料手当というのが支給されて、ニンマリしているところもあるが、赤旗をかついでも持って行くところのない、生活者だって沢山いるのである。

夕暮の西の空を、羽音もさせずに南の方に渡って行く、幾組もの渡鳥の影が見える。季節によって移動して行ける能力と知恵をもっている渡鳥が無性にうらやましくなり、「お前達は莫迦だな」と、翼を持ちながら何処へも動こうとしないキツツキやエゾヒヨドリ、スズメやカラス類に何となくあたたかい仲間意識をもったり、茶褐色の幼鳥が冬のきびしさに磨かれたように、雪よりも白くなる丹頂鶴が、ようやく大人びた雛鳥つれて人里近くに現われて、人間もやはりきびしさに磨かれなければならないのだぞと、反省を呼びかけたりするのである。

すでに氷の匂いのするような北の空から、コーコーと啼き交しながら白鳥がわたってくるのは、十月のなか頃である。それはまったく冬の使者というにふさわしい姿で、一時錦繍の幕を張りめぐらしたような秋の色彩も、一雨ごとに洗いながされて、急に老いさらばえた風景を背景にして、この白い翼をもつ生き物の姿は、ここに生きる者に凛々しさを植えつけずにはおかない。

知床や根釧原野で尾白鷲や大鷲の姿を見かけることも、この季節に多い。川にのぼる鮭を狙って昔は細い木が曲るほど沢山鷲が止ったというが、獲物が少くなったというよりも、鷲の方が人間に獲りつくされたらしく、秋になってもあまり姿をみせなくなってしまった。

湿原や原野がすっかり狐色に枯れ果て、青い目をした

オロロン島には数種の海鳥が棲息する。羽幌町　撮影・永田洋平

野狐が月夜の中をコーコーと燐でもはくように啼いて通る頃になると、エゾ野兎がよもぎ色の毛を脱ぎすてて、純白なしゃれた上衣に着換える。

昔ウサギは今の鹿と同じような雪にぬかる脚をもっていた、鹿は今のウサギの脚をもっていて、自由に雪の上を走りまわって、とても人間なんかに捕えられるようなものではなかった。ある日ウサギは鹿のところへ行って「俺の脚は何と素晴しい脚だろう、空を飛ぼうとすれば空もとべるし、水を渡ろうとすればどんな大きな沼でも毛一本濡らさず渡れる」と大ボラを吹いて、まんまと雪の上を走れる鹿の脚と交換し、あまりのうれしさに、脱いでいた着物をひっくり返しに着て飛びだしたので、だまされたとわかった鹿は怒って炉に焚えていた薪をとってウサギに投げつけたが、耳のさきをかすっただけでウサギには当らなかった。それからウサギは毛が白くなったり蓬《よもぎ》色になったりするようになり、鹿の投げた薪の炭がついた耳先は今も黒いのだ。そして鹿は雪にぬかって簡単に人間に捕えられる弱い動物になり、ウサギは人間に鹿をとらせるようにした有難い神様として、大切にされるようになったのだ。

これは鹿と鮭とを重要な食料にしていた、アイヌの間に伝わるたのしい昔話である。

ウサギが白く毛変りすると間もなく初雪が来る。どういうわけか昔は十一月三日になると、わずかでも必ず雪がチラチラと舞った。十一月三日は明治天皇の生れた天長節であったので、

「天皇サマの生れられた日だから、雪が降るのだ」と開拓地の素朴な親達は子供達にそういったものである。そしてこの初雪が来ると秋が終って、初冬になる。
北国の秋はそのように目まぐるしく変転し、しみじみと人生の無情が腸にしみわたる季節でもある。
文化の日を境にして、別に秋と冬とを区別しているわけではないが、この頃を境にして雪が地上を覆いつくす。

まだ落葉も終らず、コスモスやダリアの花が咲いているのに、三〇センチも雪が積ったことがあった。そうなってはもう秋とは言えない。

納沙布にまた白鳥がやってきた。根室市

吹雪の前の熊石海岸

千歳空港名物
いかめし
しゃぶりつく
北海道の味
お味の良いうちにお早めにお召し上り下さい。
文 中川 勝
絵 高井吉一
製造年月日
60 2.10
製造 9時 30分

「いかめし弁当」箱絵

産地直筆

東京、大阪のデパートの催し物には魅力にあふれたものが多いが、確実に人を集めることができるのは「全国駅弁大会」「○×県の観光と物産」「諸国うまいもの大会」などと題された、物産とたべものに関するものだと言われている。

そして、数ある「うまいもの大会」「ふるさとの味大会」で常にトップの人気と売り上げ実績とを誇るのは北海道で、この地位を脅かすものがあるとすれば、わずかに九州だけだとされ、ぐっと下がって、みちのくの味あたりがくるとされている。

デパートでは、故郷が遠いところの人ほどふるさとの味にひかれるものらしいと分析しているのだが、とにかく北海道のトップは当分安泰だとのことである。

さて、北海道の人気をいやが上にも高めている主要な産物を、札幌市内のデパートや千歳空港売店の棚からひろい出してみよう。

従来から一定の評価を得ている塩干物―鮭、筋子、紅葉子《もみじこ》、数の子など、「珍味」の類、燻製の仲間など保存のきくものにまじって、近年とみに人気を集めているのが「鮮魚」の類である。毛ガニ、タラバガニ、花咲ガニ、生ウニ、アワビ、ホタテ、ホッキなどがドライアイス付きで美麗な箱に詰められ、誇張して言うと、とぶように売れている。農産物では、魚よりその鮮度をうるさく言われる朝もぎトウモロコシ。さぞかし重いだろうと思われる馬鈴薯の中でも人気上昇中のメイクイン。グリーンアスパラガス、夕張メロン、それにエビスカボチャに至るまで、「お送りいたします」あるいは「お持ち帰りいただけます」とされている。

生ラーメンも相当以前から空輸され、ラーメン屋の親父もデパートの実演に引っぱりだこで、東奔西走している。従来、まずいとされて相手にされていなかったドジョウも農薬などの危険がないとのことで、東京の名店〝駒形どぜう〟の丸鍋にも採用されたと聞いている。

牛乳のような生活必需品も、首都圏の団地に住む「かしこい母さん」たちの間では「四つ葉3.4牛乳」というのが、多少高くつくにもかかわらず好評だと言われている。

海も山も空もまだきれいで、「なま」あるいは「とりたて」という看板の上に原始的、野性的な味覚が期待できることこそ、北海道の魅力であろうと想像するに難くない。

青函連絡船の「あらまき弁当」箱絵

なまやとりたての産物に強いということは、反面、加工の技術を持たないことに通じる。それは、大げさに言うと、文化的遅れにも通じるかもしれない。

江戸時代、「北前船」とよばれる千石船が「内地」の物産とひきかえに、昆布、ニシン、鮭を、主として北陸、関西方面に運んでいた。大阪〝小倉屋山本〟の「昆布」、京都〝松葉〟の「ニシンソバ」や〝平野屋〟の「いもぼう」などは、この交易の歴史から生まれた文化的所産であろうし、東北も会津若松には、やはり北海道産の身欠きニシンや棒ダラを巧みにもどした料理がある。

今も昔も、北海道は生鮮食料品やその原始的加工品の一大提供地であって、産業分類で言えば、第一次産業をこそ中心に据えて発展していかねばならぬ宿命をもった土地柄ではある。

提供地と言うと、いささか誇らしげになるが、見方を変えると〝アイヌモシリ〟は今もなお植民地的収奪の歴史を強制されているわけだ。国策で石炭が必要となれば「産炭報国」のスローガンのもと、やみくもに掘るだけ掘り、安価な石油が入ってくると、すぐ「安楽死」させられ、石油危機に見舞われると、ある日忽然と「見直され」たりする。食糧危機、二百カイリ問題のツケも結局、北海道にまわってくるようだ。本州（日本）と北海道との関係は、ちょうど世界での先進工業国と後進資源国とのそれを、そのまま国内に持ち込んだものとなる。

そろそろ〝北海道人〟も「資源ナショナリズム」に目覚めてよいときではないか。いくらもてはやされるからといって、鮭やその貴重な卵、カニやシシャモをそう簡単には売り渡さないぞ、こっちにだって文化はあるのだぞと天下に宣言してよいときではないかと、かねがね思っている。

そうではあっても、もう一つのナショナリズム、簡単に言えばお国自慢から、もっともっとみなに知ってもらいたい味覚も枚挙にいとまがない。イカの沖漬、アイヌネギ、コマイのルイベ、らくようキノコなどがこれにあたるが、これらの秘蔵っ子たちを居ながらにして堪能されてはかなわない気がする。

周知の通り、たべものの味は、それを生んだ国の風土、たとえば気温、湿度、季節（すなわちシュン）に左右される。それに見栄え、料理法、容器、道具、食べる場所、はては誰と飲食するかなど、さまざまな条件によっても味が違ってくるものだ。従って、ある国の名物は、しかるべき時期にそこにわざわざ出かけて行って食べるのが一番うまいことになっている。

たとえば「サッポロ・ラーメン」と「サッポロのラーメン」との違いは、サッポロに来て確かめてもらうしかないことになる。

北の味覚の原点が原始のうまみとするなら、その「原始」にそのままぶちかましてくる攻撃的な〝何でも食ってやろう〟とする好奇心こそが必要だ。

サッポロラーメンの巻

北海道の地名はほとんどアイヌ語の発音をもとにしてつくられたものらしい。だとすれば、その音に苦しまぎれの漢字を当てて、ヘンテコリンな表記をするよりは、カタカナで表記する方がより正しいと言えるだろう。長《おしゃ》万部《まんべ》や留辺蘂《るべしべ》は言うに及ばず、たとえば輪厚《わっつ》にいたっては、昔のお役人の苦悩がありありと出ていて苦笑せざるをえない。

百万都市の仲間入りをした道都札幌も「サッポロ」とした方がこの街の情感を表現することになろうし、サッポロにまつわるたいていのこと——クラーク先生、ポプラ、ビール、オリンピック、それに名にし負うサッポロ・ラーメンも——みんなカタカナで記すのがふさわしい。この街のおいたちからして、外国語、カタカナと無縁ではない。

もう十年以上も前、サッポロにラーメン屋が多いと指摘したのは高名な編集者花森安治氏である。氏にそう指摘されるまでサッポロの市民はそんなことには全く気付いていなかったのだが、この街の特徴が、ラーメン屋が多いということぐらいしかないと氏はどうやら言いたかったものらしい。

実際、サッポロの街を散策する旅行者は、なるほどラーメン屋、それもラーメン専門店が多いことにいやでも気がつくことであろう。

しかし、その割には、「レバニラいため」とか「玉子スープ」をメニューにのせる、いわゆる「中華料理店」の絶対的少なさにも気がつくことだろう。

いわゆる「中華料理店」なら「八宝菜」も「天津麺」もできるのだろうが、サッポロのラーメン屋のレパートリーは、醤油・塩・味噌あじを基調とした「ラーメン」一本に絞られている。しいてこの他に挙げるとすれば、チャーシュー麺に五目麺、オリンピック選手村で外国選手に人気のあった「中華丼」ぐらいであろうか。

「拉麺」「老麺」「楊柳麺」とも書かれるラーメンがはたして「中華料理」であるか否かについて白黒をつけるとなるとなかなかうるさいことになるはずだ。満州で中国人から教えてもらったというオヤジさんもいる。しかし、今では、ラーメンのことを「中華ソバ」という日本人はすくなくなったし、毛主席を敬愛するがゆえにラーメンを食べる人は皆無だろうから、これは「日本料理」と断じてさしつかえないであろう。事実、サッポロの市民がおそらく風土的な欲求から、「中華料理店」のメニューからラーメンだけを独立させ、それを独自に発展させていったことははっきりしている。

かつて、ススキノの東宝公楽劇場のわきに六、七軒のラーメン屋台が並んでいた。ここ

を通ると一種独特な臭いがし、中に入るとちょっと油っこい蒸気にあてられたものだ。あれはたしかに豚の骨や頭を煮たスープの臭いと麺をゆでるときに発散するカン水の臭いの混りあったものだった。きたない店ほどうまいという噂で、そういう店ののれんにはラードがしみついていた。昔は、今のように醤油・塩・味噌あじなどとわかれてはいなかったから、店に入っても「××をくれ」という必要もなかった。ラーメン屋にラーメンを食べに行く、実に明快であった。あらかじめ醤油、ラード、化学調味料、ネギを入れた丼に、大鍋からすくったスープを入れ、細心の注意をもってゆでられた麺をうつして、しかるべきものを上にチョンチョンとのせ一丁上りというようにつくり方も簡単だった。

今でもそうだが、店の奥には別な大鍋がある。その中では、犬が喜びそうなごつい豚の骨がぐだぐだ煮られている。ある男がのぞいてみたら、豚の足首が突き出ていて、その横から頭がみえたといって、青い顔をしていた。

食堂の「内幕」などのぞいてみるものではない。そんな夾雑物をとり除いたスープからも「アク」が泡状になって出てきて、これを注意深くすくいとるのも大事な仕事である。

ラーメンのうまさの基本的条件としてスープにコクのあること、麺が良いことが不可欠であろう。その他、シナチクの味つけ、チャーシューにする肉の吟味も忘れてならない。サッポロでは口ばしの黄色い高校生などが、「あそこのラーメンはスープはまあまあだけど、どうも麺がねえ」なんてことを言う。かりに彼が修学旅行に出かけ、東京の「中華ソバ」を食べたとすると——実際、どこに行っても彼らはラーメンしか食べない——、「あったらもの食えたもんでない」と口を極めて中華ソバを罵倒することだろう。特に麺の違いは彼に中華ソバとラーメンの違いを適確に教えることだろう。

麺をちぢらせ、歯ごたえを良くするのがカン水である。このアルカリはその性質から小麦の蛋白質を変質させ粘着力をつけさせるのだそうだ。これが胃に負担をかける元兇だそうで、東京都あたりでは条例でその使用量を制限しているという。北海道の条例ではこの制限がいくぶん緩くて、そのため麺が独特のしなやかさをもつのだという話をきいたことがある。

今でこそ、「サッポロ・ラーメン」は全国を席巻し、ラーメンの代表みたいな顔をしているが、市内を通行する馬には「おしめ」をつけることを義務づけた市条例ができたころは、ただのラーメンでしかなかった。サッポロの人はそれを昔のラーメンと呼んでいる。

昔のラーメンにはいろんなものが載っていた。ナルト、シナチク、ホーレン草、ネギにヤキノリ、それに鷹揚に切られたチャーシューが。肉がごちそうだった時代には、よく味のしみたチャーシューはそのまま胃の腑にしみ入ったものである。

ある食べ物をつくっている最中に、客が調味のしかたについてアレコレ注文することができるシステムを持つ「店」も「食べ物」も多くはないものだ。その点、サッポロのラーメン屋ではある程度このシステムが確立されていることは特筆に価する。

「麺を固めにしてくれ」

「もっと油っこくしてくれ」

「ちょっとしょっぱいから、スープたしてよ」

こんな声がよく聞かれ、ラーメンに不可欠なネギが嫌いだから入れないでくれなんてことを言う人もいる。床屋の椅子に座ったときのように、「どんな風にしますか?」とオヤジさんが客に聞くこともある。

サッポロのラーメンを向上させたのは、一口で言うとこういう客と主人とのコミュニケーションであろう。もともと乱立気味なのだから、他店に抜きん出るために主人は客の意見を聞き、自らも独自の味を出すために工夫を凝らしたのであろう。日本ソバと並んで庶民的と言うしかないこの食べ物にどんな工夫がなされ、どのように微妙な職人芸が発揮されたのかよくわからないが、要は、客と主人との切磋琢磨によってサッポロのラーメンはうまくなってきた。

しかしまあ、この街の人はよくラーメンを食べる。コーヒーの回数券というのは聞いたことがあるが、ラーメンの回数券となると、サッポロ以外では考えられないものだ。ラーメンに丼一杯のめしをつけた「ラーメン・ライス」とかいう炭水化物の塊りのようなものをサラリーマン諸君は好んで食べる。彼らはメッポー味にはうるさくて、少し店と親しくなると「生卵を入れてくれ」などとわがままな注文を出すのである。学園地帯の店には「学生ラーメン」がある。今はなくなってしまったが、そういう店のラーメンには「特上」「本格」「学生」の三ランクがあり、壁には「親不孝しないやうにしませう」とか「スープは滋養豊かです。スープは全部飲みませう」とか大書してあった。

「末は博士か大臣か」などともおだてられ、学生たちはいつの日にか「特上」をこの店で食べたいものだとささやかに願ったものである。

日の丸の小旗こそ立ててはいないが、次代のラーメン通のために「お子様ラーメン」をメニューに加えてある店もある。

ラーメン屋のオヤジさんには一徹な人が多いという。もともと北海道の人は無愛想だが、このごろのオヤジさんにはなにかしらとっつきにくさを感じる。「麺がちょっと固いなあ」などと気軽に言えなくなってきた。「サッポロ・ラーメン」の名声があがるにつれ、ブラウン管にも登場する、全国のデパートの催し物にも出るうちにちょっぴり偉い職人さんになってしまったのかもしれない。客の方も何かありがたいものをいただいているといった態度で、たいらげるまでの数分間、緊張しているといった具合だ。

いつのころからか観光用ラーメンが出現し、たっぷりモヤシが入るようになり、チャーシューを必死に探しても挽き肉しか出て来ないありさまだ。数年前、地元紙を見ていたら、「ラーメンにもやしを入れるな」という投書にぶつかり、我が意を得た。この五十歳の公務員氏の声こそ、己れの味覚に忠実な旧ラーメン愛好者の新奇に対する、大げさに言えば断末魔の叫びなのだ。有名になると、元祖とか本家とかが名乗り出てくる。たかがラーメンにそんな大げさな看板は不要だろう。店に芸能人の色紙をベタベタ貼るのもいただけない、そんなことをするからサッポロは東京都札幌区と言われ、植民地と陰口をたたかれるのだ。

「味噌味」が登場したのはそんなに昔のことではない。「味噌味」の原型はそれこそ中華料理の「ジャージャー麺」なんだろうが、登場したてのころにはずいぶんひどいのがあって「豚汁麺」だと悪口を言う人もいた。ドジョウにゴボウがあうことを発見した人が偉大なように、味噌の風味に目をつけ、ナンバン（唐辛《とうがらし》）をかけて食べるという組合せを発見した人はやはり偉大だと言えよう。

寒いときはもちろん、暑いときのラーメンも悪くない。多少胃はびっくりするかもしれないが、ラーメンのあとの氷水なんてのも一種の冒険としてお勧めしたい。ラーメン一杯で満腹しない向きには、大通公園の芝生の上でトウモロコシを噛むのも格別で、青い空を眺めていると詩の一節も浮かんで来ようというものだ。是が非でも「昔のラーメン」に会いたい人は、サッポロから半径百キロの円の外、たとえばアサヒカワあたりの大衆食堂まで出かけた方がいい。

試みにサッポロの職業別電話帳「ラーメンの部」を繰ってみた。実に「一九八軒」のラーメン専門店があった。

まさにラーメンの街、サッポロ。

カジカの巻

世に「学名」ほど面白くもおかしくもないものは少ない。何やらラテン語めいたツスとかネンシスと言われると、悪夢のような受験勉強を思い出してイヤになることうけあいだ。その点俗称〔別名〕や和名には庶民の知恵や率直な驚きや優しい心情がこめられていて、その名を聞いて、思わず苦笑させられたり、ニヤリとさせられたりすることも多い。

ここに言う「カジカ」の中には「ナベコワシカジカ」という別名をもつものがある。字義の通り、めっぽううまくて、ナベまでこわしてしまう意味あいで命名されたという。魚の中で最も醜怪な容姿をもつものはアンコウということになっているが、これを凌ぐくらい容貌魁偉なものが「ケムシカジカ」と呼ばれ、一見して、これが食用になるのかと思われるくらい〝みったくない〟（見苦しい）姿をしている。

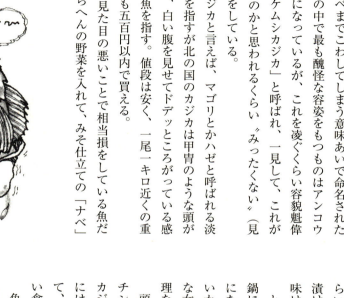

本州でカジカと言えば、マゴリとかハゼと呼ばれる淡水魚のことを指すが北の国のカジカは甲冑のような頭がバカでかく、白い腹を見せてドデッところがっている感じの海の珍魚を指す。値段は安く、一尾一キロ近くの重さのものでも五百円以内で買える。

ともかく見た目の悪いことで相当損をしている魚だが、そこいらへんの野菜を入れて、みそ仕立ての「ナベ」にすれば、これほど滋味あふれ、家庭の味を溶かし出す汁ものはない。

もっとも、み（魚肉）そのものは、淡白を通りこして無味に近く、「カンナクズみたい」と評する人もいるくらいだ。このみを何とかおいしく食べようと、みりんに漬けてみたり、塩ふり焼にもしてみたが、愛想っ気ない味は変らず、結局徒労だった。

ところが、魚体の過半を占める頭部をブッタ切って、鍋にすると、がぜん味はまろやかに、かつ脂っこいものになる。頭部はかなり固い骨が複雑にからまりあって、いかにも古代の魚のように武骨にできているから、非力な女性が、なまくらな出刃包丁で叩き割ろうとしても無理な話だろう。

頭に詰まっているベロベロしたものは熱が通るとゼラチン状になるが、このゾルともゲルともつかぬ部分が、カジカのうまみの精髄の一つである。この部分を食べるには、優雅に箸などを使ってはおれない。手の力を借りて、目玉の周囲にしゃぶりつき、すするというのが正しい食べ方である。

魚屋としても、素人がカジカを解体するのは厄介だと先刻承知と見えて、この魚は、店頭に出るとき、アンコウ同様に、すでに原形をとどめないかたちにして皿の上に並べられていることが多い。灰色のみ（魚肉）が四角に切られ皿の半分を占め、その下には気味の悪い頭のブツ切りが隠される。そして、皿の中で一きわ燦然とした光を放っているのがキモの橙色《だいだい》だ。この暖かい、鮮やかな色が条件反射的に食欲中枢を刺激してくるのが真冬だ。

キモというのは肝臓のことだから、その味は豚や牛のそれに共通の、奥行きのある濃厚なもので、通人に尊ばれるアンコウのものと比較すれば、カジカの方が一点大味ではある。が、しつこく舌にからみつかない恬淡としたところが特徴的だ。よく北海道人を評するときに使われる「茫洋とした」とか「大陸的」という形容がふさわしい味がする。このキモがカジカ汁、カジカ鍋の味を引き立てる第二の精髄と言えよう。

国内に五十種はいると言われているカジカだが、北の食卓にのぼるのは先に挙げた「ナベコワシ」と「ケムシ」だろう。ナベコワシの正式名は「ヤリカジカ」だそうで北海道では「マカジカ」でも通用する。ケムシの別名は「トオベツカジカ」で、これは渡島《おしま》当別あたりでよくとれたのでこの名がついたものらしい。これらを見分けるコツは、ともかく大きい方がナベコワシ、ひときわ醜い方がケムシと覚えることだ。

ところが卵の方は、ナベコワシの子が小粒で、ケムシのものは大粒だから話がややこしくなる。卵は酒と醤油に漬けると立派な酒の肴になる。シシャモの卵やトビウオの卵がすでに商品化されているのに、カジカの卵には未だ企業家の毒牙が及んではいない。

酒飲みは、とかく汁ものが好きだ。札幌ススキノの居酒屋で、酒のしめにフーフーいってしゃぶりつくカジカ汁の味は冬の醍醐味の一つだが、そういう酒飲みを見ていると少しかわいそうになる。この人たちは、ふだん家庭で何を食べさせられているのだろう? きっと妻や子の大好きな、ハンバーグ、カレーライスやスパゲッティにつきあわされて、カジカ汁なんていう、みっともない料理は食べさせてもらえないに違いない。ああ、かわいそうと言ってやりたくなる。

妻を選ばば、才も美貌もけっこうだが、せめてカジカの頭くらいは包丁でバッサリやれるくらいの胆力を持った人に限ると思わざるを得ない。

あんこう も
びっくり!!
みにくさ百倍
ケムシカジカ
♡ほねは 確かに かたいけど
近頃 女性は なお 強い♪♪

ウニの巻

友人と、とりとめのない話をしていて一番楽しいのは、一体全体、この世で何が一番うまいものか、と話しあうときである。くいものの怨みに凝り固まった時代ならともかく、現在なら、たべものの話というのは、人を傷つけることの少ない稀有の題材である。まして「好きだ」「嫌いだ」となっては論争にならないから余計な気を遣わなくてもよい点が楽しい。

カジカ汁の材料。料理写真提供・農山漁村文化協会（以下同）

それに、たべものの話に乗ってくる人は、それについての豊富な経験を持っているだけでなく、人生経験においても多様な価値観を持っているから、一層話ははずむことになる。

友人の中には、ありとあらゆる植物、特に雑草の類を食べまくり、死にそこなった者もいるし、漁村育ちのためか、ウニ、アワビの採集に関してはプロ以上の伎倆《ぎりょう》を

カジカ汁の鍋

持つ者もいて、彼らの話は傍で聞いていてもまことに愉快だ。

　先日も、高価なアワビを十数個も飽食したとか、ウニをとった場所で、その卵巣・精巣を液汁もろともすすって食べたという話に花を咲かせ、話がはずんで次のような驚くべき内容になった。

ウニの塩炒り

「オイ、あんたがた、ウニの〝つっこみ〟ての知ってるか？　こう、ウニをがっぽりとってくるべ。カラの一つだけを全部くり抜いて穴をあけとくのよ。その中にウニのみを突っ込むワケ、ワカル？　二〇から三〇くらいつぶすと、ウニがいっぱい詰まったカラが一つできるワケ。これを焚火にかざして焼くと思いな！」

「ヘェー、香ばしいべな、それは」

「マァー、こんがり焼けたウニの団子ができるワケ」

「ちょっと豪勢じゃないの」

「そいつを三つも食ったら、俺たちガキが鼻血ドバーって、もうフラフラよ」

「そりゃ、そうだ」

　こんな子ども時代を送った人だから、噂の通り、精力絶倫なのかもしれない。

　漁師がウニのカラからみを取り出す作業を見ていて、その機械的な熟練の見事さに目を奪われた。が、それ以上に印象的なのは、彼らの表情の虚無的なまでの無表情だった。こんなものもう食い飽きたし、こんなしちめんどうくさい労働をやる気もないのだが、金になるから、しかたないべさ、といったニヒルな表情なのだ。そんな顔は、たとえて言えば、高額紙幣を扇状にして、機械的に数えている女子銀行員が見せていたかもしれない。

　北海道のウニは大別して二種類ある。通称「ガンゼ」を正式には「エゾバフンウニ」といい、通称「ノナ」を正式には「キタムラサキウニ」という。バフンは「馬糞」で、その形状からくる命名に相違ないが、その名に似合わず、この方が美味・高級・高価で「ノナ」を圧倒している。
第一に色が濃いオレンジ色で、成熟したものは粒子が美しく光っている。ノナの方はずっと色が薄くなり、鮮やかさにおいて一ランク落ち、味もガンゼに比して細やかさに欠ける。海にいるときの美しさではノナの方が濃い紫色でうまそうに見えるから皮肉なものだ。とれたてのウニは、トゲが一つ一つ勝手な方向に動いて、見ていて飽きない。金魚鉢の中に二、三個入れてみたいという誘惑にかられる人がいて不思議ではない。

ウニのみの新鮮なものは、形状、輪郭がはっきりしているものであるから、細胞の滲出液か何かが出てきて、形が崩れかけてきたものは、いかに安かろうと食べない方が無難である。最近は、形状を崩さないようにするために、みょうばん液に漬けられているから、妙に苦かったり、渋かったりするものもある。

ムラサキ ウニ
エゾバフン ウニ
たまらん！
芳醇の極致
じゃ〜

ウニのうまみのエッセンスは、海草を食うという磯くささと、全ての卵巣・精巣に共通な、味蕾を一瞬にうめつくす芳醇、濃厚な舌ざわりにあるのだが、何せ高価なものだ。キャビアまではゆかぬとしても、松茸や、フォアグラ・トリュフに比肩する高価さではなかろうか。

だから、すしネタにしたって、特上とか松を注文しなくてはウニは入ってこない。すしは好きだがウニはきらいだという人はけっこういるものだから、こういう人と仲良くしておくに限る。

ウニを食べすぎると具合が悪くなる人がいる。夏場の暑い時期には腸炎ビブリオ菌による食中毒の原因ともなるが、そのためとは限らない。ウニに含まれるリゾレシチンという物質が作用して、吐き気がするといった症状を呈するのだと言われている。漢方では、ウニは薬なみの扱いだから、食べすぎには副作用がついてまわるワケだ。

生ウニの食べ方として特に優れているものは、キュウリとあわせてのり巻きにするもので、芳醇な海の香りと味とが、これまた香りのよいのりの中にとじ込められ、一口これを頬ばると、口腔全体にそれが塗り込められる鮮烈なたべものとなる。

近年、「チリ産」と称する不思議に安い練りウニが出回っているが、口にしてみて余りのまずさに辟易した。ブルッとくるくらい脂やけして、渋いやら、苦いやら、何ともおぞましい味がした。国産の利尻、礼文ものに比べたら、月とスッポン、雲と泥くらいの差があった。こんな練りウニだったら、飽和食塩水に漬けた「一塩ウニ」の方がはるかに風味がよい。

季節を選ばぬものなら「蒸しウニ」の缶詰がイケる。とかく缶詰の味付けというとロクなものはないが、余市《よいち》の水産試験場で開発したというウニの缶詰は、この珍味の濃厚なところをよく保存し、缶詰界の傑作と言ってよい商品の一つだ。

カレイの巻

人が魚に詳しいかどうかを簡単に知るには「知っているカレイの名をできるだけ挙げてみて下さい」と質問すればよい。

十種以上挙げることができたら、相当の通人であろう。釣人なら十五種は知っていなくてはなるまい。釣人ならまた釣果の少ないときに二、三枚とれた「手のひらガレイ」や、もっと小さい「掌《たなごころ》ガレイ」の名を挙げ、悲哀にみちた想い出にふけることだろう。小さなカレイを呼ぶ名称には事欠かない。いわく、「アオッパ」「レントゲンガレイ」等々。

札幌の二条市場などでよく見るカレイは、「マガレイ」「スナガレイ」「クロガシラ」「アサバ」「ナメタ（ババガレイ）」「タカノハ（マツカワ）」「アカガレイ」などで、干物としてしか供されない「ソウハチ」がこれに加わる。

カレイの食べ方は大別して三種あり、一つは焼く煮る揚げる、一つは干物にする、一つは刺身にするとくる。

一体にカレイの味は繊細巧緻を極めるもので、たとえば本州も若狭の国の「笹カレイ」などはみるからに楚々とした姿をしていて、微妙としか言えない味わいを誇っている。

ヒレの部分を除いて脂肪は少ないし、小骨がうるさくないから子どもにも与えやすい。幼児語で「ゴッコ」と呼ばれる「魚」は、大半はカレイのことを指していると解してよいのではないか。

焼いて、煮付けてうまいのは「マガレイ」にとどめを刺す。マガレイの新鮮なものは、いくら魚屋が工夫して皿に盛りつけようとしても〝山〟をつくることができないほどヌメリがある。そのくらい新鮮なものは魚に特有の生ぐささみがなく、海の芳香を堪能できる。

カレイの正式な食べ方をめぐって友人と論争したことがある。カレイを食べるとき、色の黒い方から食べるか、白い方から食べるかという大問題である。彼は、色の黒い方が「表」であり、白い方は「裏」であるとして、そ

秋三平

冬三平

アキアジの塩引き作り

塩ゆでにした花咲ガニ

ニシン漬

ホッケのかまぼこ作り

ホッケのかまぼこ作り

ホッケ料理のいろいろ

うやって、腹を手前にして頭を右にしているのがカレイの世界での自然体で、何ごとも自然に表から裏へと進むのが物事の順序であると主張した。

こっちは表裏のつけ方に異存はないが、どうも黒い方より白い方がうまく感ずる。そこで、うまい方から食うことこそ正式であると主張し、自然の形で食うのが正式と言うのなら、鯨の肉や竹輪などどうするのだ、などとへリクツを並べて対抗した覚えがある。彼はまた、先に食べる方がうまいという当方の意見に同意したが、彼はまず黒い方から食べるのだから、味についての表と裏の結論はどういうことになるのだろうか。魚の片面しか食べないと言われる落語の殿様にはない、大きな悩みの一つである。

マガレイに似ていて、値段はぐっと安くなるのがスナガレイである。両縁にマガレイより明瞭な黄色い帯がついているから訳なく見分けることができる。これも好きずきだが、スナガレイの味は、マガレイより芳香に富み、より個性的だ。カレイと油とはよくあうのでカラ揚げにすると香味はさらにかぐわしいものになる。決して世上言われるほどまずいカレイではない。

現在では、超高級魚になっているヒラメこそ刺身の王者であるとされている。並みのカレイと違って独り「左ヒラメ」といわれ、体の向きが逆になっているのも、地位の高さを象徴しているかに見える。

店頭でヒラメの純白の肌を見せられるとゾクゾクするような感懐にうたれ、次の瞬間「いくらするのだろう?」とふところ具合に気をとられてしまう。繊細な甘味と奥深い淡白さがヒラメの刺身の抜群なところで、これに比肩できるカレイは、オヒョウとタカノハくらいしかあるまい。

ヒラメは原則として一尾丸ごと買い、身おろしは家でするのがよい。魚屋におろしてもらうと、うっかりすると頭と骨とを捨てられてしまうおそれがあるからだ。「アラ」も取っておいてと言っておけば、魚屋におまかせした方がよいときもある。家のロクに切れない刺身包丁で短冊を切るときに、細胞に逆らって切った日には、薄い身なら毛羽立ってしまって「繊細」などといえなくなってしまうからだ。良心的な魚屋なら食通垂涎《すいぜん》のまとである「エンガワ」をきれいにこそぎ取ってくれる。カレイのヒレはみな「エンガワ」に違いないが、中でも寒ビラメのそれは、脂の乗りといい、横にきれいに並んだ細い筋肉の一節一節の整然たる形状や銀色の光沢といい、コリコリした歯ざわりといい、これにまさる「エンガワ」はちょっとない。

ヒラメの刺身が余った場合、無理をして食べてしまう必要はさらにない。酢、塩と昆布で「ハカタジメ」にすれば、楽しみを長く延ばすことができる。酢加減、重しのかけ方、しめる時間、昆布の良否といろいろな隘路はあるが、うまくいったときは、なまじの刺身より、こっちの方がうまいことがある。

このヒラメの地位を実力で脅かすものは、道東の巨大な「オヒョウ」のみだ。十年以上も前には、畳一枚分はあろうかと思われる大ガレイが魚屋によく吊るされていた。

よくとてつもなく大きな魚やイカ、タコの類が捕獲されたときの新聞に「オバケ△△捕わる。地元漁師もびっくり」と題され、記事に必ず「刺身にすると、百人分はとれる」と書かれることがある。

昭和二八年五月、日高管内新冠《にいかっぷ》町で捕獲された、長さ二・九一メートル、重さ二百七十四キロというオバケオヒョウが記録に残っている最大のものである。「食品分析表」によれば、カレイ類の廃棄率は四十五％だから、これなら約百五十キロの刺身がとれ、ざっと見つもったって千五百人分がとれる勘定になる。

オヒョウの場合だと、昔は、日常的にばかでかいものがとれたらしく、「畳一枚」という単位も決して誇張から生まれたものではない。

新鮮なオヒョウの刺身は、身の薄いヘタなヒラメよりもっとうまい。舌ビラメのムニエルとか何とかいう料理はさぞうまかろう。しかし、何よりもオヒョウの刺身は凄い。道東、北洋の荒波の中を悠揚迫らぬ姿であたりを睥睨《へいげい》して他の小魚どもを畏怖させているオヒョウの刺身こそ、北の魚の精華と言ってよい。ただし、オヒョウはすぐイキが下がり、白っぽくなるともうイケない。細分され冷凍食品になったものなど、もうどうしようもなくなる。

ともかく、水族館でオヒョウが遊泳している姿を一瞥《いちべつ》しただけで、威風堂々の風格にうたれ、これは並のカレイではない、いや、魚の王者であると直感させられる。

ヒラメやオヒョウは貪欲で悪食だと言われ、ヒラメには鉄まで食うから「テツクイ」の異名がある。オヒョウならば、鋼でも石炭でも食べそうだが、実際は、サケ、マス、カニの類を食べるというから、並の人間より豪華な食事をしているということになる。

オヒョウは死してもその「アラ」を残す。刺身は金持が食べるとして、貧乏人は、このアラで我慢しよう。このアラは同じアラでも王者のそれだから、そう馬鹿にするものではない。「巨大なるエンガワ」に相当多くの脂肉が付着しており、身おろしした骨の周囲にさえ、なおかなりの肉が残っているから、これを酒と醤油で味濃く煮付けると、立派なお総菜となる。信じられぬことかもしれないが、アラだけで腹一杯になることがあるくらいだから、死してもオヒョウの魚徳というのはたいしたものだ。

北の貝の巻

朔太郎の一連の詩の中に、深夜の海底で赤い舌をチロチロと出している貝のことをうたった気味の悪いものがある。貝には見た目の気味悪さがたしかにあるが、食べてみると、その味覚は、いかにも海底のもつ神秘的なもので、総じてまろやかな甘味にその特徴がある。貝には、コハク酸やグリコーゲンなどという味覚物質や酵素がたっぷり入っていて、こくのあるうまみを出してくるのだろう。

北海道の代表的な貝と言えば、ホタテ、ホッキ、アワビ、ツブなどが挙げられる。その他、カキ、イガイ、白貝、日和《ひより》貝、それにシジミもたんとあって、貝に不自由はしていない。

ホタテ——

「とる漁業から育てる漁業へ」のスローガンのもとで、近年、ホタテは養殖が盛んになり、勢あまって、大量斃死や毒性をもつものまで現われ、業界・お役所を狼狽させ、台所に不安をまきおこしたが、極めて安価に入手できるようになったのは、この養殖のおかげである。

もとより、天然ものより養殖ものの方が味が良いといった例は皆無に近い。キノコにおいて然り、ハマチ、ヤマベもまた然りである。

天然のホタテはガラも大きく、貝の形、縞もようも明らかに違う。貝柱も運動不足の養殖もののようにブヨブヨしておらず、キリリと肉が締まって、ごく新しいものならコリコリしている。

「海は漁民の畑です。密漁をすると厳罰に処せられます」といった看板が立っていなかった大らかな時代、即ち略奪が自由だった時代には、磯舟からホタテをとって、その場でむいて、子どもの掌くらいはありそうな貝柱を海水で洗い、リンゴをかじるように食べることができたものだった。口の中で貝柱が動くような気がしたが、とりたてて残酷なことをしているという気はしなかった。

サロマ湖やオホーツク海に面した寒村の駅前には貝ガラが山と積まれ、これは粉砕されて「カルシューム飼料」として鶏の餌に混ぜられるとのことだった。今でも天然ホタテの大きな貝ガラは「かやき」のナベとなるから、一般家庭でも用意しておくと、何かと重宝な台所用品の一つである。

ホタテは貝類の中では一番応用がきく。刺身は絶品で、白色でとろりとしたものより、透明でプリプリした舌ざわりのものの方が新鮮だ。貝ガラをつけたまま火にかけ、口が開いたところで醤油をかけて食べるのも野趣があってよい。塩フリ焼、バター焼、みそ漬、みりん漬、フライ、コキール、グラタン、鍋の具、塩辛と何にでもござれだ。道南も有珠《うす》の旅館には、鉄の大鍋に貝を五十個くらい入れた、単なる潮煮を出すところがある。これぞ豪快無比な北海の味!! 仲間と競いあうと、あきれるほど食べられる。

汽車に乗ると、車内販売のおねえさんが「ジュースにコーラ、お酒にウイスキー」とやってくるが、その中に「貝柱」というのが必ずある。このホタテの干物が、年々小さくなっていくと感じるのは、たべものに関しての「没落史観」——世の中だんだん悪くなる——を持つ者のヒ

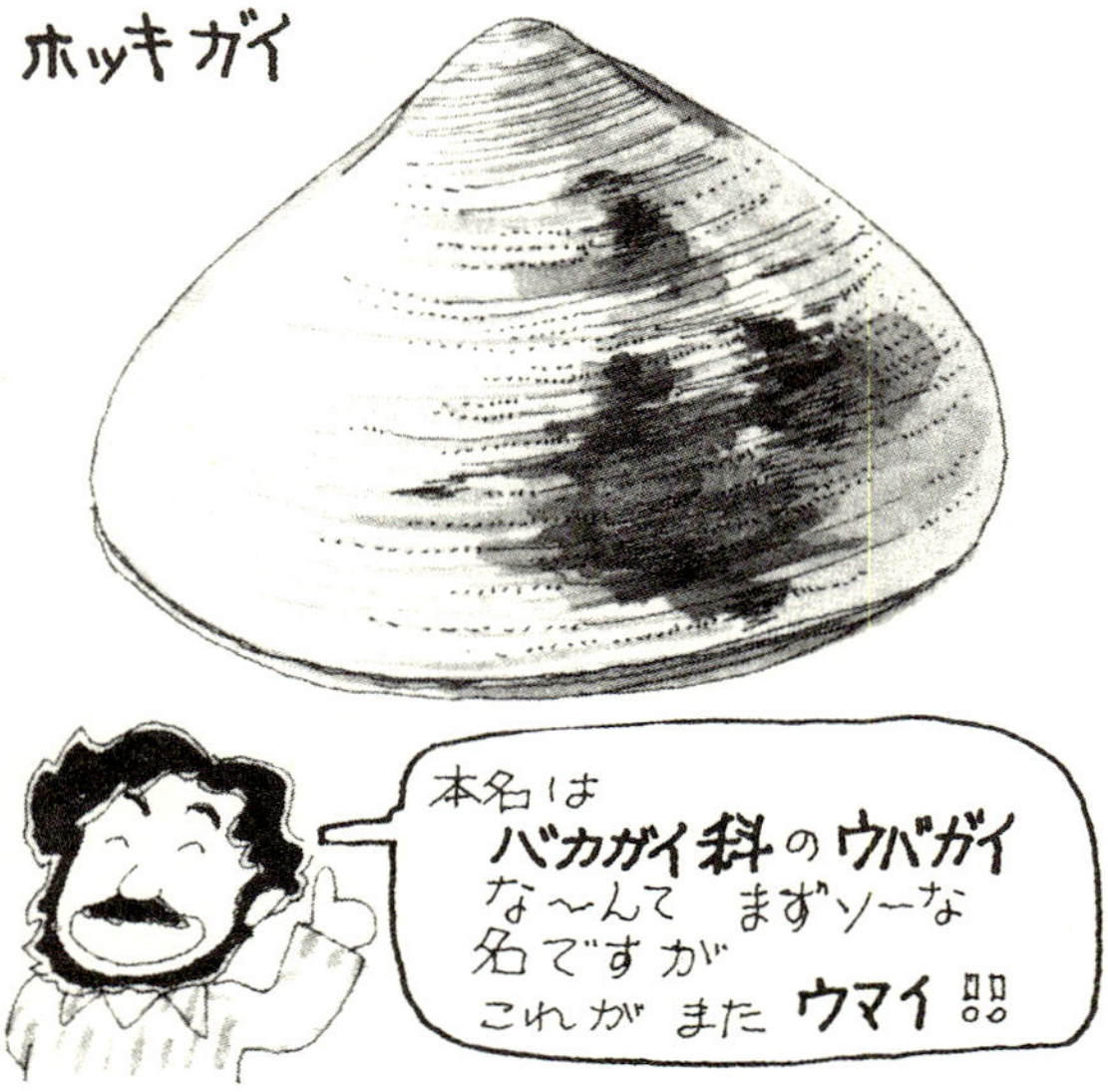
ホッキガイ
本名は
バカガイ科のウバガイ
なーんて まずソーな
名ですが
これが また ウマイ!!

ガ目かもしれない。

干した貝柱は昔からすこぶる高価で、今なら一個百五十円に相当しよう。国内産の貝柱はかなりの量が横浜に送られ、名物の「シューマイ」の味を守るのに一役かっているというからけなげなものである。

いただけないのは「ホタテ風味」と称している、すり身で貝柱の形にした「カマボコ」で、こういうニセモノは断固市場から排除せねばならない。「カニ風味」カマボコも同罪である。

ホッキ

ホッキ貝は北寄貝ともあてて、いかにも北国の貝らしい名前を持つ貝だ。本名は姥貝《うばがい》というが、貝ガラの色が、いかにも年寄りくさい、地味をこえて棺おけに片足突っ込んだような色をしているから、そう呼ばれるのも無理はない。バカガイ科に属するからアオヤギとは親戚筋にあたる。通称「舌」とよばれる「足」を二、三ミリあいた殻の間からつねに出しているから「バカ」の仲間なのだろうが、味はどうしてどうして、北海道随一の味とたたえる人ががぜん多くなってきている。最近モテモテの貝である。さっと湯通しして鮮紅色になった「足」のあたりの刺身は、実に洗練されたうまみを誇っている。湯通しをするのは、ある時期、寄生虫がつくことがあるためと、その色あいを美しいものにするためである。熱を通しすぎると、さすがのうまみも減殺されるし、第一固くなっていけない。冷凍にしたら食べない方がよいくらい味を失う。

北海道のすし屋でホッキを置いていない店はなかろうから、すしをつまむ前に少し切ってもらうと、この貝の甘美かつ豊饒な味を楽しめる。

刺身もよいが、小麦粉をまぶして、さっとバター焼きにすると格別の芳香と新たなうまみが付加される。小麦粉をまぶすのは、勿論、貝のうまみを鉄板ごときものに吸わせないためにである。ソースもよいが、少量の醤油をかける方がホッキにとっては幸福である。

一般には余りお奨めできないが、カレーライスの具のメインに据えると、これ以上ゴージャスなカレーはまたとあるまいと思われる。

しかし、この貝も最近はとみに高くなって、庶民の口に届きにくくなってきている。ホッキのすみかである砂浜が「開発」の名の下に次々と潰されてきているからだ。悪いことにこの貝はなぜか養殖が難しくて成功していないから、とるだけ減って、補充がきかない。値がよいものだから、ずいぶん小さなものでも市場に出してしまう。貝ガラに穴をあけ、縄を通して、子どもらが竹馬みたいに歩いてカッポしていたころの貝ガラは大きかった。

この調子でいくと、二十一世紀にもなれば老人となった我々が孫を膝に抱きながら「ジイチャンが若かったころは、アキアジっていう一メートルもある魚が川をのぼってきたものだ。ムロランやイシカリの砂浜で、ホッキという貝がよくとれて、ほんとにこれはうまかったもんだ。今度、博物館に行って見てこようね」というような話をしなければなるまい。

そんなこともあろうかと「ホッキ水煮」の缶詰をつねに秘匿している友人がいる。彼は、どんなに親しい友人が、どんなに遠くからやってきても、この缶詰だけは開けたくないと広言している。

ツブ

最近見なくなったものの一つに縁日のツブ焼きがある。公衆衛生上の問題があるのか、採算がとれないためなのか、自然に見なくなったものらしい。

ここに言うツブとはエゾバイ科に属するヒメエゾボラのことを指すが、ずいぶんと種類の多い貝で、はるかソ連領オホーツクでは、また新種がみつかったそうだ。もっともソ連の海のツブはカラが薄くて、みも大きく白っぽく、いかにも大味だからすぐ見分けることができる。

北海道にはほとんどサザエはいないと言ってよいから、サザエの「つぼ焼」はあまり知られていない。かわりに「ツブ焼」をもっぱら楽しんでいる。居酒屋のものは、ツブのみを細かく切り、ネギやショウガを薬味にし、だし汁を加えて火にかけるから、厳密には「ツブ煮」ということになる。

縁日のそれは〝酔っ払う〟といわれる通称アブラ（実は唾液腺）をとってあるが、調味は生醤油を貝の口から入れてやるものが多かった。醤油のこげたにおいというのは、まことに食欲をそそられるもので、今となっては郷愁をそそられる、なつかしい香ばしさとなった。

貝の最深部にあるグロテスクなピロピロ、クルクルした部分も、ふつう食べてよいとされている。居酒屋の主人に「しっぽの方は海草のエキスがたっぷり入っているから、是非食べなさい」と叱咤激励されて、おそるおそる口にしている大の男の表情は「疑心暗鬼」を写真にとったようなものになる。ある時期には中毒をおこすこともあると聞いているが、アブラもしっぽも一緒に食べて、ヘンになったことは一度もないと豪語する人もいる。

ツブの刺身には独特のヌメリがあって、箸でつかむのは至難だが、ようやくつかまえて食べてみると、その香気と歯ごたえがすばらしく、これはアワビに匹敵すると評する人もいる。生きている貝をトンカチで叩いて、カラを割り、うごめくものを切るわけで、いやがる奥さんに、これができぬのなら、さとに帰ってもらうこともありうる、と脅迫めいた言辞を弄し、やっと刺身が食えるようになったと述懐する人を知っている。

ツブはどう料理しても、あっさりして飽きない味をもっているが、すぐれて庶民的なのは小さい青ツブの醤油焼だ。楊子や小さなフォークで、みをかき出しかき出ししていると、二十くらいは食べられる。

オデンのたねにもなるし、中華丼の具の一つにしてもくせがなくうまいものだが、種類や加熱のしかたによってはゴムのように固く、しかも無味なものがある。

カニの巻

市場でカニの二、三ばいを包んでもらって家路を急ぐときの気分というのは、ちょっとした王侯きどりの、なかなか贅沢なもので、ちょうど好きな作家の新刊本とか、敬愛してやまぬ指揮者のレコードをかかえてくるときの気分に似ている。

まして、それがタラバガニともなれば、帰心矢の如く、子どもらの歓声が耳にきこえ、女房なら、その価格を想像して、サッと青ざめるかもしれない。そういう期待と不安が交錯する。

厳密に言うと、タラバガニはカニではなく、ヤドカリの仲間だというが、ヤドカリであろうとなかろうと、鯨を含めて魚屋にあるものはみな魚、タラバもカニと思った方がより実際的である。海のむこうでも、タラバガニはキングクラブと呼ばれている。

カニ好きが集まって、タラバガニ、毛ガニ、花咲ガニ、ズワイガニ、ワタリガニなどの中で何が一番うまいかと言い争うと夜を徹する破目になる。この場合、たとえば今挙げた五種を全て食べたことのある人たちの間でなければ話にはならないこと自明である。

タラバガニ

タラバをカニの王とする者は、まず決まって「刺身」が絶対だと言い張る。ところが、現在、ナマのタラバを入手することはよほどのことがない限り無理だから、棒肉を水と氷に入れ、洗うようにすると〝花が咲き〟咲いたところをワサビ醤油で食べるなどという贅沢に浴することは、一般人では不可能だ。

そんなにうまいものかと聞き流しておくしかない。元の北洋の漁船員とか、根室、網走あたりの「長老」でないと、この味は知らないはずだ。これを知らぬ毛ガニ論者やズワイ主義者には一定のハンディとはなる。

しかし、何もナマのタラバの刺身でなくたって、ふつうにゆでたタラバは、それだけでスケールの雄大なうまさを誇っている。たとえば棒肉に秘められたかぐわしい甘味は特筆に価する。

戦前のカラフトあたりでの話だが、大きなタラバを一つ買ってくれば、一家の十人近くがこぞって満腹したという伝説があるくらいだから、そのうまみもさることながら、量の多さからくる満足感は他のカニの追随を許さないものがある。

すでにタラバガニは、近海ではほとんど捕獲されないようだし、たまに魚屋に出ても、タラバとしては痛々しいばかりに小型のものが出る。日ソ間の漁業交渉でも、タラバは「全面禁漁」となっているから、札幌にあるタラバガニ専門店はそろそろ真剣に方向転換を考えているに違いない。何せ、空港の売店などでは、少し大型で、まあタラバらしいと思われる冷凍ものが一万五千円はす

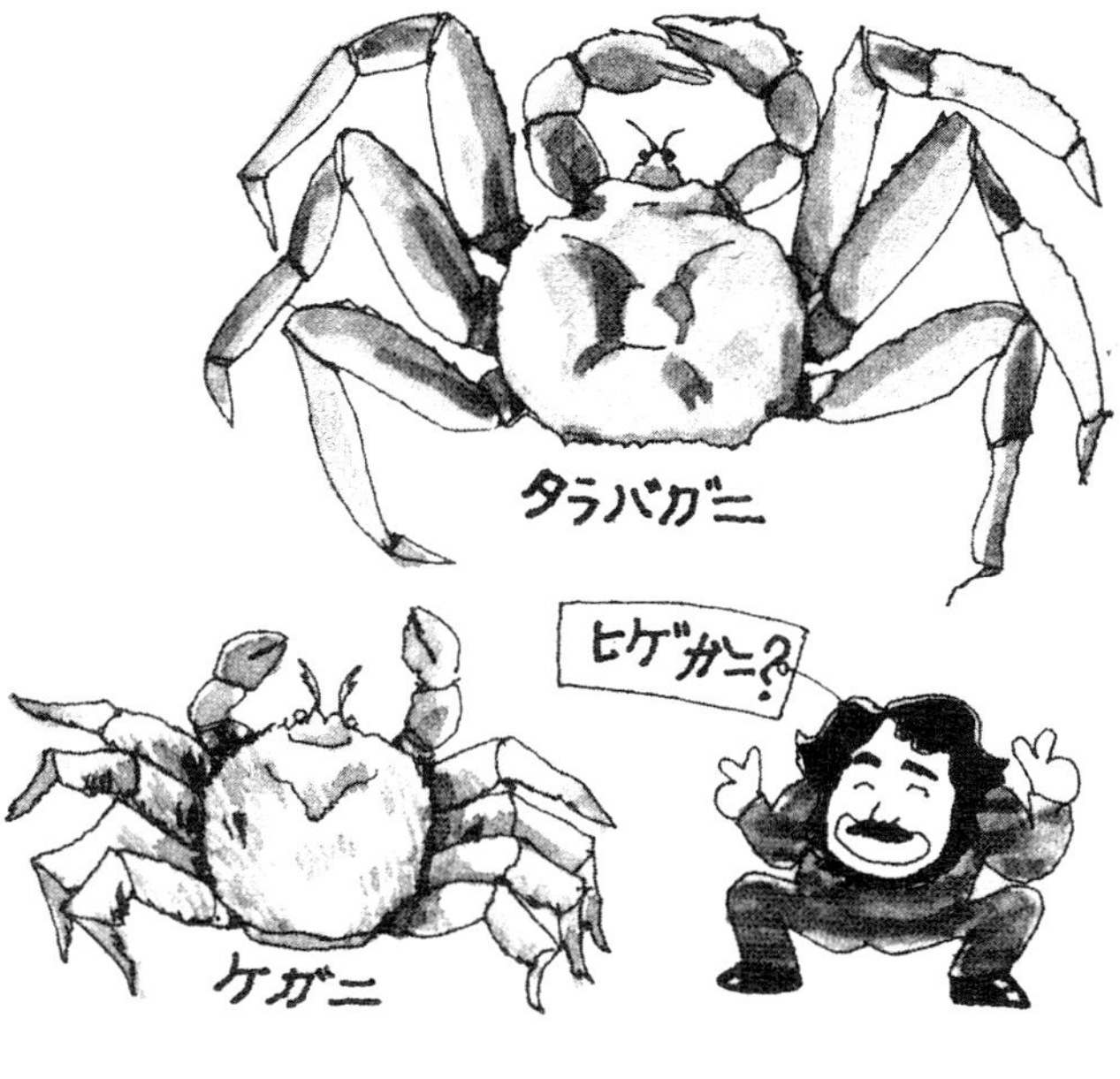

るから、これから先、庶民の口に入らぬことが目に見えて、まさに王侯のたべものとなることが予想される。さしづめ、働く者はメーデーのスローガンの中に「タラバの買える賃金を!!」を加える必要がありそうだ。

毛ガニ

ことほどさようにタラバガニは口に入りにくい。これに比べて毛ガニの方は、まだ手にも口にも入り易い。が、これも近年、異常に価格が高騰している。タラバの一万円はまだわかるにしても、ちょっと大ぶりの毛ガニの一ぱい五千円は、昔を知る者にとっては驚異的な高騰ぶりで、思わず手がすくむ。

この三十年間の乱獲がこの不詳事態を呼んだ。毛ガニの主産地は噴火湾、それに釧路、根室の太平洋、オホーツク海だが、それぞれ盛漁期が違う。太平洋は冬がシュンだし、オホーツクの方は流氷が来て冬はダメだから、海明けのものが一番うまいとされている。

噴火湾の中では長万部《おしゃまんべ》のカニがつとに有名だ。函館に向かうと国道五号線と三七号線とが合流する地点から長万部の市街が始まる。そこから約二キロぐらいは「カニ」「かに」「蟹」の看板が林立してカニの街、長万部をさらにいなかくさく、ケバケバしいものにしている。とにかく、カニ・オンパレードなのだ。こうなるとどの店で買ってよいのかハタと困る。

この街の話ではないが、道内のある街でもカニ、カニとうるさい所があるが、街のはずれに一軒「最後のカニ」と看板を上げた店があり、そのセンスの卓抜さに脱帽したことがあった。

その昔、昭和も二十五年（一九五〇）ころから四十年ころまで、国鉄長万部駅で「ゆでガニ」を売っていたことは全国的に有名だ。毛ガニがカレイ漁の邪魔になってしかたがないので、駅立売をしていた金谷商店に、漁協が〝何とかしてくれ〟と話をもち込んだことからはじまるという。同時に長万部駅の名物弁当「カニメシ」も誕生した。時に、カニは一ぱい五十円から八十円、メシの方は百円だったというから夢のような時代である。三十年前、北海道人が毛ガニに対していかような態度で接していたかを如実に物語るエピソードだ。今のように、冷凍、低温輸送の技術も設備もなかったため、水揚げの大半は罐詰にされたもので、ゆでた毛ガニは腐敗しやすいこともあって、もて余されていた訳だ。

しかし、いったん人気者になってからのとり方というのはもの凄い。噴火湾では底びき網で、メスをも含めてかっさらったために、またたく間に資源が枯渇し、現在では、道内の水揚げ量の三割ぐらいまでに下がり、長万部のカニ屋さんも、釧路、根室から輸入して体面を糊塗していると言われている。

品不足は価格をぐんと引き上げ、毛ガニを高嶺の花にしてしまった。

要はとり過ぎぬことなのだが、何せ、植民地的一発主義、出稼ぎ根性、略奪主義が身に泌みているものだから、一物も残さずに取り尽さねば気が済まぬものらしい。

ところで、駅で買った毛ガニの食べ方だが、ただでさえ居心地の悪い列車の中で新聞紙をひろげて解体するのは技術的になかなか難しいことであった。また、四人掛けの座席の中で、ただ一人毛ガニをむくのは勇気がいることでもあった。しかし、ゆでたての毛ガニのうまさというのは、多少の面倒くささや体裁の悪さを気にはしておられないほど卓越したものだったし、旅情をいやが上にもかきたてる小道具としても絶好のものであった。

どだい、毛ガニを食べるときに手が汚れるなんてことを気にしていたり、包丁やナイフがなければ食べられないとカマトトぶっていては、味覚の幸福の女神から見放されてしまうこと必定。カニ類に対するときの心情には、たとえばカジカの頭にしゃぶりつくときのような勇猛果敢、かつ野蛮な迫力を必要とする。

人類にはよく発達した手と、衰えたりとはいえ歯というものが備わっている。これらを用いるべきである。「みそ」をすくい取るには人さし指一本があれば事足りるし、脚を切開するには犬歯がある。よく身の詰まった甲羅の中の白い肉を食べるには「フンドシ」のたて線に沿って、ガムシャラに割ればよい。その際、研究心の旺盛な人なら、その内部構造のシンメトリカルな法則を発見し、その法則に逆らわずにむいていくと、それほど悪戦苦闘しなくても済むはずだ。

カニに限らず、魚を含むたべもの一般について言えることだが、その食べ方を見ていると、その人のたべものに対する愛情がわかる。カニに関して言えば、そのカラからどれだけ完璧に〝み〟を取り尽しているかによって、カニに対する愛情と、その人のカニと接した歴史の長さがわかる。

脚の中では「はさみ」が一番うまいからオレによこせと言う人がよくいる。はさみは一番よく動かすところだからというのがその根拠のようだ。なるほど、魚も目玉の周辺とエラのあたりの固い筋肉がうまい。それなら、魚のしっぽのあたりの「まずさ」を何と説明したらよいのだろう?

流氷が去ったあとのオホーツクの毛ガニの味は甘くせつなく、そのうまさは筆舌につくし難い。はるか昔、朝、浜辺に行ってみると、けっこうな大きさの毛ガニが、遊んでいるものか、打ち上がったものか、いくつもとれた。あぶくを吹いているのを、めしを炊く大ガマに無理矢理突っ込む。カニの奴は苦しがって這い上がってくるから、片手で合掌(?)しながら重いフタをして念仏を唱える。生きているとき茶褐色だった甲羅の色が、赤くなる。この甲羅の赤い色、脚肉の紅い色、みその色、フンドシの中の白い肉、これらの色彩が我々の原始的な本能を刺激して、「こいつを食ってやろう」という、いささかサディスティックな攻撃性を覚醒させるから、毛ガニはうまいのだろう。

オホーツクの毛ガニの「脱皮」の時期は五月くらいだろう。この時期に網走の魚屋で、やけに安い毛ガニに出会ったら、それが、中身のない、〝み〟も少し水っぽい「脱皮毛ガニ」、通称「月夜のカニ」だ。歩どまり五割以上あったらもうけもの、実質を尊ぶ人なら、ビニール袋に五、六パイ分も入った「お徳用」を買うはずだ。味は十全ではないが、カラは柔かく、手でわけなくむけるし、数を食べれば量だってけっこうある。こっちの方がうまいと言うと貧乏人の負け惜しみになるが、清楚でひかえめな甘みはとても鮮烈に感じる。

いくら毛ガニが好きでも「冷凍もの」には手を出さぬ方がよい。解凍すると、うまみをたっぷり含んだ水分が抜け、〝み〟の繊維だけが残り、パサパサになって、実に味も素っ気もないものになってしまうからだ。初めて北海道に来た人がだまされるのが、この手のカニである。

冷凍だったら、これまた罐詰の方がまだよい。罐詰は紙に包まれているところが、何やらワケありでよい。カニの肉に含まれているある成分が、ブリキの罐と反応して、有害な物質を溶かし出してしまうので、硫酸紙に包んであるのだそうだ。この紙をめくって上に三個ほど形ばかり載せてある紅い脚肉を見るのも、ちょっと猟奇的でこたえられないものがある。

花咲ガニ

根室地方の花咲半島付近、日ソ国境の海だけでとれる真紅のカニが花咲ガニである。

毛ガニより一まわり大きく、甲羅といわず、脚といわず鋭いトゲで武装しているので、あまり夢中になって食べていて、これに刺されて泣きベソをかく手合いがいる。味はタラバに近い。それゆえ、繊細さという点では毛ガニより劣るかとも思われるが、好きずきだ。〝み〟とカラとの間に、ゼラチン状のペロペロ、ヌルヌルとした部分があり、これは何とも宇宙的規模の味がする。

フンドシをはぐとメスならはち切れんばかりの紅色の卵（外子《そとこ》）を抱いているから、これをしゃぶると海の味の「真髄」を楽しめる。酒と醤油に漬けておくと、ちょっと豪華な「つきだし」となる。外子もよいが、フンドシから甲羅の内側にはりついている内子《うちこ》はまた風味絶佳、味は蒸しウニそっくりだ。

花咲ガニも資源が枯渇しつつあるらしく、市場に出るものの型が年々小さくなってきているのは困ったことだ。このカニも冷凍ものが幅をきかせ、なまにはなかなかありつけないから、花咲ガニの本領を知るには、八、九月ころ根室に直接出むくしかないだろう。この時期の花咲ガニを初めて食べて、余りのうまさに三ばいも食べた内地の友人がいる。

最近、花咲ガニの脚をブツ切りにした缶詰が出て好評だ。もっともこれは〝み〟を食べるためではなく〝てっぽう汁〟と名付けられた、みそ汁にするための「ベース」としての缶詰だ。磯くささがみごとにパックされていて、野性的な味を楽しめる逸品といえよう。

ズワイガニ

大阪の道頓堀を歩いていると〝カニ道楽〟という店の、どでかいカニの模型がいやでも目に入る。この模型は、しかし、ただの看板としての模型ではない。何と電動仕掛け。規則的にその脚が前後に動くというシロモノで、いかにも大阪商人の考えそうな宣伝のしかただと思う。

京都新京極にも〝カニ道楽〟はあるが、こっちのほうの脚は動かない。京都と大阪の気質の違いなのであろう。

関西でカニというと山陰の「松葉ガニ」を指すようだし、東京では「わたりガニ」を指すらしい。

〝カニ道楽〟では、店の前で「松葉ガニ」を即売しているが、その価格たるや、横五十センチから六十センチのもので確実に一万円はして、グッとくる。わが邦の、オホーツクの「ズワイガニ」と同じものが一万円！　紋別産のズワイなら、千円も出せばオンの字なのにとため息が出た。

もともとわが邦の人は、他のカニが豊富なこともあって、「ズワイガニ」を歯牙にもかけていなかった。我々がズワイに無関心だった間隙をぬって〝カニ道楽〟にズワイは直送され、夏場、松葉ガニがとれないときのピンチヒッターに使われてきているらしい。

この手のことは他にもあって、東シナ海のトラフグが品不足のため、これまたオホーツクのトラフグが何食わぬ顔をして「下関」産として遇されているという。

まさに現代の流通機構は複雑怪奇。野菜も東京に送られたものが、形勢不利となれば、また産地に戻ってくるというではないか。冷凍魚を積んだ船は、海上でウロウロしていて、値段の高い市場めがけて、エンジン全開で駆けつけるというから、恐ろしい時代になったものである。

紋別のズワイガニは大阪に飛び、我々はデパートの「アラスカ祭り」で彼の地のズワイを買ってくるのだから、世の中だんだんおかしくなってきている。

科学技術の粋を集めた「電卓」が二千円で買えるかと思うと、松葉ガニやタラバガニが一万円以上とくると、やっぱりこの国は「先進工業国」なんだと妙に感心してしまう。

それにしてもズワイはうまい。細長い脚肉の、細い筋肉繊維の光と、いきのいいカニ肉につきものの弾力がズワイにはあって第一によい。味は淡白で、タラバ、毛ガニなどとはまた一味違った、いやみのない甘さが身上だ。

このカニの秀れたところは、冷凍にしても解凍に気をつけると、たとえば毛ガニのようにパサパサになることが少なく、なまの風味を著しくそぐようなことがない点にあり、比較的価格も安い。

関西人が特にこのカニを一般的な「カニ」として尊ぶのは、薄味に徹底している彼らが日本的としか言いようのない、控えめで陰影に富んだ清楚な味をことさら愛でるからに相違ない。そして、このカニが、他のどんなカニよりも、巧緻を極めた調味液である「二杯酢」にあうからではないかと思う。

毛ガニやタラバは、甲羅揚げ、シューマイ、グラタンとか、いろいろうるさい〝料理〟があるかもしれないが、四の五の言わず、何も手を加えず、そのまま食べるのがよい。

ズワイには「そのまま」では何かしらたよりないと言うか、それほど繊細な味がある。この繊細さが、味つけの濃さに慣れた北海道人の舌には「たいしたことはない」とうつり、不当ともいえる低い評価が定まってしまったのかもしれない。

ホッケの巻

大衆魚礼賛

水族館と動物園とを比べてみて、おとなの鑑賞にも充分耐えられるのは水族館の方だと思う。生きている魚の遊泳している姿は、たとえ水槽の中という悪条件にあってさえ美しい。ニシンなどは魚体のスマートさもさることながら、ウロコが銀色に輝き、そのスピード感は魚の中の切れ者と称えてよく、岩かげに身をひそめるオオカミウオの孤独の深刻さは、動物園のへたな猛獣の及びもつかぬ境地を見せている。ガラスに吸いついて離れないミズダコあたりになるとSF小説的な怪奇性をたたえているし、サケの直線的な遊泳となると輪廻の苦しみを一身に担っているという感じがする。

一般に魚類は爬虫類ほど冷血な感じがせず、自然の摂理にかなった美しい姿態を持つものが多い。ここに言うホッケは、北国の水族館では、実に精彩のある泳ぎ方をして、魚の中の魚という顔をしている。ただ、その顔つきからは何を考えているのかわかりはしないけれど。

ホッケは、北国の魚の中では、ニシンやタラと同様、最も食卓にのぼる頻度の多い大衆魚ではなかろうか。水揚げ量においてもタラに続いて第二位を堅持している。

大衆魚、即ち下魚、一山二百円の安い魚として、いとやんごとなき向きには相手にもされない魚だろうが、どうしてホッケは捨て難い家庭の味を誇っている。

旬は冬で、よく脂の乗った「開き」は、なまなかの高級魚を土俵ぎわで打っちゃる大金星をあげることだってあるくらいだ。

一般的に言って、魚は大きいものの方がうまいが、ホッケも例外ではない。一歳くらいの小さく細いものは「ローソクボッケ」と呼ばれ、これはたしかに人の食用に耐え得ないから、ウナギやハマチの餌にしかならない。先の大戦中には〝配給〟になってお国のために役立ったが、おかげでホッケの評判は地に落ちた。「ローソクボッケ」の次の段階が「中ボッケ」で、これが魚屋でよく見る「ホッケ」で二、三歳の青年である。中には、五十〜六十センチの特大になるものがあって「根《ね》ボッケ」とか、魚の世を気ままに生きてきたという意味でか「道楽ボッケ」とか呼ばれて珍重されている。

大衆魚であるゆえんは、煮てよし焼いてまたよし、フ

ライにしても癖がなく、開き干しにしてよく本領を発揮し、魚肉練製品の主たる原材料として深く静かにまぎれ込み、そしてもちろん価格が低廉ときている魚だからである。癖のない大味な淡白さが身上で、それは欠点でもあろうが、飽きが来ないという点では、明らかに長所となって広く愛されている。それにこの魚は、年中とれて魚屋での出席率が抜群によい優等生でもある。

日本海の留萌《るもい》・増毛《ましけ》あたりの浜で気まぐれに網にかかる、はしりのニシンが一尾三千円という時に、ホッケは一尾百円見当で買えるから、台所を預かる主婦が、ことさらホッケを指名するのは無理からぬことである。

ごくごく新しいものは刺身になり、おそろしくうまいが、「あたる」とひどい目に会うと漁師は言っている。その激しい症状からみて寄生虫のせいではないかと言われている。

最も愛されている食べ方は「開き」を焼いたもので、一般家庭のみならず、居酒屋やろばた焼の店に欠かせない一品になっている。骨のない方は後から食べるとして、骨付きの半身の骨をはずそう。骨の外側にも若干の薄い身がついているから、手に持って歯でピリリと取りはずして食べるのが、免許皆伝の愛好家の食べ方だ。

骨がはずれたら、中央線に沿って醤油を一条たらす。それからは頭の方からでも尾の方からでもよいから、順にきれいに身をほぐそう。腹の小骨がちとうるさいが、面倒がらずにはずして、余すところなく食べるのが「紳士」と言われる者の食べ方である。こげていなければ皮もイケるし、骨だってもう一度焼くと香ばしくてうまい。結局、残るのは、頭の部分の骨がらみだけということになる。

最近、評判のよいのが「飯《い》ずし」にしたホッケである。飯ずしというのは、原始的な意味でのすし、即ち一種の「なれずし」で、ハタハタ、ニシン、まれにカレイ、カジカなども用いる甘美なたべものだ。どれもこれもうまいものだが、ホッケのそれが一番うまいと言う人が増えているのは心強い限りだ。以前、飯ずしは素人が不用意に作ってボツリヌス菌のために多くの人が死んだりしたが、ここ十年余り、その種の中毒事件は起きていないから、航空機に乗るより安全だと保証できる。

このようにホッケには多種多様な食べ方があり、北海道民の日常の食生活を充実させるのに貢献しているが、その食べ方の決定版を紹介しておこう。「ホッケのすり身汁」とその姉妹版「ホッケハンバーグ」である。

ホッケのすり身はよく店頭に出ている。挽き肉器からベロリと長い舌を出しているのがそれだが、売れ残ったものを使うことが多いから味はよくない。だから、身おろしを自分でして、自らの手でコネくって、すり身を作ろう。

中ボッケ二尾を三枚におろす。計六枚にならぬところが魚の神秘的なところだ。身を包丁でできるだけ細分しておいて、それをスリ鉢に入れる。十分間ほど、粘りが出てくるまで丁寧につぶす。次に、塩、胡椒少々をかけ、タマネギのみじん切りを加え、でんぷん、パン粉で固さを調節する。忘れてならないのは卵黄で溶いたみそ少々を入れることで、みそは魚臭をとるのに不可欠だからである。豚のひき肉も少し入れるとうまみのレベルがはね上がる。これら全部のものをもう一度コネくり回すと、すり身のベースができたことになる。

これを団子状に丸めて吸いものにしたものを「ホッケのすり身汁」といい、ミツバの刻んだものを放つと完璧だ。また、このベースを小判状に平たくして油の中に放つと「ホッケカマボコ」になり、少量の油で焼くと「ホッケハンバーグ」となり、こんなにうまいものはどこにもあるものではない。「すり身汁」を出す店は一、二知っているが、「ハンバーグ」を出す店は寡聞にして知らない。これらは、客人に出すには気が引ける「家庭の味」だから、ほとんど表には出ない。

男の本当に好きなものは、実はこんな、ちょっとした手づくりの味だと思う。ハンバーグの中から小骨がとび出してくるなんて、愉快ではないか!!

駅弁王国の巻

札幌＝東京間を往復する人の九十三％が航空機を利用し、あとの七％が汽車を利用しているという新聞記事を見て、そこまで来たのかという感にうたれた。鉄道、即ち国鉄の敗北は当然と言えば当然の帰結であろう。

所要時間二十時間に対して、空港＝都心のアクセスを含めて三時間では全く試合にならない上に、運賃がほとんど互角ときたら、汽車に乗る方がバカに決まっている。何せ世界の主要空路の中でも、国内路線としては最大の利益をあげて〝ドル箱〟とよばれているのが、札幌＝東京線なのだ。

かつて、アメリカでは、貧乏人は飛行機に乗り、金持は汽車や船に乗るという話を聞いて、何ともその理由がわからなかったものだが、日本国もここまで大国になって、やっとその意味がわかってきた。

時間、金、安楽さという経済効率とひきかえに、我々が確実に失なったものは、旅情というきわめて曖昧もことした心情的雰囲気であって、これは、多忙を極める日本人にとっては、とるに足らぬ瑣末なこととして切り捨てられてしまったもののようだ。

仕事ぬきの急ぎでない汽車の旅ができるのは、今では一種の贅沢になってきて、まして主要な停車駅ごとに駅弁を買って、これを賞味しながら窓外の景色を眺めるなんてことは、よほどの物好きか余裕派のやることになってしまった。

もともと味気ないと言われている航空機の旅にしても、今や大衆時代を迎え、機能性、経済性を追求する余り、ますます味気ないものになってきている。

札幌＝東京間の機内で出されるものと言えば、最近とみに質が低下し、鉄道のものよりはるかにまずいお茶にかきもち二個だけのこともあり、よくて、スープにクッキーで、オレンジジュースや紅茶など、値のはるものはしだいに姿を消しつつある。その昔は、けっこうイケる弁当も出たことがあるし、〝ビール飲み放題〟という企画も出現して、公正取引委員会があわてて待ったをかけたりしたものだ。

また、旅の成功、不成功のカギを握るものは宿のよしあしにかかっているが、デカンショ観光で生き馬の目を抜く北海道の旅館のサービスの悪さというのは、同国人でさえ口を極めて悪口を言うほどの劣悪さを誇っているから、「いなかの人は親切だ」などという過大は期待はつねに裏切られることになっている。その点、鉄道の各駅の、小規模な経営をしている、〝××商会〟で作っている駅弁には、主人の誠意が随所にちりばめられており、「駅弁王国」と称えられた実力は未だ滅んではいない。ここでは、函館本線、函館駅から旭川駅までの代表的味覚を紹介しよう。

函館●みがき鰊弁当

連絡船には「新巻弁当」という立派な弁当があるが、函館駅には七種ほど、それぞれ個性的な弁当が旅行者を待ちうけている。中で白眉とすべきなのが「みがき鰊弁当」である。

みがきニシンというのは、本来、ニシンの背肉の一番いい部分を抜いて〔欠いて〕干したものを指すが、脂のよく乗ったものは、うなぎと肩を並べるくらい濃厚な味がする。

日本海を襲った、ニシンの最後の群来《くき》は昭和二十九年(一九五四)だった。それ以来、ニシンは北海道を見限り、パタッと来なくなってしまった。僅かに沿岸に居ついたニシンがとれるが、脂っ濃いのはめったにとれず、昔日のはれやかな面影が失なわれてから久しい。

しかし、この弁当はかつてのニシン黄金時代の面影を彷彿とさせてくれる。たっぷり脂の乗った身欠きをちょっと濃い目の味つけで煮つけた甘露煮が三切れ、赤い弁当箱の中に鎮座ましましている。切り身が大陸的に大きいのが特徴だ。北海道の切り身の類の大きく厚いことは、質よりも量を重んずる大ざっぱな風土からくるものらしい。本州の大都市の魚屋の、たとえば紅鮭の切り身の透き通るように薄くヒラヒラしたものなどは、切り身の名に値しないばかりか、切り身の風上にもおけないと、我々の侮蔑の対象にすらなっている。

濃い目の味つけも、寒さと労働のきつさからくる風土の要求からくるものだ。めしにはその濃いタレがしみていて、食欲をそそる。決して上品なものではないが、この弁当は北国のまつろわぬ夷《えびす》の面目躍如たる、脂っ濃い味覚の代表であろう。

森●いかめし

よく△△めしというと、その素材がめしの中にさも惜しそうにちらされているものが多く、たとえば松茸めし、あわびめしなら、ヒラヒラしたものが入ってますヨという風で、失望すること甚だしい。

森駅のいかめしは、イカの胴の中にめしが詰め込まれている世にも珍しい弁当だ。このアイデアは必要から生まれた。即ち、戦争中の、ソレ空襲だ、防空ごうだ、という火急のとき、あるいは魚が突如、浜に押し寄せてきたようなとき、おかずとめしとを同時に食べることができないかという必要に迫られたわけだ。

小さめの折り箱に二つ並んだイカは、よくテリがのってうまそうだが、何といっても、イカのもつ独特な磯くさい芳香を発散させているのがよい。胴に詰めるモチ米の量は、イカの皮の厚さ薄さにあわせて加減しなくてはならないから、製品の大小に多少の違いができるところが手づくりのご愛敬である。

デパートの〝全国駅弁大会〟の〝実演〟には欠かせない弁当で、これが参加していると催場は言うに及ばず、エレベーターの中にもイカの香りが漂ってきて、食欲をそそる。有力なライバルは、これまた芳香がいのちの浜松「うなぎ弁当」で、両者がかちあうと、鼻がバカになるくらいだ。

「いかめし」一つではやや量的にもの足らないと感じる人が多いと思うから、こういう「スナック」は、たとえば機内食として最適だと思う。

長万部●かにめし、もりそば

かにめしと名のつく弁当は、かに弁当、かに御飯を含めて道内の駅だけで六つあるが、その元祖であるという名誉を抜きにしても、最高の地位に屹立する弁当が長万部のものだ。あまたの駅弁コンクールでも、何度も〝金メダル〟や〝総理大臣賞〟に輝いているはずだ。

オリンピックの入場行進のとき、つねにトップを歩かねばならぬギリシアのように、長万部も、カニやかにめしの世界では、いくら原料難や価格の高騰がうらにあろうと、つねにトップを歩かねばならぬ宿命を負っている。

カニの身をそぼろ状にして、椎茸、竹の子と混ぜ、味付けをしたご飯の上にのせ、漬物、缶詰ミカンの三房くらいをつけあわせたのが「かにめし」弁当である。そぼろ状にしたカニの身がフワッとしていて、とても幻想的な味がする。フワッとさせるのは、量の不足を空気の力を借りて補うためかと想像されるが、この効果がユニークでファンタジックなのだ。ゆでカニの香味を保ち、しかも日持ちをよくすることに製作者は苦心したことだろう。

長万部駅にはもう一つ外せない名物がある。合田《こうだ》食堂の「もりそば折詰弁当」である。まず、汽車の中でもりそばを食べさせるというアイデアが秀逸だ。そばの味もまあまあである。時間がたつにつれて、そばがひっついて食べにくくなる欠点はあるが、何せ旅行中のこと、多少不便はいたしかたない。

この折詰の特徴は、旅行者への実に細かい配慮がなされている点にある。即ち、刻みネギ、練りワサビ、刻みノリ、うずらの卵、ままごとで使えるような量の唐辛子もちゃんとついている。また、季節の果物が添えられているところも心憎い。

折詰の仕切りの中にはツユを入れる部分もあるが、揺れる車内でいちいちその部分にそばを持っていくのではたまらない。ツユはそばのおさまっているところに直接かける方がはるかに合理的だ。こうした方が早くそばがほぐれるというものだ。

合田というそば屋も、いかにも〝駅前食堂〟らしい店だ。車を利用する人もここで休んだり、そばを食べたりしているが、食堂でそばを食べるより、何だか〝折詰〟の方がうまいと思うのは、汽車と車との旅情の違いかと思ってみたりする。

「かにめし」と「もりそば」を買うとしめて七百五十円。千円以内でこれだけ楽しめることは少なくなった。

苫小牧《とまこまい》●シシャモ・チップ寿司

索莫たる「工業都市」で味気のない街の代表とされる

苫小牧は、どうしてなかなかたべもののうまい街である。駅弁も例外でなく、向井商会と近藤商事の二社が競ってよい弁当をたくさん出している。近藤商事の「シシャモ・チップ寿司」はこの駅を代表する作品で、列車が苫小牧に近づくにつれ、駅弁好きの気をはやらせる弁当の一つである。

シシャモは柳葉魚と書く、北海道の太平洋岸でとれる伝説にみちた魚だが、苫小牧から近い日高線の鵡川《むかわ》はその産地の名門である。

チップは、これまた近くの支笏《しこつ》湖特産の「ヒメマス」のアイヌ語名で、その美味もさることながら、その淡いピンクの身は、シシャモの銀色とは好対照で、これらを押しずしにしたこの弁当は、みた目にも麗わしい、秀れた弁当である。

アイヌとクマとが北海道観光のシンボルだった時代があったが、手垢にまみれたそんなシンボルより、このシシャモとチップの押しずしの絶妙な組み合せは、北海道の駅弁のシンボルとして長く称えられることだろう。

一点苦言を呈するとするなら、駅弁の押しずしの常として、ワサビの気が抜けていることで、これは言う方が無理なことかもしれない。これに対抗した向井商会の「サーモン寿司」も美味という点では甲乙つけ難いから、ついつい二つ買ってしまう破目になる。王子製紙も、この辺でとれる「ますのすけ」(キングサーモン)を使って、本場イギリス以上の「スモーク・サーモン」を発売していることもあって、サケにはうるさいところである。

この駅は、これらの他「毛ガニずし」「毛ガニ御飯」もいいし、「はも弁当」も、他のどの弁当よりも「はも」が多く入った、安くて豪華な駅弁である。一分間の停車時間では、どれにしようかと迷っているうちに、無情な発車のベルが鳴って、つまらぬ「幕の内」を買ってしまいそうな危険があるから、気を引き締めてホームに出る必要がある駅だ。

岩見沢●イクラ弁当

道都サッポロにはたいした駅弁がない。強いて言えば「鮭めし」と「やまべ寿司」があるが、無理して買うほどのものではない。もう三十五分も我慢して、岩見沢まで行くと「イクラ弁当」があるからだ。岩見沢のあたりは典型的農村だが、なぜか「イクラ弁当」が名物となっている。

イクラはサケの卵の成熟したものを指し、このロシア

語を訳せば「バラ子」となる。サケの卵は高貴、美味、高価の三拍子そろった貴重品であるから、これがみりんに漬けられ、菱形の折箱にちりばめられると壮観である。親もそぼろになって載っているから、一種の「親子弁当」ということになる。温かいのにこしたことはないけれど、冷えてもけっこうイケる。イクラを口の中でプチンとつぶすと馥郁《ふくいく》たる、卵の王者の香りが口腔いっぱいにひろがる。

駅弁で北海道の味の王者を味わえるのだから五百円は高くない。もっとも立売商会当局は「五百円じゃとても採算がとれません。他のものでカバーしています」と半ばぼやいているが、何せ駅弁発祥の地のプライドがあるから、やめるわけにもいかないようだ。

ほかのものの一つ「かまめし」は、かまの底に油炎の跡がついているから、じかに火にかけて一つずつ作っていることをうかがわせる。そういう作り方は珍しい。

岩見沢駅には、新幹線の駅なみに、ホームの中ほどに「駅弁売場」が常設されているから、ちょうどその場所に停車位置がくる車両に乗っていることがのぞましい。列車の最前部や最後尾に居て、弁当を買う気になっても無理な相談だ。ついでながら、一万円札を出して弁当を買おうとしている人がよくいるが、駅のホームで札ビラ切って何が面白いのかしら。駅弁を買うには、列車の中ほどの車両にいるか、その車両のデッキに立っていて、百円玉の十枚も握っていることが、旅行者の心得るべきエチケットの一つなのであります。

旭川●豚汁

旭川は内陸都市でありながら、生鮮食品のよいところである。

北は稚内《わっかない》、東は網走、サロマ湖、西は留萌と海を控え、農産物の産地も放射線状に拡がっていて、その集荷地に位置しているからだ。

駅弁は「やまべずし」とサケ、カニ、ニシンの押しずしを集めた「大雪鮨」がよい。それにもまして「豚汁」がうまい。発泡スチロール製のワンの中に、すでに具が入っていて、当のみそ汁は注文を受けてから、大きなヤカンから注がれるしくみになっている。ことに寒さの厳しい折など、注がれるときに立ち昇る湯気を見ると、旭川に来たという実感が湧く。みそ汁を作る僅かの時間がもどかしくてお客の多くはイライラしているが、多少愛想の悪いおじさん、おばさんは悠然たるものだ。

みそは、北海道特有の白っぽい、かなり塩辛いものを使っているが、味は深い。旭川は、よい豆の産地だし、秀れた風味を持つ豚肉もまたよく産出するところである。コーラやジュースが売店や車内でよく売れているが、同じような値段なら、この豚汁こそが旭川の味なのにとため息が出てくる。

およそ、札幌から旭川のあたりまでの函館本線くらい景色の退屈なところもない。ただ夏の日の長いころの日没だけが雄大で一見の価値があるのみだ。

小樽の話

文　堀 耕
写真　西山昭宣
イラスト　堀 槙子

冬の妙見市場

「オタルー　オタルー。お疲れ様でした。小樽でございます」

甘酸っぱい声と共に車中から解放された旅人は、地下道を下って進んでいくと、そのまま改札口を出て小樽の街を見ることになります。確か地下へ下りたはずなのに。坂の街小樽のマジックです。

駅前の賑わい。東京の孫のようなビル街。日本中どこにでも見られる地方都市の姿です。何だつまらない、こんなところに何故来たのだろうかと思うかもしれません。そうつぶやく前に、駅前通りをまっすぐにほんの十分ほど歩いて運河へ出るか、適当な角を右にでも左にでも曲って、やはり十分ほど歩いてみるといいでしょう。それだけで、何かしら小樽らしいものに行きあうはずです。

引込線のある小樽港。昭和47年（1972）11月　撮影・須藤　功

小樽のおいたち

小樽はもとはオタルナイとよばれたアイヌの漁場でした。オタ＝砂、ル＝路、ナイ＝川で、「砂浜の中の川」といった意味なのでしょう。東北を日本海・石狩湾に開き、それを抱えこむようにして三方が山に囲まれています。とりわけ北側にせりだしている高島岬が湾への風をさえぎり、天然の良港としての条件を備えていたために、古くから人の住みつきがあったと思われます。

江戸時代のはじめ、松前藩はアイヌとの交易の権利を家臣に与え、それを場所と呼んでいましたが、高島、忍《おしょ》路《ろ》、小樽内《おたるない》などの場所が開かれ、和人たちも住むようになりました。小樽内場所の産物は、はじめは鮭でしたが、江戸時代の中頃、明和・安永の頃からは鰊《にしん》漁が中心となり、鰊の獲れる三月から五月末頃には出稼ぎの人々で大

大正時代の浚渫船●

小樽の魚眼図

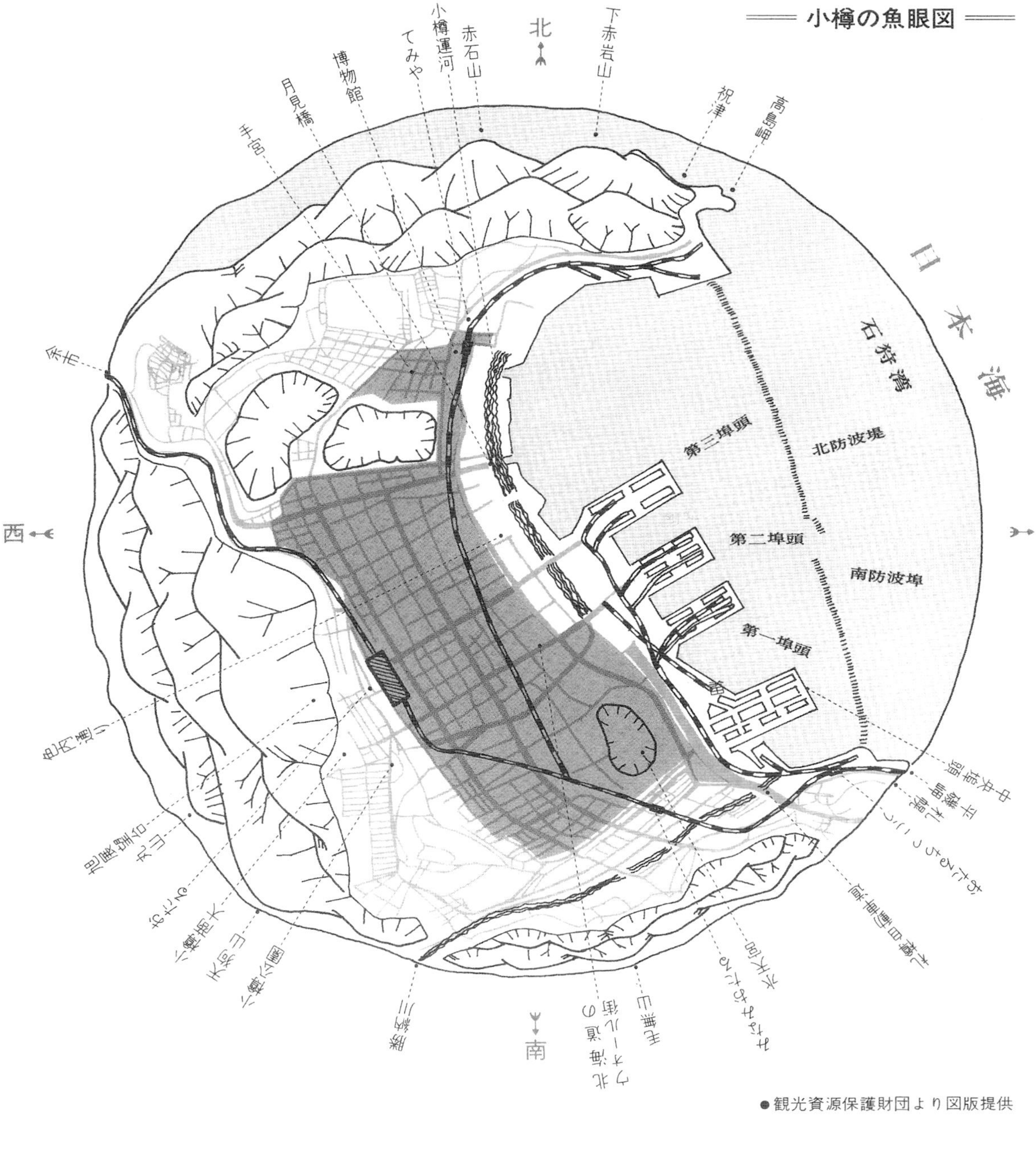

●観光資源保護財団より図版提供

手宮公園からの小樽市街。昭和47年（1972）11月　撮影・須藤　功

変な賑わいを見せるようになりました。また幕末には、ロシアの南下に備えるためや、蝦夷地開拓のための移民がすすめられ、主として現在の市街の南側、勝納《かつない》川下流あたり（現・信香《のぶか》町）に集落が形成されだしました。慶応三年（一八六七）には小樽内村という名称を使いだし、小樽市ではこの年を開基としています。

小樽が発展していく契機となったのは、明治二年（一八六九）、開拓使の役所が札幌におかれ、その外港としての性格を持つようになったこと、明治六年に、岩見沢の東方、幌内《ほろない》で石炭が発見、開発されて、その積出し港になったことです。当時の開拓使、黒田清隆に招かれたアメリカ人顧問のクロフォードは「小樽の手宮《てみや》は風波を避けるのによい地形であり、石狩川の本流から運ぶよりは、鉄道を手宮に敷いてそこから運ぶのが良い」と進言しました。

こうして、明治十年（一八七七）には手宮桟橋が建設され、十三年（一八八〇）十一月末には北海道で最初の（全国でも三番目の）鉄道が、手宮—札幌間に開通しました。もちろん当時は鉄道資材は国内で生産できず、アメリカから輸入したのですが、明治十三年九月に資材を積んだ洋式帆船ドベイ号が手宮の桟橋に横づけになりました。小樽港に入った最初の外国船でした。まさに「黒船来る」で、港も町も大騒ぎになったそうです。

鉄道は明治十五年（一八八二）にはさらに延び、札幌と幌内が結ばれました。こうして、幌内で石炭を積みこまれた列車が小樽へむけて走り始めたのです。

港としての役割が重要になってきますと、さらに発展していくためには、三方を山に囲まれている地形はいかにも狭すぎます。そこで、明治二十年代以後、何度にもわたって大規模な海岸の埋立て工事が行われました。そうしてできていったのが、現在の北浜、南浜、堺町、港町などで、そこには税関や、水上警察署、倉庫などの港湾施設が建てられていくことになるのです。この間、人口も増えつづけ、明治十八年（一八八五）には一万二八〇〇人だったものが、同三十二年には六万一八〇〇人と五倍近くになっています。明治二十年代から三十年代にかけては、小樽が飛躍的に発展した時期といえるでしょう。いわゆる小樽商人の商業圏は、道内の鉄道網の伸長につれて、内陸部へも拡大していったのです。

小樽市祝津《しゅくつ》の鰊御殿

　そして日露戦争（明治三十七、八年）。南カラフトが日本領となり、そこへの移民・開拓が進められると、小樽は生産・消費物資の中継基地として、日本海側では有数の港となります。南カラフトで消費される米・味噌などの食糧品から日用雑貨を含めて、そのほとんど全てが小樽港から積出されたというのも、決してオーバーな表現ではありません。更に小樽を勢いづかせたのが第一次大戦（大正三〜八年）でした。戦禍をこうむったヨーロッパへむけて、道内産の豆や澱粉などの輸出が急増し、いわゆる豆成金とか澱粉成金などといわれる巨額の富を握る人たちも出たのです。

　このように小樽港で扱う物資の量が増えてきますと、それを保管するための倉庫が必要になり、海岸近くの埋立て地には石造を含めた倉庫群がずらりと並び、そこに荷物を出入れする仲仕や荷馬車の往来が激しくなります。埋立て地は雨が降ると泥が深くなり、そこに荷馬車が通ってこねくりまわすので、想像以上の道の悪さになります。そこで倉庫近くの道は大きな木材を鉄鋲で打ちつけた板敷の舗装がされました。また晴天が続くと、馬糞が乾いて舞いあがり俗に馬フン風といわれて悩まされたそうです。

市街の様子も変ってきます。最初に開けたのは南側の勝納川下流でしたが、北側の手宮に桟橋と駅ができ、物資流通の中心はそちらに移ります。さらに手宮に近接した色内《いろない》町や港町には、問屋や銀行などが集ってくるようになりました。第一次大戦後の大正十年（一九二一）には、小樽の銀行数は十九行で、札幌、函館を抑えて完全に北海道経済の中心になっていたといえるでしょう。

　大正十一年に市制が施行され、その翌年、運河が完成するのです。

運河の話

仲仕●

　小樽を訪れる旅人は、必ず運河のあたりをさすらいます。

　駅前をまっすぐ、ゆるやかな坂道を港へおりて行くと、運河にかかる中央橋があります。その欄干にもたれてあたりの風景にひたります。

　もう四十年ほども前のことです。私の父は立岩丸という市役所のランチに乗っていました。宿直の時などは母と、ムツという犬と私とが弁当を届けに行きました。当時の運河のほとりには、飴屋や餅屋、古着屋の屋台がずらりと並んでいました。そこには仲仕や女出面《でめん》（日雇労働者）の人々がいつも入って、大きな声で談笑していました。行きかう人々はみな顔なじみで、片手をあげて「オーウ」と挨拶をしていました。

　運河の水はまだきれいで、チカやウグイが泳いでいるのが見えます。シーズンには一日中のんびりと糸をたれる釣人もたくさんいました。半円形のタモと長い竿を持ってガサエビ（シャコ）獲りをする人もおりました。ガサエビは濁ったところによくいるので、そんなところを選んでタモを入れ、竿で追いながら捕えるわけです。昼さがりには天秤棒を担いだ人が「ガサエビー　ガサガサ」と街角に売りに来ます。五銭を片手に買いに行きますと、カゴの中には沢山のガサエビが動いています。それを母親に茹《ゆ》でてもらっておやつにしたものでした。

　また、子供たちはよく運河で泳ぎました。六尺フンドシをして、ハシケや月見橋の上から飛びこみます。運河に出入りする船頭からは「コラーッ　ドケー」と怒鳴られたりもしましたが、そんなことは平気でした。

　運河は生きており、小樽の多くの人々はそこを仕事の場、憩いの場、遊びの場として接してきたのです。

　小樽では海岸の埋立てとともに、入舟川口や南浜に船《ふな》入澗《いりま》が築かれましたが、波による破損が激しいのと、出入する船の増加とがあって、本格的な築港工事が必要になってきました。明治三十年（一八九七）には北防波堤の建造工事が国営で始まりましたが、同じころ「小樽港調査委員会」が設置され、築港のための調査を行ったのですが、その中で運河建設が提案されてきたのです。そ

運河に影を落とす倉庫群

れから、着工される大正三年（一九一四）までの間に長い論議と抗争がありました。地元や道内だけでなく東京の事業家までも含んでの利権争いがありました。また、運河式の埋立てか埠頭式の埋立てかでの議論、建設の時期をいつにするかの議論などがありました。工事期間や経費の問題、海運全体の動向の中で、小樽が港として将来どんな位置を占めていくかの判断も難しかったのでしょう。

結局、当時の東京帝大教授であり小樽の技術顧問でもあった広井勇博士が提唱された運河式に決定しました。この方法は埠頭式に比べて工費が三分の二で済み、荷役のハシケの船だまりとしても使えるという利点がありました。

大正三年三月に工事が開始されましたが、機械力はまだ未熟でしたから、ほとんど人間の力による工事でした。まず埋立て地の外枠の組立てから始めますが、その前に石を確保しなければなりません。海中に埋める石はあまりすべると困りますから、ニセコの石が使われました。この石は、全体に蜂の巣のような穴があいていたのです。

海中での石組みは「モグリの石工」が行いました。潜水服に身をかためた何人もの石工が陸方《おかかた》から海中で石を受取り、外枠を造っていきます。「モグリ」は陸方に比べて賃金は五割増しだったといいますが、疲労と危険も同じ位にあったことでしょう。水深二・四メートルまで石を積み重ねると、その上に陸方が少し大きめのカサ石を積んで外枠ができあがります。

次は浚渫《しゅんせつ》した土砂をその枠の中に入れる作業、いわゆる埋立てです。不航式の浚渫船は、運河となるところの土砂をつかみあげ、来る日も来る日も枠の中に入れていきました。

こうして、六年の予定が設計変更や第一次大戦後のインフレの影響もあって、九年の歳月を費して大正十二年（一九二三）九月に運河は完成したのです。同時にこのころが小樽の黄金時代でした。毎日入港してくる船は百隻近くもあり、港に入りきれずに防波堤からはみ出す船もあったそうです。運河ではハシケがめまぐるしく行き交い、異様な風体をした仲仕たちが、怒声を発しながら働いていたのです。

石造建築の話

女仲仕●

旅人たちのさすらう運河のあたり、現在そこにはかつての賑わいは見られません。水は重く澱み、役を終えた何艘ものハシケが浮んでいます。なかば朽ちかけたものもあります。画家たちがイーゼルを立てたり、スケッチブックを広げたりしています。

旅人たちや画家を魅きつけているのは、そこにただ運河があるだけでなく、運河とともに小樽の黄金時代を物語る、骨格のたくましい石造倉庫が残っているからです。古色蒼然とし、どっしりとした倉庫が、かつての生気を失った運河と実によくマッチして、小樽独特の落着いた色調をまとめあげているからなのです。そこには詩があり、ノスタルジアがあるとでもいいましょうか。

ところで、小樽には運河沿いの倉庫群だけではなく、市街のあちこちに石造の建物が残っています。これらの石造建築物が造られだしたのは、明治初年の頃からだといわれていますから、小樽の歴史と共に歩んできたといえるでしょう。

海岸の埋立て工事が行われたのが明治二十年代からであることは前にも触れましたが、その頃から倉庫の数が急増し、石造のものも多くなっていきました。

小樽は火事の多いところだったようです。明治十四年（一八八一）には若松町を中心に五八五戸が、三十七年五月には稲穂町の現在の電話局付近から出火して、二十七時間にわたって燃えつづけるという大火災がありました。この火事で焼けだされた世帯数が二四八一、当時の小樽の世帯数の約五分の一が罹災したわけです。その大火後の市街を記録した写真を見ますと、焼野原となった跡に、石造倉庫や石蔵があちこちに残っています。火事は財産を根こそぎ持っていってしまいます。道路も悪く、消防施設も貧弱な当時の人々にとって、どれほど火事が恐しかったかは想像に難くありません。逆に、あれほどの大火に財産を守ってくれた石造建築が頼もしく映ったことも分ります。

石蔵の石に切ったときの鑿跡が残る。

小樽の石造建築に使われている石材は、地質学的には凝灰岩というものですが、俗に軟石とよばれます。凝灰岩の層は市街の東南の後背山地に分布しているようですから、石材として相当切りだされたと思われますが、現在では市内の石屋さんに聞いてみても天狗山など数ヵ所以外は詳しい採石所は分っていません。他に札幌の豊平川ぞいからもかなりの石材が運ばれていました。いわゆる札幌軟石です。

石造建築が盛んになると、当然のことながら石材の需要も多くなり、また内地から多くの石工たちも出稼ぎに来ました。山形、新潟、福井など東北・北陸の人々が多かったそうです。

石工の親方は一山を一年いくらで契約して掘ったのですが、その子方をホッキリヤといいました。最盛期には二百人位のホッキリヤがいたそうです。山中に坑道を掘り、石を出すわけですが、ホンメ（よい場所）やタマメ（悪い場所）があって、掘れば必ずあるというわけのものではありません。

石は一尺×一尺×三尺の大きさで切りだされるのがふつうで、これをカベ石といいます。カベ石は主に土ソリを使ってタメ置場という中継地まで降ろされ、そこから荷馬車で現場へ運ばれました。道の悪かった当時ですから、雨降りの後などは馬の膝まで泥に埋って、人馬共に苦労したものだそうです。また札幌からのものは豊平川のイカダを利用し、その後は馬車で運ぶという手順でしたが、明治三十七年（一九〇四）に札幌馬車鉄道が発足してからは、もっぱらそれが利用されました。

こうして運ばれた石材を利用して建物を造るわけです

が、重量のある建築物ですから基礎固めが大切です。まず径五、六寸の丸太を二尺おき位に打ちこみ、その上に割栗《わりぐり》石を入れ、さらに砂を入れて基礎を作ります。その上に巾二尺、厚さ一尺、長さ三尺位のソロバン石を敷きつめて基礎を固定し、地幅《じふく》石を置いて土台が完成です。

壁はカベ石を交互に積んでいきます。石膚には斜めに一定の方向に削り跡が残っています。切りだす時のツルハシの削り跡です。そうした粗削りさが、今では私たちに奇妙な美観として映っているのです。

木肌の温かさが残る家もまだ多い。

外面だけを見ますと全くの石壁なのですが、実はこれら石造建築物の多くは、とりわけ運河ぞいの倉庫のほとんどは、本体の構造は木でできているのです。つまり木骨の軸組にカベ石をカスガイで止めたものなのです。ですから正確には木骨石造といった方がいいのでしょう。木造建築の伝統的技術と工期の短かさ、それに石造建築の耐火性の双方を兼ねそなえた建物なのです。

現在はトタン屋根に変ったものが多いのですが、当時はほとんど瓦で葺かれていました。小樽では瓦は焼けませんから、多くは北陸地方から船足（船底のおもり）として運ばれたものといわれています。瓦は壊れやすく「瓦万年、手入れ毎年」などといわれるように、取扱いには注意が必要でした。雪降ろしの時などは、屋根に雪を三寸位は残すのが常識とされていますし、鬼瓦や頂上のガンブリはむしろで囲うなどということもしました。

ここで、小樽を歩いて目につくいくつかの石造建築を紹介してみます。

●鯱《しゃち》のある小樽倉庫

駅から運河へ出た旅人がまず目にする建物です。中央に二階建ての事務所があり、これは現在はモルタルが塗ってあってちょっとわかりませんが、レンガ造りです。事務所をはさむ倉庫の棟には鯱が飾ってあります。城ならいざ知らず、倉庫の上の鯱は全国的にも珍しいのではないでしょうか。小樽倉庫株式会社は明治二十八年（一八九五）に発足し、この建物が営業用倉庫としては北海道で最初のものだそうです。建築されたのは小樽倉庫に買収される前の二十六年以前と考えられています。鯱には「明治二十六年三月　若狭国遠敷郡口名田村　四方吉次郎製作」とあります。

棟に鯱をおいた倉庫

●大家《おおや》倉庫

小樽倉庫とならんで形の上で特色のある倉庫です。切妻屋根の上に大きな越屋根が立ちあがった形をしています。これなどは木骨石造という特質をうまく生かした建築なのでしょう。越屋根は採光、通風を主目的に造られるものですが、ここでは豆の撰別工場として利用されたといわれています。最盛期の小樽では数千人の豆撰女工がいたそうです。この倉庫を建てた大家七平は明治初年から北海道と本州方面の海運の草分けとして活躍した人ですが、本拠地は小樽に構えませんでした。竜宮橋の上から運河を見ると、倉庫の越屋根がゆらいで映るのが印象的です。

大家倉庫

●旧藤山倉庫

小樽が生んだプロレタリア作家、小林多喜二の作品『工場細胞』などの舞台となった北海製罐工場と運河をはさんで向いあっています。明治二十三年（一八九〇）にできていたそうです。藤山倉庫といえば藤山海運とその創始者、藤山要吉を思い出します。小樽の生んだ大財閥で、大正初年（一九一二）には所有汽船十三隻、総トン数九千トンにのぼり、伏木・稚内《わっかない》間の航路を主とし、大阪にまでそれを延長しました。市の公会堂として使われている建物は、大正天皇が東宮時代に来樽された折の宿泊所として彼が建てたものです。この藤山倉庫と並んで板谷、広谷、井尻倉庫とありますが、いずれも小樽経済界の中心的な存在だった人たちの建てたものです。

●彫刻のある片袖の民家・川又商店

小樽の石造民家には飾り袖がついたものがあります。飾り袖はおそらく防火を主としたものでしょうが、冬囲いの役目も果したようです。しかし、こうした機能的な面だけではなく、建物全体に重厚さを加えてよく調和している点でも価値が認められます。

色内四丁目にある川又商店は、明治三十八年（一九〇五）の大火後に(越)早川商店の支店として建てられたものです。(越)早川は茶と文房具を商い、この店から売りに出された「日本武士」という、安くて書きやすいと評判をとった鉛筆を通じて市内の学童たちに親しまれました。川又商店はその店員であった新潟県出身の川又健一郎が、大正初めに独立したものです。

ところで、この家の飾り袖には見事な彫刻が施されています。正面には日の出と鶴、側面にはのしに亀など、一番上には(越)の紋が配されています。飾り袖をもつ民家は小樽でも残り少なくなりましたが、こうした彫刻を施した飾り袖は、おそらく北海道でも唯一のものでしょう。この建物の近くに「七のマークがついたレンガ造りの倉庫があります。内部が改造されて、今は喫茶店「海猫屋」になっています。

飾り袖のある川又商店

●名取商店

色内大通りがオコバチ川と交差する角にあります。角地にあるために飾り袖も九十度ふれて二方向についており、一階の店も創建当時は両側に開いていました。木骨石造であり、石材は札幌軟石を使っています。屋根は寄棟造りになっており、二階の隅角が石造になっていることもあって、重々しくまるで天守閣を思わせます。かつては桜や柳の並木のあったオコバチ川ぞいの道をはさんで、百十三銀行（現在は藤森株式会社）のモダンな建物がありました。祭の日などには、周辺の店が家紋のついた幕を張り、神輿の通るのを待ったといいます。

初代の店主、名取高三郎は甲州の人で、明治七年（一八七四）から道内の場所請負人を相手に、主として信州や越後で仕入れた鋸を行商していました。内地との往復の途中で遭難し、死にかかったこともあるそうです。その後小樽に安住して金物を商っていましたが、明治三十一年（一八九八）に現在の店で独立しました。

名取商店

●三井銀行小樽支店

三井が北海道の事業に関係したのは明治二年（一八六九）、民部省通商司の命をうけて特産物の売買をしたのが初めです。そして、小樽の銀行では最も早い明治十三年（一八八〇）には支店を出しました。色内大通りにある現在の建物は四代目の店舗で、昭和二年（一九二七）に着工、翌年に竣工しました。この建物の特徴は前面に美しい花崗岩を積みあげたこと（当時の北海道では唯一のものでした）と、精緻な彫刻です。私の個人的な好みでは、洋風の建物の中では最も落着いた雰囲気をもったものです。設計は曽禰中條事務所によりますが、この事務所は慶応大学の図書館や東京丸の内の日本郵船ビルも設計しています。

小樽に進出してきた本州資本の銀行は、現在では三井を残して全て撤退しました。最も早くに進出し、最後まで残った三井銀行は、小樽の栄枯盛衰を見守りつづけているのです。

三井銀行

●日本銀行小樽支店

北海道のウォール街を象徴するような、ルネサンス様

富岡カトリック教会

中央通郵便局

式の華麗な建物で、周囲には立派な建物がある中でひときわ目立ちます。窓の両端の柱はエンタシスの技法が用いられ、建物全体がイングランド銀行のように城館をほうふつさせ、市内では一番西欧臭いムードを持っています。特に天空に独特の曲線を描きだすドームが魅力的で、画家たちの恰好の画材となっています。

ところでこの建物の設計顧問は、赤レンガの東京駅で知られる辰野金吾です。設計スタッフだけでなく、施工も東京から派遣された人たちが行ない、耐震構造や防火、暖房設備など当時の最先端の技術が導入されました。明治四十二年（一九〇九）に起工し、三年の歳月と当時のお金で三十余万円を費して四年に竣工しました。

●旧北海道銀行本店

日本銀行の筋向いにあり、竣工も日銀と同年であり、設計も同じく日銀の技師長の長野宇平治です。ただ棟梁も資材も殆んど道内産であり、その点は対照的です。外観の様式はイタリア・ルネサンス風であり、壁面は大小

稲穂町の銭湯

の石を交互に積んだ縁飾りでアーチが象られています。銀行自体は明治二十七年に創立された余市銀行を母体とし、その後増資したり改称、合併したりして、大正二年（一九一三）に北海道銀行となり道内金融界で重要な役割を果しました。その後、北海道拓殖銀行に合併されたために、建物は北海道海運局に使用され、現在では中央バス本社となり、外壁面はピンクがかった色に一様に塗られてしまいました。

旧北海道銀行

●旧日本郵船小樽支店

色内大通りの北端にあります。設計の佐立七次郎は工部大学校第一期の卒業生で、日銀の設計顧問の辰野金吾と同期です。彼は官界に入らなかったために華々しい活躍はしておらず、寡作であったために、現存する数少ない作品の一つとしても貴重なものといわれます。明治三十九年（一九〇六）、一年の工期と約六万円の工費で完成しました。石造二階建てで、スチーム暖房や窓に取付けたシャッターなど新しい設備も備わっています。石材は札幌軟石の他に小樽天狗山の砂眼石も使用され、木材は道産の楢、大広間のシャンデリア、壁紙、ドアの金具などは英国製のものです。

完成の二ヶ月後、明治三十九年十一月十三日には、日露戦争後の領土問題、南カラフトの国境画定会議が二階の大広間で行われました。国際会議が開かれるだけの政治的な力を当時の小樽が持つようになっていたことを物語ります。坂を登っていく明治時代の気風を、角ドームや玄関ポーチの武骨とも見える豪壮な様式の中にこの建物は秘めているように思います。日本郵船が昭和二十九年（一九五四）に支店を札幌に移した時、建物は小樽市が譲りうけて現在では市立博物館として一般に公開されています。また昭和四十四年（一九六九）に重要文化財に指定されました。この他にも、挙げていけばまだまだ多くの石造建築物が、市内のあちこちにそれぞれの趣きをもって残っています。木造建築物にまで関心を広げると、その数は飛躍的に増えていきます。

例えば色内通りをたどってみるだけで、実にさまざまな伝統と様式を残した建物を見ることができます。小樽は建築様式の宝庫だといわれるのが実感としてわかることでしょう。

ただ、こうした建築物も、時代の流れの中で老朽化して維持できなくなったり改造されたりするものも増えていますし、都市再開発で取壊されるものもあります。代表的な例が有幌《ありほろ》倉庫群です。がっしりした灰色のカベ石と精美な瓦屋根の倉庫が三十棟以上も並び、どことなく大陸的な印象さえ与えたこの倉庫群も、延びてきた札樽《さっそん》バイパス敷設《ふせつ》のために、あっという間に壊されて、今では殆んどその面影をたどることすらできません。私たちは、小樽の先人たちが築きあげた文化遺産を、何とかうまく後世にまで伝えていきたいと思いますし、そのための方法を真剣に考えなければならない時期に来ているのだと思います。

仲仕の話

バイスケ担ぎ●

運河と石造倉庫、小樽といえば多くの人々がそれを連想します。全くそれは絵になる風景なのです。四季をとわず風情があります。土地っ子の私だけの自慢ではなくて、何時、誰が訪れても、そこはかとない郷愁を感じてくれると思うのです。しかし、折にふれてそこを歩いてみるとき、私の脳裏には風景の中にもう一つのものが浮んでくるのです。目にはもう見えなくなったものです。それは生きていた頃の運河の主人公たちなのです。

仲仕—私たちはなかせといっていました—はかつての小樽を代表する労働者でした。

ハシケから倉庫へ荷を運ぶ人のことで、そろいの袢纏《はんてん》に肩かけ、荷カギを持ってさっそうと働いていました。ポンポン蒸気に引かれたハシケが来ると、陸仲仕たちはすばやく歩み板をかけます。そして、大きな荷物を担ぎながらよくしなる歩み板を、反動をつけながら軽々と渡ります。

運河では荷を満載したハシケの往来。立並ぶ倉庫の前を荷役の掛声も勇ましく列をなして働く仲仕。彼らは、小樽の繁栄を支えた屈強な人間ベルト・コンベアーでした。不協和音がうなりをあげ、人々の心をかきたてていたのです。

仲仕は朝の三、四時ごろ、ギッシリと詰まった二食弁当を持って家を出ます。手宮から色内川の川下に行きますと、ナカイチとかマルコウという屋号を書いた弓張り提灯がずらりと並んで日雇いを集めています。

袢纏に股引《ももひき》、地下足袋、毛布の端ぎれや綿を入れた肩かけ、ズックの割れ前かけ—前が二つに割れて両足にしばるようになっている—に荷カギを持っています。潮風に吹かれた顔は黒々とたくましく見えます。

仕事にうまくありつくことのできた日雇いは、まず伝票をもらいますが、それには月日と会社名が書かれており、それを持って一日の糧を稼ぐわけです。

一方、常雇いと親方の関係は封建的なものでした。誰でもがすぐに常雇いになれるわけではなく、何年も苦労を重ねてやっと常雇いになっていくために、親方の言うことには絶対服従という鉄則があったのです。例えば親方のお得意さんの冬囲いや雪かきなど、そういった私的なものまでにも従わなければなりませんでした。

仲仕には「怪我と弁当は自分持ち」という言葉があります。怪我をしたら、その治療費は貧しい家計から捻出しなければなりません。「怪我をしたらし損、死んだらクタバリ損」などという言葉とともに、当時の親方と仲仕の関係、仲仕の置かれていた立場を知ることができるでしょう。

ところで、遅く来たりして仕事にあぶれた者たちは、自然に月見橋のたもとに集まって仕事を待っていますが、この集団をゴモといい、リーダーをゴモ頭といいます。相当な力を持っていて、仲間の統制を乱さないようにしながら、人集めに来た者との交渉を行い時間や賃金の決定や人選も行ったのです。

一般に仲仕と総称していますが、仕事の内容によっていろいろ呼びかたがありました。

まず沖仲仕ですが、これは本船に乗りこみます。ウインチがハシケから荷物を持ちあげダンブル（船倉）に入れますが、それを整理して積み上げるのが彼らの仕事です。逆に本船からハシケに積み降すのも仕事のうちです。ダンブルでは偶数の仲仕が荷物を左右均等に、しかも長い航海で荷崩れしないようにうまくさばきます。また、本船から荷を降ろす時には、途中で荷が落ちたりロープが切れたりすることもありますから、沖仲仕の仕事はかなり危険です。当然言葉遣いなども殺気だってきます。

荷を積んだハシケはポンポン蒸気などの曳き船に曳かれて運河へ向かいますが、曳き船は運河の入口でUターンします。ハシケは惰性で運河に入ってきます。船頭は、尖った先と物をひっかける鉤《かぎ》がr字形についているハヤスケという落葉丸《らくようまる》太《た》のサオで、ハシケを所定の場所まで導き入れます。

そこから活躍するのが陸《リク》です。ベルト・コンベアーの始動です。朝から始めて夜の八時、九時は早い方で、深夜まで稼働することもありました。そんな時にはロシア人の作った黒パンが二つ出ますが、硬いうえにサッカリンの味つけで後味が悪く、何度もツバを吐きだしました。

付近一帯は荷こぼれで足の踏み場もなくなってきますが、世の中はうまくなっているもので、翌朝早くにそれを拾い集めて商売をする人がいます。それをミゴ集めといいました。

港湾労働に携わっていた人の話では、荷カギを使うのを沖仲仕、肩を使う人をリクと区分していたようです。

荷カギには長柄《ながえ》、ノンコ、爪ノンコと三種類あります。長柄には一尺ほどの柄がついています。これは荷を積んでいく場合、下から荷を放りあげた瞬間に押し上げるのにこの柄を使いますし、また柄の長い方が放りやすいのだそうです。放られた荷は、上にいる二人の受手がノンコで引っかけあげます。お互いによほど息があっていないと難しい作業です。長柄とノンコは対で使うことが多く、いつも腰に差して歩いていました。爪ノンコは麻袋用です。いずれも簡単な道具ですが、使いこなすには一年位はかかったそうです。

肩を使うリクに限ったことではなく、一人前の仲仕とされる人は米二俵、当世流にいえば一一五キログラム、担いだものだそうです。担ぐにはコツがあって、荷は肩ではなく首のつけ根に固定し、背骨に直角に重さがかかるようにするのです。前後は六分四分位に重さを分けて、前の方はノンコで持ちあげる具合にします。肩で担いでしまうと、姿勢が前かがみになって長続きしないのです。

一俵目をしっかり安定させると、相方が空中に二俵目を放ります。低く、しかも受けやすい位置に。担ぐ方は中腰の自分をちょっと伸ばすようにして反動をつけ、一俵目と二俵目の接点のすわりをよくします。タイミングのとり方、位置の確かさ、一種の名人芸ともいえるのではないでしょうか。

ヘタに担いで足がブルブル震えていると「コノヤロー何してるんだ、そんな恰好で…」と、足を蹴られたそうです。歩み板に反動をつけて軽々と渡る仲仕たちにも、並々ならぬ修行があったわけです。

沖仲仕やリクの他に石炭を扱う石炭仲仕がいました。幌内から来て築港《ちっこう》に降ろされた石炭を本船のバンカー（貯炭場）の中に入れるのが仕事です。

まずハシケに移すにはパイスケ担ぎをしなければなりません。天秤に大きなかごをさげ、それに石炭を入れて担ぐことですが、二等粉炭でパイスケ一杯十二、三貫ありました。初めのうちは肩の肉がそがれ、血がほとばしり出たということでした。

ハシケのトモとヘサキがしっかり本船と結びつけられ、歩み板が渡されます。これは船の高さが違うために急な勾配になります。そこをタネカマス（ふつうのカマスの二倍もあるもの）に石炭を入れてバンカーに運びます。波がある時の危険はいうまでもありません。

マンホールからバンカーに石炭を入れますが、入口がすぐに詰まってしまうので、一人は中に入って石炭を奥へ移動させます。ダンブルかきという仕事ですが、夏の暑い時は鉄板が焼けていますから、鼻血を出しながらやったそうです。炭粉と汗にまみれた姿はドブネズミさながらでした。

明治四十四年（一九一一）に高架桟橋ができました。そこへ来た船のダンブルに石炭を入れるのですが、冬になると滑って穴の中に落ち、毎年二、三人は亡くなったということです。家を出る時に冗談まじりに遺言を残すなどということもあったそうですが、まるっきりの冗談ではなかったのかもしれません。とにかく、仲仕といえば喧嘩早くて威勢のよい姿を思い浮かべますが、現実にはひどい労働条件の中で働かされていたわけで、馬より悪かったということです。昭和初期の賃金は、早朝から夜遅くまで働いて、上で一円五十銭、下で八十銭でした。「当時の仲仕に比べれば今の稼ぎ人は殿様だ」と、仲仕について話してくれた本間吉三郎老（七三歳）はいいます。

昭和十二年（一九三七）には、港の南側に第一号埠頭が完成し（現在一番南側にあるのは中央埠頭で昭和四十七年（一九七二）に竣工したもの）一万トン級の大型船が接岸できるようになりました。これから以後は、従来のハシケ荷役と運河の結びつきから、接岸荷役と埠頭岸壁へと港の主役は移ってゆくのです。

小樽にとっての大きな打撃は何といっても第二次大戦でした。昭和十五年に統制経済が導入されると、取扱い品目に枠をはめられた商人たちは次第に動きがとれなくなってしまったのです。

昭和二十年（一九四五）の夏にはグラマンが来襲しました。手宮公園と商大グラウンドには高射砲陣地があって、そこからドンドン撃ったのですがあたりません。港では駆逐艦や海防艦から撃ちました。やっと駆逐艦から撃った一発が命中して、南防波堤灯台の付近に落ちました。市民たちは避難した山の上で隠れてその砲撃を見ていました。

その防波堤のところに二枚翼の水上飛行機―ゲタバキといっていました―が二機おり、ラジオの警戒警報とともに、威勢よく爆音をあげて飛びたつのですが、どこへ行ったのか皆目わかりませんでした。警報解除になると共に爆音を響かせて帰ってくるのでした。

この頃には仲仕たちも戦争にかり出され、港も男ヒデリになりました。それに替って手宮や高島の女性が仲仕として働きました。絣《かすり》の刺子に赤い湯もじを膝のところにちょっと見せ、薄化粧をして米俵を担いでいました。彼女たちに後を托して戦場へ赴いた仲仕たちは、果して何人が無事に戻ってきたのでしょうか。

手宮《てみや》の話

手宮市場の裏小路●

駅からまっすぐ運河へ出て、運河ぞいに左へ、すなわち北の方へ歩いていきますと、やがて運河は終り、道はつきあたります。そのあたりが手宮です。もとはやはりアイヌ語のテムン＝藻、ヤ＝岸で、萱藻《かんも》の岸《おか》という意味だったようです。現在では手宮の他に末広町、錦町、豊川町、梅ヶ枝町、清水町などに町名が細かく分かれていますが、総称しての地名は手宮です。

小樽の市街全体が三方を山に囲まれていますが、その中で手宮もまた三方を山に囲まれて他の地域とは独立しています。南は一四一メートルの手宮富士、北は手宮公園のある煤田《ばいでん》山、そして川をはさんで清水が丘、西は長橋と手宮の丘が連なっています。これらの山や丘の間を手宮川や手宮仲川が流れていて、その山あいに人々は肩を寄せあうようにして住みつきました。

ある人は鰊場のヤン衆として出稼ぎに来たまま住みついたり、ある人は一旗あげようと来たのでしょうし、職を求めて流れついた人もいたでしょう。日本海側の秋田、山形、新潟あたりの人が多かったようです。

それでも、明治十三年以前の小樽は単なる寂しい漁村

寒さの厳しい小樽では、雪が屋根に凍りつかないうちにおろす。

でしかありませんでした。ところが手宮に駅が置かれるようになると、一躍脚光をあびるようになり、多くの人々が同郷の人を頼ったり、自由と冒険を求めてやって来たのでした。

いわゆる小樽人には二つの顔があると思うのです。一つは生き馬の眼を抜くといわれるほどのやり手の商人の顔と、義理人情に厚く涙もろい小樽っ子の顔です。前者については、前にも触れたように、日露戦争、第一次大戦の波に乗り商圏を道内のみならず、千島、カラフト、中国、朝鮮、さらにヨーロッパにまで拡大し、小樽商人の名をほしいままにしました。いわば小樽の表の顔、看板であり、彼らは「北海道のウォール街」といわれるほどに金融機関が集中した色内や住吉町に本拠を構えておりました。

一方、手宮方面には主として漁師や浜稼ぎ（仲仕）が多く住んでいました。港の手宮側は風の関係とアンカーをおろした時の泥の具合がよいので、多くの船が停泊します。船がいるということは仕事があるということで、距離も近いこともあってそこに住みついたのです。彼らの仕事には常に危険がつきまといます。そんなことから言葉をつめて話す癖があります。「オイ、コレ持ってけ」という調子で、ていねいな言葉遣いだと、まどろこしくて仕事にならないのです。また感情を上手に飾ろうとせず、ナマのまま表現してしまいますので、慣れない人にはぶっきらぼうで、声の荒さだけが目立つようでした。

かなしきは　小樽の町よ
歌ふことなき人々の　声の荒さよ

明治四十年（一九〇七）に小樽日報の記者としてほんの数ヶ月小樽に住んだ石川啄木の歌です。

狭い土地に肩寄せあって住み、隣も向いも同じように毎日を生命がけで働いているのです。隣の父さんとは呑み友達であり義兄弟、向いの母さんは一升の米やドンブリ一杯の味噌の供給者でした。小樽の繁栄を支える裏方の労働者たち、船荷をさばく仲仕、その荷を鉄道まで運ぶ馬車追い、そして鉄道員、彼らの住んだ場所が手宮だったのです。手宮には高島や祝津《しゅくつ》（シュクズシと言う人が多い）からの人々が往来し、内地（本州）からの出稼ぎも増えて賑わいをみせ、商店や小料理屋もあちこちにみられるようになりました。今でも手宮では、こんな人気のない路地裏にと思うようなところにも、のれんが下がっています。

さて、昔の交通機関といえば客馬車でした。手宮駅が起点で、高島、祝津方面ともう一方は市街を通り抜けた龍徳寺が終点でした。市街の方向には手宮富士の裾が海岸まで延びているところがあります。それを切り崩して道路を造ったところが「切割り」で、そこが手宮と色内の境になります。

現在ですとバスに乗ればほんのわずかな時間しかかからないのですが、かつての手宮の人たちは、そこを越えて市街に行くことにある種の億劫さを感じていました。それは切割りのむこうの市街の人々は旦那さんであり、そこには役人や商店主や銀行員などの金持ちがいるのです。手宮の人とは異なる生活をしている人たちが多いからでした。つまり、手宮は地形的に市街から独立していただけでなく、生活の上でも意識の上でも独立していたわけです。

激しい労働に明けくれているだけに、懐が暖い時には遊び方もなかなか派手でした。手宮には市街へ出かけなくても、大人たちが気楽に遊べる場所が生れてきます。遊廓やそれに類した料理屋などです。遊廓は通称「北廓《ほっかく》」といわれ（入船町にあったのが南廓《なんかく》）現在の梅ヶ枝町の北生病院付近で、手宮川をはさんで二、三十軒ありました。玄関に入るとそこに大きなホステスの写真が貼ってあり、客はそれを見て好きな女性と一時を過したのです。

鰊漁の盛んな時代にはこんな話もありました。

「ニシンが群来《くき》て、猫の手も借りたい程忙しい時に、ひときわあでやかな姿でお女郎衆が来ることがあります。『染の手拭を姉さんかぶりに黒の手甲黒の脚絆、紺の着物の裾をからげて真赤に燃える湯もじをひらめかし』（郷土追憶文集　赤岩会発行）大漁に湧く浜辺から陸揚げのヤン衆に声援を送ったそうです。中にはモッコを担ぐ妓もあったそうです。声援に来たお女郎衆の中に妻の面影を垣間見て、みやげのニシンを担ぎながらの道すがら互いに惹かれる心と心。所詮かなわぬ夢と知りながら、

つかの間の　情にほだされ　めくるめく　虚空《こくう》に飛ぶか　ヤン衆かもめ」（拙稿「鰊場の話」より）

北廓から下ったところに小料理屋の並ぶ狸小路があり、四十年ほども前になりますが、その山側の方に朝鮮の女の人たちがいました。彼女たちは悪質な斡旋屋にだまされて、景気のよい小樽に売られてきたのでしょう。お互いに貧しさや苦しみを背負いながら助けあって生きていた手宮の人たちの中で、彼女たちも時には慰められることもあったでしょうが、祖国への想いや、さまざまな恨みは際限なく彼女たちを襲い続けたにちがいありません。

各地から寄りついた人々が、狭い土地の狭い住家に、いつしか住みつきました。やがてそこには土地っ子としての連帯感が生まれます。小樽全体がそういう土地なのです。ですから手宮は小樽の縮図ともいえます。狭い土地が飽和状態になりますと、外部から人が入れなくなってしまいます。この三十年間というもの手宮はそんな状態で、これからも続くことでしょう。外部から人が入らなければ、住民の気質や対人関係にも大きな変化は起りません。ですから、手宮には寂しがりやで泣き虫であるとか、口の悪さとか、おせっかいとか、思いやりとか、宵越しの金は持たない気風のよさとか、なりふりかまわず働くことを美点とするとか、それらが混りあったはなはだ人間臭い小樽っ子の特色といわれるものが、まだまだ色濃く残っていて、それを誇りにすら感じているようにも思われるのです。小樽の発展の緒口《いとぐち》になった鉄道ばかりでなく、住民の気質までも含めて手宮は小樽の原点として息づいているように思うのです。

ふらりと訪ねてきたゆきずりの旅人には、小樽は落着いてはいるけれど何か古めかしくもの寂れた印象しか与えないかもしれません。彼がもう少し滞在してみると、ハッとするような新鮮さが、古めかしさと決してうまく調和されているとはいえずに同居している、奇妙なアン

自動車の間をぬって小さな橇が活躍する。

バランスさのある町であることに気がつくのではないでしょうか。さらに何度か訪れ、滞在してみると、そのアンバランスさが小樽の、小樽っ子気質の本質に近いものであることがわかってくるのです。港という、それも広く世界を相手にしてきた、大きく外へ開けられた視界の広がりを持つ一方で、坂の多い狭い地形の中でゴチャゴチャと集り住む人々の間に生まれた連帯感。人情の深さと開明性。

第二次大戦は小樽に大きな打撃を与え、戦争が終ってもかつての繁栄は戻ってきませんでした。統制経済は解除され自由取引は回復しましたが、ホクレンの事業拡大や産地業者の本州との直接取引によって、小樽の雑穀澱粉商の扱い高は減少の一途をたどり、取引所が札幌に移転するに及んで彼らも本拠を札幌に移さざるを得なくなりました。カラフトを失い、鰊が来なくなっては海産業も衰退を余儀なくさせられました。対岸貿易も停滞してしまいました。当然金融業も小樽に見きりをつけて、大手都市銀行は続々と撤退していきました。あれほど多くの船で賑わっていた港には、数えるばかりしか停泊しなくなりました。こうした経済の低迷を打開し失地回復するために、新しい埠頭が次々と建造されていきました。しかし……。

狭い土地、古めかしい街並み、固定し澱んだかに思える人間関係、すっかり定着してしまった斜陽小樽のイメージ。札幌に近かったことが繁栄の緒口だったのに、汽車で四十分ほどのその距離が、多くの若者たちの関心をすっかりそちらに吸いよせてしまうことになりました。

ところがこの数年来、各地から若者たちが入ってくるようになりました。ただの旅人としてではなく、小樽に移り住むようになったのです。例えば北方舞踊団やガラス工芸の人々は、練習場や工房を建ててしまいました。塩蔵物の倉庫や質屋の石倉が喫茶店になりました。彼らは小樽に夢をかけてやって来たのでしょう。この町のもつアンバランスさに可能性を見たのでしょう。彼らの存在そのものもアンバランスなのです。古い建物の中にいるヒゲをはやした若者、とてつもなく地味な服装で街を闊歩してみる若者。

もともと小樽には五代も六代も続いた家柄などというのは無いに等しいのです。日本のあちこちから寄り集まった人々が作ってきた町なのです。今、さまざまな志向をもった若者たちが移ってきたからといって、特に目新しいことではないのかもしれません。むしろそれが刺激となって、自分たちの小樽をもう一度見直そうとする人々が多くなったのは嬉しいことです。そうしたエネルギーが形をなしたものの一つが、新しい祭りであるポートフェスティバルなのですが、新しいものをことさら否定しようとしない風土の中で、やがて根づいて小樽らしい顔をもつようになるのではないでしょうか。

冬の窓

番外

『小樽の話』

筆者不明

『小樽唱歌』

明治末頃に作られたもので、七五調の詞は小樽米穀理事の堀川勘吾、「鉄道唱歌」に似た曲は小樽高等女学校教諭の秋山昻。三三番までもある長いものだが、当時の小樽の様子だけでなく、急成長をとげた小樽を誇り、更に限りない発展を信じて疑わなかった市民の心意気をうかがうことができる。

一　北海一の小樽港　日増に開け月増に　年年繁華に赴きて　進歩は驚くばかり也。

二　人口凡《およそ》拾余萬　勇気勃《ぼつぼつ》全区民　各《おのおの》業にいそしみて　進取の様ぞ心地よき

三　天然自然の良港に　糅《か》てて加へて築港は　既に一期の功成れり　之れぞ第一防波堤

四　次は第二の防波堤　又も計画せられたり　率《いざ》や勉めよ全区民

五　成ると成らぬは小樽区の　盛衰消長此《ここ》にあり　心を盡し身を盡し　伸びよ進めや小樽港

六　貿易貨物《かぶつ》の噸《トン》数は　年額実に二百萬　之れに対する総価額　一億円に達したり

七　出入の船舶数ふれば　一年七千五百隻　之れに対する噸数は実《げ》にも三百五十萬

八　重なる輸出は雑穀や　海産物を首《はじめ》とし　木材石炭之れに次ぐ北海道の特産よ

九　輸入の主なる米穀は　年額俵数二百萬　織物清酒之れに次ぎ砂糖雑貨の類なり

一〇　斯《か》かる物資の集散は　年年歳歳いや増して　横浜神戸を凌ぐ日も　遠きにあらじ近き内

一一　海と陸との連絡や　之れに伴う各設備　計画経営怠らず　進む進むぞ頼母敷《たのもし》き

一二　区内に三の停車場《ステーション》　南に在るは小樽駅　北に位《くらい》す手宮駅　中央小樽は名の如し

一三　何れも規模を押拡め　設備は益《ますます》改まり　銭函までの複線も　やがて工事に掛るらん

一四　十勝線路の全通に　便利は此にいや増して　全道過半の商権を　握り占めたる小樽港

一五　内地各港言はずとも　樺太浦潮《カラフトウラジオ》取引も　清韓其他の貿易も　商権愈《いよいよ》拡まれり

一六　銀行倉庫保険業　廻漕業の各会社　本店支店代理店　其他商店列なれり

一七　精米精油木材の　工場は各所に設けられ　事業は益《ますます》盛にて　前途は愈《いよいよ》多望なり

一八　第一第二第三と　市街を分つ火防線　事有る時

手宮の機関庫（上）に展示の機関車「しづか」（下）

の用意こそ　常には往来便利なれ
一九　色内町に浜通り　入船町や港町　妙見町に堺町
花園町の賑しさ
二〇　色内町に新しく　聳え立ちたる建築は　通信機
関の司なる　郵便局とは知られたり
二一　稲穂町には取引所　米穀定期の市場あり　仲買
店は打ち並び売買取引盛なり
二二　小樽商業会議所は　公園内に屹立し　商工業の
公益を　計る所と知られたり
二三　続いて見ゆる区役所は　小樽区政の司にて　区
民の利益幸福を　増進すべき任務《つとめ》あり
二四　中に重なる区の事業　市区改正を首《はじめ》とし　待ち
に望みし水道も　既に計画せられたり
二五　道路改築下水道　交通衛生一日も　捨て置き難
き急務也　急げや急げ各事業
二六　学齢児童の就学は　総数実に一萬余　校舎は何
れも備はりて　内外進歩の跡著《しる》し
二七　中学校や女学校　水産学校設けあり　高等商業
学校も　やがて設立せらるべし
二八　第二区民を作るべき　教育事業の其外に　第一
区民の品性を　磨上ぐべき道もがな
二九　人の履《ふ》むべき正道《まさみち》を　教ふる寺院教会は　区内
各所に設けられ　伝道布教に努めたり
三〇　病院始め施療院　盲唖学校孤児院の　慈善事業
も開かれて　御代の恵の尊さよ
三一　小樽新聞「商業」や　北海タイムス支社もあり
日毎に時事を伝へつつ　小樽をうつす鏡也
三二　水天宮山《すいてんぐさま》や公園の　丘に登りて眺むれば　一目
に見ゆる全市街　出船入船面白や
三三　高く聳える天狗山　海と陸とを睥睨《へいげい》し　世界に
告ぐる小樽港　天下に鳴らす小樽港

人

小樽の街を見るには旭展望台へ行くとよい。一望のもとに街と港が見渡せる。そこには小林多喜二の文学碑もある。五歳の時に秋田から移住してきた多喜二は、大正十三年（一九二四）に小樽高商（現・小樽商大）を卒業した。市民は親しみをこめて彼を多喜二とファーストネームでしか呼ばない。彼のプロレタリア作家としての軌跡、その悲劇的最期についてはよく知られているところである。文学碑には友人に宛てた書簡の一節が刻まれている。「冬が近くなると、ぼくは、そのなつかしい国のことを考へて深い感動に捉へられてゐる。そこには運河と倉庫と税関と桟橋がある。そこでは人は重苦しい空の下を、どれも背をまげて歩いてゐようが、どの人をも知ってゐる。ぼくはどこを歩いてゐようが、どの人をも知ってゐる。赤い断層を処々に見せてゐる階段のやうに山にせり上ってゐる街をぼくはどんなに愛してゐるかわからない……」彼はこよなく小樽を愛し、繁栄の陰で過酷な労働を強いられた仲仕や職工、豆撰りの女工への共感的理解を示し続けた。それが今に至る市民との深い絆になっているのだろう。

　小樽出身の文学者で多喜二と双璧なのは伊藤整である。彼は明治三十八年（一九〇五）近郊の塩谷《しおや》で生れ、小樽中学（現・潮陵高校）から高商へと進んでいる。全国的には大正デモクラシーの風潮が高まり、小樽の経済が隆盛期を迎えるころ、多喜二も伊藤整も市の中央部からはい登っていく通称地獄坂のバラス道をあえぎながら高商へ通っていたのである。彼の作品『幽鬼の街』に描かれている小樽の道筋は、今でもその面影を残してたどることができる。彼らを代表とする文学者たちの資料は、日銀前の市立文学館で見ることができる。また彼らが学んだ高商は、函館と激しく誘致を争った後に明治四十四年（一九一一）に開校されたものであり、黒マントの学生たちとともに市民に愛されてきた。キャンパスにある六二〇番棟は木造の洋風建築としてもユニークなものである。

　小樽出身者ではないが、多喜二や伊藤整と同じ頃の高商でロシア語を教えていたのが、月のウサギの伝説を主軸にした『月の不死』でユニークな日本文化論を展開したニコライ・ネフスキーである。彼の生涯、業績については加藤九祚著『天の蛇』に詳しい。

　また、動乱の幕末に京都で猛威を振った新撰組を創立し、幹部としては最も長い余生を保ち、大正四年（一九一五）に小樽で永眠したのが元松前藩士の永倉新八である。彼は松前藩への復帰が許されてから杉村義衛と改姓名して明治十年（一八七七）頃に小樽へ来た。その後、開庁間もない樺戸監獄の剣術師範をしたり、東京で神道無念流の道場を開いたりしたが、明治三十二年（一八九九）に再び小樽へ戻って晩年を送った。あご鬚をたくわえ鋭い眼をしていたが、孫の手をひく姿は好々爺然としていたそうである。

　小樽公園の中に、「こころよく　我にはたらく仕事あれ　それを仕遂げて　死なむと思ふ」という石川啄木の歌碑がある。前後三回、通算してもわずか四ヶ月半ほどしか滞在していない啄木であるが、小樽での彼の作品や動き、エピソードまでがよく残されている。明治四十年（一九〇七）九月二十七日に当時創刊の準備をしていた小樽日報へ入社している。編集スタッフには西村樵夫や野口雨情なども参加していた。それから事務長との意見の対立で「椅子をもて　我を撃たむと身構へし　かの友の酔ひも　いまは醒めつらむ」などを残して釧路へ発つまでの約四ヶ月足らずの小樽での生活は、経済的に苦しみ各地を流浪して二十七歳で没した彼にとって、母や妻子と安住できた極めて短く貴重な時間であったといわれる。「悲しきは　小樽のまちよ　歌ふことなき人々の声の荒さよ」は、小樽では最もポピュラーなものであるが、また小樽日報の初号に『初めて見たる小樽』と題して「植民地的精神の溢るる男らしい活動の地」と評しながら、日本一の悪路といわれた泥深き道を「善悪にかかわらず日本一とは男らしいではないか」と皮肉り、さらに「他日この悪路が改善されて市街が整頓される時がくるから、今一年に何足の下駄を余分に買っても、この自由闊達のままがよい」としている文章も、現在でも融けぎわの雪と泥に悩まされることのある市民には苦笑とともに共感を得ているようだ。

その他、伊藤整と同じ塩谷出身で同じ時期に幼少期を過した評論家の坂西志保、市内出身で劇作家の八田尚之など多士済々。

鉄道

手宮《てみや》に赤いレンガ造りの北海道鉄道記念館があり、ここが北海道の鉄道発祥の地である。開拓使黒田清隆が招いた米人顧問クロフォードは、明治十二年（一八七九）、手宮を起点として札幌にむけて測量調査にかかり、同時に資材運搬をかねての馬車道をも開きだした。札幌間を結ぶうえで地形的に難しいのが、現在の駅名では銭函《ぜにばこ》から小樽築港《ちっこう》の間、とりわけ張碓《はりうす》・朝里《あさり》間のカムイコタンは断崖が海に迫る最大の難所だった。敷設工事は十三年に入ってから本格的になり、資材も手宮栈橋に次々と揚げられ、機関車や客車の組立ても急ピッチで進められた。第一号機関車の「義経」号は第二号の「弁慶」号と同型の七一〇〇型。主従そろって蝦夷地へ渡ったという伝説にちなんだ命名である。数年後には現在鉄道記念館に保存されている「静」号も加わることになる。なお「弁慶」は東京交通博物館にある。さて、幾つかのトンネルが掘られ、入船川には西部劇のセットのような木橋がわずか九日間で架けられるなどという離れ業に似た突貫工事もあって明治十三年（一八八〇）十月二〇日には全線路の敷設が終り、二十四日に試運転、二十八日に手宮―札幌間の運転式が挙げられた。こうして北海道のＳＬの歴史がスタートするのである。全線三五・二キロメートル、所要時間は二時間。朝九時ごろに手宮を出発、午後一時に札幌を折り返すという、わずか一往復の営業であった。

今年は鉄道開基百年にあたる。客車扱いを廃して久しい手宮線に、もう一度客車をひいた「弁慶」や「静」を走らせようという市民による企画が軌道に乗っているようだ。小樽市街のど真中を黒煙を吐きながら、クラシックなＳＬが頑張って走っていく様は、ＳＬファンならずとも、考えただけでも愉快ではないか。

鰊《にしん》

祝津《しゅくつ》には市自慢の水族館があって、シーズンには行楽客で賑わう。ここの日和山灯台の下に、積丹《しゃこたん》の泊村から移築された鰊御殿があり、盛んな頃の鰊場の親方の豪勢さをしのぶことができる。

もともと小樽の沿岸一帯は千石場所といわれた忍路《おしょろ》、高島、祝津などを主とした鰊王国であった。このあたりの鰊漁は春先きから六月末頃までに回遊してくる鰊を大規模な建網や刺網などの定置網で獲るものである。春、空がどんよりと重く曇り、風が沖合から浜に吹いてくるような日—鰊ぐもりと言ったが—、ふだんは遠海にいる鰊が産卵のために接岸してくる。鰊は物音に驚きやすいために、海岸ではひっそりと息をこらして待つのである。松前藩では鰊漁の最中は音曲を禁じたともいう。静かな海面スレスレに乱舞するカモメと共に、ヒタヒタと寄せてくる鰊。やがて海面は雄鰊の精液で牛乳を流したような銀白色に濁ってくる。その面積は数町歩にもなることがあった。鰊の群来《くき》である。それからの漁場は鰊と人間の激しい戦いとなる。鰊が沿岸から去らない限りいくらでも獲れるのである。津軽や秋田から集められたヤン衆が大車輪で働く。網からあげた鰊を別の網船に移し、更に汲み船という運搬船に移して陸へ運ぶ。陸では老若男女を総動員して、鰊置き場までのモッコ担ぎの蟻の行列である。もちろん学校は休みになり、先生すらかり出されることもあった。歩きながら握り飯を食い、歩み板を踏外してモッコごと海中に落ちたり、不眠不休の作業が続く。

二、三日後からは加工が始まる。身欠鰊、数の子、シメ粕。そのいずれもがやはり大量の労働力が必要だった。長い冬ごもりから解放された人々が、現金収入を得るために働いた。景気がよくなり浜は物売りで賑わった。

その鰊も回遊性のものは昭和二十九年（一九五四）を最後に姿を消し、幻の魚となってしまった。

祝津の他に平磯岬には余市町から移した銀鱗荘がある。内田五郎著『鰊場物語』が詳しいし、本文筆者の堀さんが書いた『鰊場の話』は絵入りで楽しい。前者は北海道新聞社刊、後者は市立図書館で読める。

「にしん焼」の店

手宮洞窟の彫刻。昭和47年（1972）11月　撮影・須藤　功

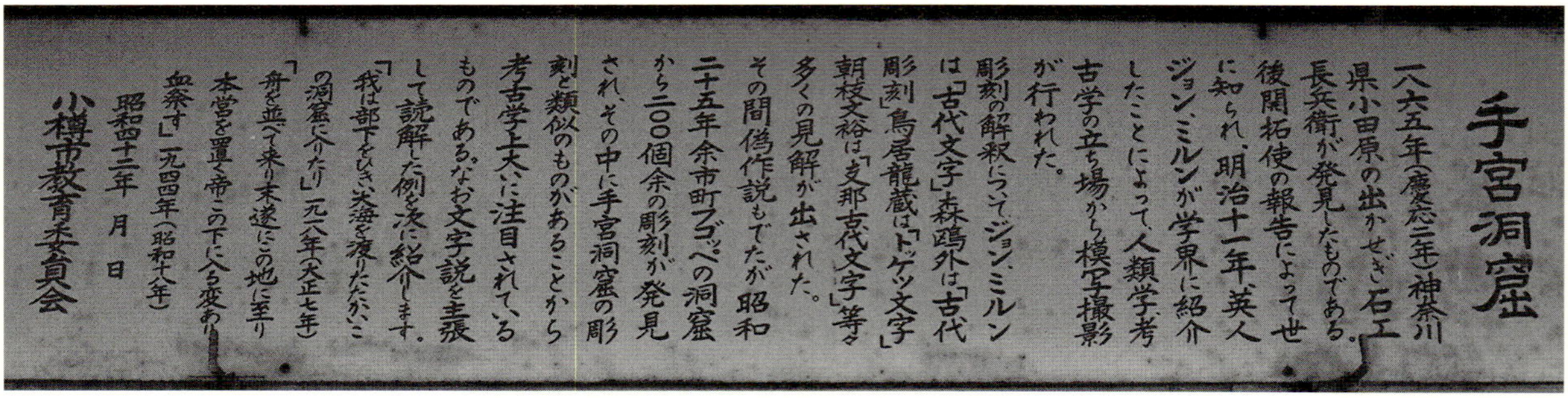
手宮洞窟
一八六五年(慶応元年)神奈川県小田原の出かせぎ石工長兵衛が発見したものである。後開拓使の報告によって世に知られ、明治十一年英人ジョン、ミルンが学界に紹介したことによって、人類学考古学の立ち場から模写撮影が行われた。
彫刻の解釈について、ジョン、ミルンは「古代文字」森鷗外は「古代彫刻」鳥居龍蔵は「トッケツ文字」朝枝文裕は「支那古代文字」等々多くの見解が出された。
その間偽作説もでたが昭和二十五年余市町フゴッペの洞窟から二〇〇個余の彫刻が発見され、その中に手宮洞窟の彫刻と類似のものがあることから考古学上大いに注目されているものである。なお文字説を主張して読解した例を次に紹介します。
「我は部下をひき、大海を渡りたたかいこの洞窟に入りたり」一九一八年(大正七年)
「舟を並べて来り末遂にこの地に至り本営を置く帝この下に入る変あり血祭す」一九四四年(昭和十八年)
昭和四十二年　月　日
小樽市教育委員会

小樽の魅力

中川　勝

小樽市内の除雪

一度でも小樽を訪れたことのある人なら、この街に漂う一種独特な魅力にとりつかれてしまうだろう。その魅力の真髄が何なのかを知るためには住みつくしかないと思い知らされるが、みながみなそうするわけにはいかない。それで、人は、《どうして小樽なんかに魅かれるのだろう》というわだかまりにも似た疑問を抱きつつ、足繁く通わざるをえなくなってしまう。

実際、今、小樽で何かをやっている人たちの多くは、たいていよそからやってきて、住みついてしまったと聞いている。その人たちは、脱サラであったり、もとヒッピー風であったりと多彩で、古い石造りの倉庫を改造して喫茶店を開いたり、手づくりのケーキを焼いたり、タウン誌を創刊したりして活動している。また、近年、小樽を見なおして、戻ってくる若者も多いという。

＊＊

小樽のこととなると、他の土地に住む者が「古いものを残せ」とか「運河埋立て反対」と叫びだし、返す刀で「地元の人間や大学は何をしているのだ!!」と迫っていくようなことが最近ことさら多いように見受けられる。

それは、かつて勇名をはせた学校の運動クラブが、凋落して部員も集めることができなくなった時、怒ったOBたちが母校にのり込んで後輩たちにゲキをとばすといったケースによく似ている。

道都札幌がどんなに変ろうとも、誰も何も言わぬが、こと小樽のこととなると、その一挙手一投足に世間の注視の目が注がれて、小樽自身は「やりにくいなァ」と思っているに違いない。

このように「外野がうるさい」状況は、変らない小樽がそれだけ多くの人に愛されている証拠に違いない。

＊＊

小樽の魅力の過半は「港町」であることに負うのであろう。同じ港町でも、函館にはバターの香り、ハイカラな明治の香りが横溢しているし、室蘭には鉄とコークス、即ち資本主義の香りが漂う。

雪の積もった運河

小樽では、商業の殷賑がもたらした余裕、即ち文化の香りが、三代にわたる古い建築群から発散し、それは多少ドロ臭い。

かつてハシケが往来した運河のほとりの倉庫群が、近年脚光を浴びている。それは札幌軟石のくすんだ暖かい色を基調に、点在する野幌レンガの赤がアクセントの役割を果して、太平洋の青よりは少し暗い感じのする日本海の青によく映えている。しかし、そういうモニュメントの魅力が小樽の全てではない。

それよりも何よりも、古い木造建築、それも「民家」の存在が小樽の雰囲気を独特のものにしていると思われる。好んで市民がそういう建物を残したというより、建て換える必然性、なかでも経済力に乏しかった、そういう状況に小樽が置かれてしまった歴史があると解されよう。

小樽の人口が二十万人を割って久しい。小樽没落の遠因は日本がカラフトなど植民地を失ったことにあるのだろうが、近くは昭和の三十年代も中期、高度成長経済発進のまさにその時期に、「北海道のウォール街」から利にさとい銀行が次々と支店を撤退させたこと一つとってみても、この街の斜陽は深刻で皮肉な問題をかかえているのである。過去が偉大でありすぎてかえって現在を苦しめているのである。

過去の栄耀栄華を知る政財界人は、啄木がうたった「声の荒さ」をとり戻せと切歯扼腕しており、政治問題化している運河を埋めたて、道路をつくるという案もその路線上にある企てである。

しかし、たまに訪れる旅人や部外者の目には、高度成長列車に小樽が乗りそびれたからこそ、この街が魅力的に映るのであって、たとえば路面電車をとり払ったはよいものの、その道路が以前にも増して渋滞するといったような愚を犯してもらいたくないと願うのも、そう無茶な願いでもあるまい。

滅びつつあるものは何でも美しく見えるものらしい。しかし、滅んでしまったものは空しいだけだ。閉山した炭鉱の住宅街にはただ寂寞たる風が吹いているだけだし、かつて人口十二万を誇り、現在四万人ちょっとの夕張市の繁華街「本町」には、市とは名のみの臨終の影がさしていて、とても正視に耐えないものがある。

小樽は、しかし、滅びてはいないし、滅びるはずもない。この街には、すこぶる頑固な人が住んでいるからである。

今にも雪に押しひしがれそうな古い木造民家の傍を通ると、きれいに雪かきが

小樽に多い坂道

してあり、カスベやタラの干物が軒にぶら下がっていて、どっこい生きてる庶民の生活の営為をかいま見ることができる。

坂道の魅力はもう言い尽くされた感がある。坂もよいが、それをつなぐ路地には、何かハッとさせるたたずまいがあり、行き過ぎてまた戻ってみたくなるほどである。

小樽に長く住んだことのある人に、「小樽の坂には味がありますね」と語りかけたら、その人は実に変なことを言う奴だとばかりに目をむいて、「なんも、なんも、ただこわい（疲れる）だけさ」と返してきたので、それ以上何も言えなくなってしまったことがある。

実にこの坂こそ住む人にとっては不便の塊りみたいなもので、特に冬は、車の難所となり、火事になっても消防車は上ってこれず、水の出もはかばかしくない、ということになる。坂の上に大きな建物を建てるとなると、どんなに複雑な計算が必要になるのか知らないが、それを自然に見せるには、建築家も頭の痛いことであろう。小樽のデパートは全て、一階から入っても、港側の口から出るときは地下一階から出ることになるという点で共通している。

坂のおかげで互いに不便をしのぐ生活をしていく中で、小樽人は独特の人情をはぐくんでいったものらしい。互いの身になり、他をおもいやる心をである。そういう人情も建築物と同様、「古いもの」の一つに数えられよう。

＊＊

一九八〇年代に突入したというのに、頑固といわれる小樽人は、信じ難いほど古いものを残している。ここでは、ことさら「アンチック」なものを求めて歩く必要はない。死蔵されているものも多かろうが、たいていは現に使われているものが多いからである。色内《いろない》町の通称「北海道のウォール街」にある一軒の問屋は、いまだに帳場が畳敷きだ。今や、小樽で一番ナウな通りといわれる「静屋通り」で、冬、ソリをひっぱる老人はたくさんいる。ゴム長姿、頭からすっぽりかぶり目だけを出すタコ帽子、角巻き等々、札幌市の中心街から二十年以上も前に駆逐された道具や衣料品が堂々と「セントラル通り」とよばれる目抜き通りで市民権を得ている。

モンペ姿の老婆が、魚や花をつみ込んだリヤカーをひっぱる姿には、いかにも小樽らしい庶民的な詩情があふれている。

市内有数のデパート〈大国屋〉のエレベーターにも一度乗ってみる価値がある。案内係がいちいち手でハンドルを動かして内側の扉を閉めなければ動かないしかけになっていて、少し気味の悪い揺れまである年代ものときている。案内係が看守でお客が囚人という感じがしないではない「昇降機」がまだ現役だ。

昭和八年（一九三三）に開業した〈光〉という喫茶店に行くと、船室を模した店内の調度品の古めかしさに驚かされる。

石倉の喫茶店

ランプの蒐集もたいしたものだ。コーヒーカップ一つとってみても、デザインといい、花模様の柄といい、開店当時のものを使っているのではないか、あるいは特別注文して作らせているのではないかと思われる。それにしても「古いなあ」と思わせるのは、この店の「音響装置」である。それはステレオとかいう軽薄なものではなく、実にモノラルのいわゆる「電蓄」で、店内のどこを見回してみても、ボロなスピーカーが一個しかない。いつも古典の名曲が流れているのだが、音盤の溝はとうに凹凸を失い、針もよほどでない限りとり換えられないらしいから、さしものヴァイオリンの名曲もキーコ、キーコと聞こえてくる。この無頓着が「演出」ならたいしたものだと感嘆せざるをえない。〈光〉と同様の、変えないという価値観で経営されているのが、キャバレー〈現代〉である。これは外から見るとどうみても民家で、ギンギラギンの影さえ見えない建物だし、内部は「カフェー」そのものである。

＊＊

古い建築群の発散する馥郁たる文化の香りもさることながら、小樽の店、特に問屋や小売店の掲げる看板の捨て難い味わいにも注目した方がよいと思う。

単に商店の名前をとってみても、〈中山商店〉ではなく、〈中山藤太郎商店〉とフルネームの記載が多いのがまず特徴的だ。

堺町の〈白石工業株式会社・小樽営業所〉の看板に『カルシウム』というのがあり、何となく気になる。『カルシューム』でないところが古めかしい。

戦前、有名だった薬局チェーン店〈有田ドラッグ〉が静屋通りに健在で、その看板の中に『スキン―産制・防毒』という文字が見え、特に防毒にはドキッとする。アーケード内のビリヤード〈あらかわ〉の剥げた看板には『健全室内娯楽』という文字が読みとれる。

永年の風雪に耐えた看板には、ものさびしいけれども一種の威厳・風格があって、そんな看板を発見する喜びはたとえようもない。市立文学館の近くにある薬品問屋の〈雪の元〉などその代表で、北海道内で、これだけ重みのある看板は少ない。その近くの〈金甲酒店〉のあまた掲げる看板の中に、東京神谷酒造のデンキブラン改め『ブランドール』の名を発見したときには、しばし足がとまった。この店には焼酎『君萬歳』の筆太な看板もあり、これにも何となく郷愁をそそられる。

ゴマンとある市内の居酒屋の看板の中で、中央市場わきの〈ばっちゃん〉というのが平凡なネーミングながら、その字体と木造の建物がよくつりあっていて、入ってみなくとも、一人の老婆がそこで魚を焼いたり、酒の燗をつけている姿がまぶたに浮んでくる表現力をもった傑作である。

看板ばかり見て歩いていると、逆に看板を掲げない店が気になるものである。たとえば〈丸井今井デパート〉の筋向いにあるごく小さな食料品店や、運河のかたわらの食堂群がそれで、今さら看板出してもしかたがない、みんな知ってるはずだという悟りからそうするのかもしれない。

　駅前第一ビルに大きく書いてある、『ようこそ小樽え』という表示などご愛敬だが、あるタウン誌がこの誤りを指摘し、「こういう誤りを堂々と駅前に出して恬として恥じないところに小樽の後進性がある」と噛みついていたのが面白かった。

＊＊

　小樽というとみな「古色蒼然」しかも「滅びつつある」ものばかりかと慨嘆するのは早計にすぎる。現に十八万の人口を擁し、人情に厚いといわれる人々が日々生活をしているのだから、市民生活が寂しいわけがない。

　そういう市民の日常生活に最も密着している場所は、花園町の歩行者天国でも静屋通りでもない。市内の各町内に、少し過剰にではないかと思われるくらい配置されている「市場」の存在を絶対に忘れてはいけない。極端に言えば、小樽から「市場」の魅力を取ってしまったとしたら、何も残らないのではないかという気さえする。山と海との豊饒な恵みを抜きに小樽を語ることはできない。その恵みの「博覧会場」が市場であり、この街でここが一番精気に溢れている。

　日曜・祭日には、小樽の街はその素顔を見せてくれない。小売店の多くがシャッターを閉じ、市場が休んでいるときに出かけて行って、「小樽はさびれている」という感想をもち、それゆえに愛着を感じるというなら、余りに表面的な感想である。

　商品、特に魚介類の豊富なことは一驚に価する。あるとき、小樽に越してきた若妻が、はじめて妙見川の上にある市場に買物に出た。しかし、彼女は余りに数の多い魚屋と新鮮な魚を目の当りにして度肝を抜かれ、何を買ってよいものやら全くわからなくなり、空の買物カゴを下げて、泣きながら帰宅したという多少オーバーな話があるが、全くのつくり話ではあるまい。

　若妻が出かけたのは「妙見《みょうけん》共栄市場」とよばれる市場で、妙見川の真上にフタをする形で建てられている特異な立地条件下に位置している。国道五号線にかかる歩道橋の上から山の手を望むと、五棟ばかりカマボコ型の青屋根が、上に行くほどこんもりと見え、川の流れの蛇行するに従って、その屋根も、複雑な構内線を通る貨物列車の車両のように、てんでバラバラの方向に並んでいる構図を見ていると「ああ、小樽に来た」という感慨が自ずと湧いてくる。

　下から昇っていって、気に入った魚に「目をつけて」最深部まで行って降りてくると、さっきまであった魚が忽然と姿を消していて「ヤラレタ！」と後悔のホゾをかむ経験を何度かしたことがある。小樽の主婦は魚を見る目が肥えていて、安くてよいものを見逃がさない。何度も痛い目に会うと、こっちも自衛の本能を働かせ、ピンときたら、決して逡巡することなく買ってしまうにしくはないことに気がついてくる。どだい、みな品物が安くてよいのだから、もっとよいものをなどというスケベ心を抱くと失敗するこ

三角市場

と請けあいだ。

妙見川流域にはこの他、「相互互助会市場」、「太洋市場」が軒を並べ、妙見市場から花園の歩行者天国まで、道路を通らず、これらの市場に寄り道しながら降りてくるときこそ、市場通いを至上の趣味とする者の愉悦がいや増しに高まるときである。

現在のようなビルになる前の「太洋市場」くらい小樽的な市場はなかった。朽ちはてんばかりの、昼なお暗い市場の中には、これまた似合いの老婆がいて、必ず「アンチャン、何か買っていきなさい、負けとくから……」と声をかけてきたもので、鬼気迫るものがあった。ホッケのすり身をつくるのには、たいていの市場では挽き肉器にかけて、ベロリと長い舌をみせながらつくるものなのだが、ここでは決して清潔とはみえないまな板の上で、いちいち短冊を叩いていたものであった。

三角市場の空地の店

その晩年には、怪異なたたずまいに魅せられた旅行者がよくカメラを向けたものだが、老婆たちは「こったら市場《とこ》、写真なんかとって、何にするんだ!?」と自嘲気味に立腹していたものだった。
小樽の市場を語るにあたって、「三角市場」を絶対はずすわけにはいかない。それは、なかなか変らない小樽の中で、一番変ったと言われる駅前にあって、ここだけは変っていないから、それだけ貴重な存在となっているからである。

売る自家製の干物

終戦直後、日本国中の駅前に共通な「不法占拠」的強引さ、即ち住みつくことによってその存在を正当化した一連の動きがあったが、この市場もそういう性格をもっている。
いくら叩かれても蹴られても、何度火事に会おうと、翌日にはムシロを張ってでも「またやり直せばよい」という庶民の強靭な生命力によって生きのびてきた市場のように見える。この再生のエネルギーは、与えられた狭隘な条件を可能な限り利用しようとする意欲に高まり、少しでも空間をみつけたら、そこに店舗を拡大しようとした人たちがいたようだ。
この市場の立地条件が、そのまま「三角」という名になっている。正確には、三角形の斜辺にあたる部分にこの市場の主要な部分が集まっているのだが、その斜辺の一部から、およそ無原則に虫様突起の如く通路がとび出て鮮魚部が形成され、無理に押されたゴムボールがふくらむように美容室への階段が触手をのばしているという具合になっている。小樽の宿命として市場自体が坂になっているから、とうてい平面的にはのびられない、いわば縄文土器的立体感覚に溢れている

新鮮な魚が並ぶ。

全国に稀にみる市場である。『北海道のアメ横』という看板を出しているが、舶来洋品など全くなく、ひたすら食料品のオンパレード。生鮮食料品や乾物などの廉価なことは、物価が安いと言われる小樽の他の市場より二割は安いから、アメ横なんだろう。

安いかわり、ここの魚屋は決して頭など切ってくれないし、ネエさんの愛想も悪い。アレコレ迷っていると、こんなに安くてよいものを買わないオマエはバカだと、罵られることもあるほどである。

三角の魚屋は九時に開店の用意をし、十時半には商品が出揃っている。貝は皆生きて動いているし、魚は死後硬直したばかり。サバの眼はあくまで澄み、美しい赤いエラをみせたソイなど呼吸していたりする。近海もののマグロ、ヒラメもすこぶる安い。ホッケ、ヤナギノマイ、ガヤなど大衆魚になると、おそるべき量の一山が二百円くらいで買えるし、つとに高価なアワビやウニも信じられないほど安いから、ついつい手が出てしまう。「三角」がゆきつく所から「中央市場」という、これまた「市場」が、同じ型のビル四棟ばかり港に向けて縦に配置されている。

ここは、カマボコ屋、惣菜屋が多く、朝が早い。置いてある商品量からみて零細きわまりない小売店の連続なのだが、市場での買物には対話があり、大スーパーでの管理されたショッピングとは全く異質のたのしみがころがっているというわけだ。

おびただしい数の、同じような店が、同じような野菜、魚を並べていて、はたして経営《や》っていけるのかという素朴な疑問が湧いてくる。

やっていける秘訣は、仕入れを少なくしてリスクを少なくしていること、各店がお得意を何人かつかまえていて、その人たちと家族関係に似たかかわりあいを保って、思い切って負けるときもあれば、もうけさせていただくときもある、そういう共存関係を保っているところにあるらしい。

小樽に進出している大スーパーといえば、〈長崎屋〉と〈市民生協〉くらいなものである。大スーパーが、進出前にチェックする市場調査を正確にすればするほど、こと生鮮食料品に関しては、とうてい既存の「市場」群に勝てないと見

一日中、客は絶えない。

込んでの出遅れではないかと思われる。

この他市内には「南樽《なんたる》」、「住之江」、「入舟」、「色内川」、「手宮」の各市場があり、市民はこれによって、豊かな日常生活を送っていて、こういう豊かさに比べると、ただ人口が多いだけの大都市というのは貧しいものだと感じないわけにいかない。多くの人が、「小樽は住みやすい」と言うのは、その人間関係の温かさもさることながら、衣食住のうち、「食」が充実しているからに他ならない。

＊　＊

市場の魅力が小樽の最も精彩あるものの一つであるに間違いはないが、その魅力を補充するものに、地べたを店舗とする、物売りの老人の多いことがある。彼らは山の幸の恵みをもたらしてくれる。

さすがに冬は売るべきものも少ないし、何と言っても寒いから、彼らもストーブにあたって満を持しているのだろうが、春三月の末ともなると、雪解けの早い南斜面に次々に芽を出す山菜の類をもちよって、地べたに並べるのである。いつもそういう老人が集まるのは、「三角市場」の入口にある、とても広場とも呼べぬ空地で、いつも三人くらいは坐っている。

春、一番先に出てくるものは、「アサツキ」であろう。もっとも、これは市場に出てくるような商品作物としての「アサツキ」ではなくて、斜面に群生しているものを、手当りしだい採集してきたような、草より少し太いかなと思われる貧相なものである。それを目分量で皿にのせて、一山、百円。包装紙は透明なビニール袋か新聞紙の袋ときている。

しかし、このパッとしない細いネギは、長い冬の寒さに耐えてきて、その春の先駆者としての意気高く、一口食べてみると口に広がる緑っぽいすがすがしさは比類がない。

小樽では、大都市でもてはやされるフキノトウなどは全然商品価値はない。小樽商大の先生が「研究室の裏山で山菜がとれる。山菜のとれる大学は小樽をおいて他あるまい」としていることだけでも、いかに容易に山菜が採集できるかがわかるというものだ。

それでも「ワラビ」や「タラノメ」なら、採集できるところが限定されるから、初夏ともなれば、その空地に出てくる。ある老婆から「ワラビ」を買った時のことである。カバンにしまって帰ろうとすると、呼びとめられた。ビニール袋に入った白い粉のようなものを持って行けと言う。何と「木灰」であった。「木灰」つきの「ワラビ」を売る〝店〟は日本広しといえどもここだけであろうと感嘆した覚えがある。

九月に入ると「落葉きのこ」が出てくる。これはカラマツ林に自生する、味・香り・舌ざわりと三拍子そろったうまいきのこである。老人たちが、きのこの一山をつくるのを見ていると面白い。高級といわれる小さいものだけを集めて少量の山をつくったり、カサの開いた大きいものだけを集めて、量で勝負したりと、顧客の好みに応じて工夫をこらしているのである。

これら物売りの老人たちの行為は当然、食品衛生法、道路交通法等々、国法に抵触するはずだが、誰も彼らを目くじら立てて追いたてたり、警官が詰問したりする光景を見たことがない。「共存」、これこそ小樽の人間関係における潤滑油である。

違法くさいと言えば、運河のほとり、市民の台所を預かる卸売市場、通称手宮の舎《しゃ》市場の近辺にある、五、六軒の「食堂」群がどうも気になる存在である。あの歴史的に価値が高いといわれる倉庫の前にはりついている小屋で、保健所をはじめとする監督官庁が「指導できぬ」として、そのまま放置してしまったような環境に

魚市場で競りが始まる。

それは建っている。

早朝（?）二時からやっている店もあり、これは卸市場に魚を持ってくる漁師相手の商売。丼飯に焼魚の定食ともつかぬものができ、生卵や茄子、油揚げも置いてある。アンの入ったお菓子など誰が食べるのかと聞いてみたら、過酷な労働をし終えた漁師が甘いものを欲しがるのだという。一般市民も、中心街の店がカンバンになった後、一晩中飲めるというのでここにやってくることもあるという。

朝になると、今度は魚屋の連中がやって来て、朝メシを食うことになっている。

これらの食堂群は、午前中も十一時になれば閉店するし、日・祝日は卸市場とつきあって休むから、旅行者が、これらの店で食事しながら婆さんと世間ばなしをするとしたら、ウイークデイに宿泊して夜更しするか、早起きするしかない。

この食堂でメシを食ったら、「卸売市場」に行って、「セリ」の作業を見ておくと有益である。

「セリ」は、マグロ、カレイ、ホッケ、ツブ、ウニと品目別に行われ、その切り換えの合図は、驚くなかれ、前世紀的遺物かと疑われる、手で振る〝カネ〟の音によって進行するのである！

この作業の進行というのが株式の取引のように素人にはとんとわかりかねる。これが日本語かというような言葉が符牒という衣裳を着て、特異な音符にのって流れてくる。ほとんどそれは外国語で、数字にしたって、キロ当り一万円なんて決して言わないから、あれよ、あれよという間に次の魚に移っていくわけだ。声を出す男と記帳する男、それを取り囲む意外に冷静な魚屋のおっさんたちがとり行う奇怪な儀式という他ない。

運河や倉庫群をあかず眺めるのもよいけれど、舎市場やそれに寄生しているかのような食堂群は、現にそこで人が活動しているから彼らの肉声を聞くことができて楽しいところとなっている。

＊＊

旅人にとって小樽は《なつかしい》街である。それは、単に古いものを多く残しているからというのではなく、自分たちの裡にあるたとえば「ふるさと」の映像と小樽の風物とが重なったとき、融け出てきた《なつかしさ》なのであろう。

かつてみんなが共通にもっていて、今は失われてしまったものを覚醒させる力を小樽はもっている。その意味で小樽は「日本のふるさと」である。

過去二十年間の政治・経済活動の進展

倉庫の石壁にへばりつくおろしがけの店（「食堂」）

長いツララのさがった北海製罐工場

というものが、いかに短期間に古くてよいものを一片の愛惜の念もなしに叩き潰してきたことか、その猛威がいかに激烈なものであったことか。見回してみたら、みんな近代化してビルになっていたのである。

小樽自身は、たまにやってきて、ロクに金も落していかぬ旅人の感傷や郷愁とやらのために不便を強いられてはかなわない、そんなものの犠牲にはなりたくないと言うに違いない。実際に、街がいつまでも変らないということはありえない。

それは、その通りである。しかし、発展にとり残された街が、その状況を逆手にとって新たに生きのびた例は全国的にみて皆無ではないことを思えば、過去の偉大な遺産を多く持つ小樽には、その道を追求してもらいたい。

幸か不幸か、かつての成長神話は往年の神通力を失い、日本全体が重く苦しい低速運転の時代に入ったようである。

となればなおのこと焦る必要はない。少なくとも二十年も遅れて、かつて突っ走った汚物たれ流しの「成長列車」に乗ろうと汽車の後を追いかけるくらい愚かなことはないと、小樽の頑固な人たちは知っていると信じたい。

利尻富士と称される利尻山（1721メートル）。見る場所によって山容が異なり、利尻島の北の礼文島から見るのが一番美しいという。宮本常一は手前に山麓の住居を入れて、生活とつながる山にしている。利尻山の海抜300メートル以下はゆるやかな傾斜で、牧野として十分、利用できる。しかもその面積は島の三分の二を占めている。宮本常一は町の有志と話をしていて、島の人々はかならずこの原野の開発に真剣に取り組む日がくるであろうという、夢がわいてきたと述べている。

宮本常一が撮った 写真は語る

北海道・利尻島・礼文島

宮本常一の年譜に、昭和三十九年（一九六四）四月、武蔵野美術大学非常勤教授就任とある。だが日記に見るかぎり、この年に学生に講義をした記載はない。初めての講義は、常勤の教授になった翌年四月二十日である。非常勤教授に就任する前年の十月二十五日に師の澁澤敬三が亡くなったあと、宮本は数冊の本と依頼原稿の執筆で多忙になるが、大学教授と昭和四十一年（一九六六）一月の日本観光文化研究所所長の就任によって、寝る間もないような、まさに目のまわるような忙しさになる。それは日記の行間にも読むことができる。

それでも旅が途切れることはなかった。

九学会連合の昭和三十八、九年の下北総合調査で日本民俗学会に属した宮本常一は、昭和三十九年度の本部幹事を引き受けた。そのため同年七月二十一日から一ヵ月間、田名部（青森県むつ市）に滞在する。

利尻島へはその滞在の間をぬって渡った。青函連絡船に乗って昭和三十九年八月一日に函館、そこから汽車で北上して二日に稚内《わっかない》、翌三日の朝、稚内港から出る船で利尻島へ、島の北東にある鴛泊《おしどまり》港には東利尻町長の小松為五郎が迎えにきていた。小松町長は少年時代に青森

昆布採り。白鉢巻きをした鴛泊の漁師が舟に横たわり、口にくわえた箱眼鏡で海中をのぞいて、よい昆布を見つけると右手に持った棒に昆布をからめて引上げる。右足は車櫂と呼ぶ櫂に足をおき、小刻みに舟を動かしている。車櫂は舟を漕ぐときとは逆に、握り柄のほうを海に入れ、幅のある櫂の上に足を乗せている。

県の三本木（現十和田市）の澁澤農場にいた澁澤家とつながりのあった人で、大変な愛書家でもあった。宮本常一の著書もよく読んでいて、北海道の島について書いたものがほとんどない、一度、北海道の島を歩いて批判を書いて欲しいといわれていた。その町長の招待の形で、利尻島に渡ったのである。

稚内港から五二キロメートルの海上にある、利尻山の円錐火山からなる利尻島は、面積一八二・一一平方キロメートル、周囲六三・三キロメートルのほぼ円形の島である。島の西半分は利尻町、東は東利尻町（現利尻富士町）で、宮本常一はまず車で島を一周した。

宮本常一は島に四日いて、その間に島にきた人、去って行った人、そして住みついた人の話を聞いている。鴛泊の寺で離島振興の話もした。日記によると、話を終えたのは一時、宿へ帰っておそくまではなすとあるが、この場合のおそくとは午前二時、三時を指すのだろうか。

北海道西部の島々にみるように、利尻島も江戸時代から鰊《にしん》漁で人の出入りがあった。資本のある親方が浜に納屋を造り、鰊の漁期になるとそこにヤン衆と呼ぶ漁業労働者を連れてきて住まわせ、番屋の近くの海に網を張って鰊を獲らせた。ヤン衆は東北の者が多く、漁期を終えると帰ったし、親方も北海道西海岸の家にもどった。

利尻島のまわりには、海が盛りあがるほど鰊が押し寄せたので、親方の漁だけでは獲り切れなかった。それを伝え聞いた日本海沿岸の小漁師が、わずかな縁故をたよりにやってきて、番屋と番屋の間に小さな小屋を建て、小さな磯舟で鰊を獲った。ささやかな暮らしではあった

採った昆布はその日のうちに天日で乾燥させないと、品質がわるくなる。そのため昆布漁は夏の晴天の日に行なわれる。浜に延べた莚に並べ干した昆布を、莚で巻いて肩において運んでいる。息子は莚の両端を手で持って運んでいるが、いかにも重そうである。

が、運に助けられて親方になる人もいた。こうした人は漁期を終えても帰らなかった。故郷へ帰ってまた利尻島にもどるには日数も費用もかかったし、島から北海道へ渡る船もままならなかった。親方たちに小前の者と半ば軽蔑されながら、小さいながら独立した経営者で誰に使われているわけではないという誇りを持って、島の土になる覚悟ができていた。島に点在する集落は、こうした人々によって作られる。

（須藤　功記）

参考文献　『宮本常一著作集5　日本の離島　第2集』（未來社）

稚内港からの定期船がはいる鴛泊港。宮本常一が訪れたとき利尻島の西半分は利尻町、東は東利尻町だったが、平成2年（1990）に東は利尻富士町と町名を変更した。町名は変わったが、利尻富士町北部にある鴛泊港の、島への出入口としての役目は変わっていない。

屋根に酒の銘柄の看板が並んだ店。たばこも売っている。その向こうの洋風の建物は郵便局のようだが、この店でも切手や印紙を売っている。

上もこの写真も利尻島東南の鬼脇（撮影時は東利尻町）で撮った。宮本常一は凝った造りの三階の建物に目を奪われたらしい。もうひとつ、おそらく石炭ストーブのものだろう、その煙突が道路側においてあることにも注目したい。これは上の写真にも見られる。

連絡船に乗った人と、見送りにきた人を結んでいる紙テープ。船が桟橋を離れると、テープやがてプッツリ切れる。でも結んだ人の心と島への思いは切れることがない。昭和40年代あたりまではよく見られた光景だが、紙テープが海を汚すというようになってなくなった。

昭和三十九年八月六日、利尻島滞在の四日目の午後、宮本常一は利尻島の北西に浮かぶ礼文島に渡った。礼文島にいたのはわずか二十四時間ほどだったが、利尻島とは違う活気を感じたようである。海産物が豊富で、それが生活をうるおしているからだという。

上の写真と同じ礼文島の香深《かふか》港だが、紙テープの散らかった跡がないので、連絡船が接岸するとき撮ったのかもしれない。港に百貨店はいかにも島らしい。前に立つ看板に記された「タロー　ジロー」は、置き去りにされた南極で生き延びた樺太犬である。

背後に神威山《かむいやま》（585メートル）がそびえる神威脇漁港

奥尻島
—この偉大なるムカイの島
文　中川　勝
写真　西山昭宣

奥尻島のシンボル、鍋釣岩

●デンキが来ない日もあるのか?

昭和六一年（一九八六）一一月二二日、江差港から奥尻港行きのフェリー、第二ひやま丸が愛想気なく出航した。秋の日本海は、ご多分にもれず季節風が強く、フェリーは江差港を出たとたんに相当揺れた。

勝手を知っている二〇人ほどの乗客は、出港する前から荷物を枕に横になってシケに備え、船員も慣れた手つきで、希望者には黒いビニール袋を配っているという、夏季には見られぬ雰囲気があった。

「今日、デンキは来てるだろうか?」

私が同行しているYさんに話しかけた。

「どうかなァ、今日は来てないんじゃないカイ」

「来てないと困るな、食いもののこともあるし……」

この会話を聞いていた、奥尻は初めてという、友人のNが、「ウッ?」と、不安気な顔をして、起き上がってきた。

「ナニ? デンキも来てないのか?」

あたりをはばからぬ大きな声に、こちらが焦った。彼の脳裡には、陋屋《ろうおく》の中で寒さに震えながら、かぼそいランプの光の下で、強い焼酎か何かを飲んで、肩寄せあっている自分たちの姿が浮かんできたものらしい。

「イヤ、デンキは通っているサ」

と、奥尻には四回目になる私とYさんは大まじめに答えた。Nは、かえってその言い方に不信を感じたらしく、こっちににじり寄ってきた。

「デンキは島中にゆき渡ってるよ。アンタ、今どきデンキの通ってないトコ、あるワケないべサ」

「したけど、今の話だったら、来る日と来ない日があるかと思ってサ……」

「いャー、デンキってのは奥尻電機って

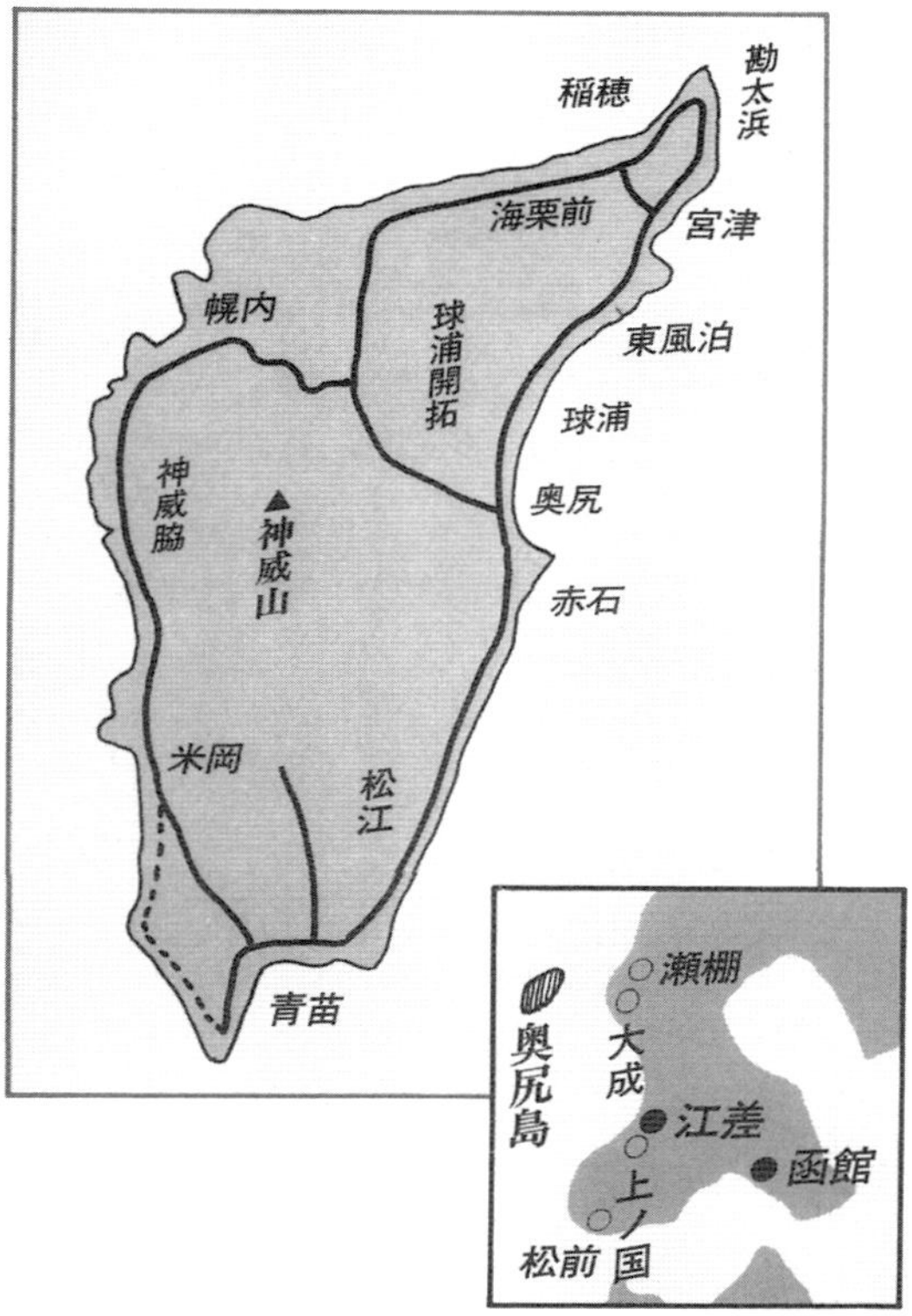

いう会社のことで、そこの社長のことなんサ。アンタ、失礼だヨ、奥尻は五〇〇〇人も人口があるんだゾ。スナックだって、病院だって、高校だってあるんだゾ」

そう言えば、私たちも何も知らなかった。島を最初に訪ねた時は、肉も野菜もないと決めてかかって、重いジャガイモなどをフェリーに運んだものだった。私たちはまた、〝こんなトコにも……〟を連発して、失敗したこともある。〝こんなトコ〟というのは、無意識のうちについ使ってしまう、アブナイ言葉である。

石狩平野の外れにある高校で、私と机を並べていた近江先生が、三年前の昭和六〇年（一九八五）、異動期を迎えて、突然、異動するなら島へ行くと言い出したことから、全ては始まった。

北海道の高校教師は、その在任中に利便・不便でランクづけされたA～特Dの地を四、五ヶ所回らなければならない。近江さんは、帯広市、深川市、長沼町と、いずれもBランクの所ばかり回っていて、全道の同僚に申しわけないと思っていたというが、五〇歳を過ぎてからの島への赴任は、確かに常識的ではなく、彼の家族がまずびっくりした。

熟慮し、家族と話し合った結果、彼は「探鳥をしたい」という珍しい理由をつけて異動先に島を希望し、教育委員会はこれを受理した。そして四月、奥尻高校の先生たちは、単身赴任してきた五一歳の同僚を「熱烈歓迎」の横断幕と共に迎えたのであった。また、その時から、敬愛する近江さんを訪ねることと、訪ねるたびに惜しみない親切で迎えてくれる島の人に会うことと、美味いものが食べたいことのために、私の奥尻通いが始まりもした。

赴任して一ヶ月たたない四月二六日付の、近江さんからの私信にこうある。

〈先日、仲良くなった五〇歳位の生粋の島人がホッケをくれた。少したって〝料理デキネェベと思って来た〟と言って、ノコノコ上がってホッケのハラを割いて、物置に干して帰った。今日、またやって来て、〝そろそろ食べ頃と思って来た〟と、生干せのホッケを醤油で煮てくれた。〝ワカメの味噌汁もウメーゾ〟と、生ワカメを持って来て、味噌汁もつくってくれた。酒も飲まない男で、お茶ばかりガブガブ飲んで、九時過ぎに帰った〉

このヒトが奥尻電機の社長（以下デンキ）で、その親切ぶりは、この書簡だけで十全に表現されている。

デンキと近江さんとの出会いは偶然ではない。生物教

ホッケの水揚げ

師の彼は、住宅に落ち着く間もなく山に入った途端、アイヌネギの群落にぶつかるわ、ヨメナ、カタクリ、ウド、ノビル、スイバたちに出会うわで、さっそく冷凍庫の必要を感じた。奥尻の市街では只一軒の、家電をはじめとする電気の総合業者、奥尻電機に来てもらうのは必然であった。

そうでなくとも、この地方では冷凍庫は必需品である。季節的に大量にとれるイカ、ホッケをはじめ、大型のマスなどを一本のまま保存する必要があるからだ。漁業の島でありながら、奥尻には魚屋がない。島の中心街で、フェリーが発着する奥尻市街には、小さなスーパーは三軒くらいあるし、小さな百貨店ともいうべき商店は、各集落に一〜三軒程度はあるが、そこにも鮮魚の姿はない。

島での魚の流通経路は、各家が地縁・血縁の独自のルートを持っていて、それは商品経済、貨幣経済の段階に至らぬまま、物々交換といった原理で動いているようである。赴任早々に近江さんが確立した主たるルートは、デンキ経由によるもので、訪問者である私たちも常にその恩恵に預かっていた。船中の会話「デンキが来ないと、食いもののこともあるし……」というのは、こうした背景をもつ。

このルートをつかまねば、島で正常に生活することは難しい。島に転勤してきた勤め人の中にはノイローゼにかかる人がいるが、この島の手厚く幅広い人情の流通経路に乗れなかったためと思われ、その不幸には同情するほかない。

デンキは、近江さんに会ったその日に、「ここでは、人の悪口は言えないヨ」と忠告したという。それだけ、人のつながりが濃密なのである。

近江さんの友人ということだけで、私たちが訪ねるたびに魚を持ってきてくれるだけでなく、営業用の車は貸してくれるわ、人を紹介してくれるわと、デンキの親切は溢れんばかりであった。

●フェリーが来ない日はある

官庁の文書風に言えば、奥尻の位置は常にこうである。「北海道の西南端、桧山《ひやま》支庁、江差町から西北六一キロの日本海上に位置し、周囲八四キロ、東西十一キロ、南北二七キロ、面積一四三三〇平方メートルで、人口五〇〇〇人を有する離島である」と。

周囲八四キロというのは、実際に回ってみると、かなりの距離というか、時間がかかるというか。高校の教職員が毎年、一周駅伝をしているが、その記録が六時間前後。

道路は大部分が海岸線に沿って開かれているが、北端に近い海栗前《のなまえ》集落からは内陸に入り、通称八十八曲りを経て西部の幌内《ほろない》集落に達する。東海岸は開発も早く、稲穂、宮津、球浦《たまうら》、奥尻、赤石、松江、青苗《あおなえ》などの大きな集落が散在しているが、西海岸は今でも幌内、神威脇《かむいわき》、藻内《もない》の三集落で四〇戸余りと、人口も少なく、奇岩絶壁がおりなす景色も荒々しく、人を寄せつけない雰囲気がある。

幌内と神威脇の間約四キロは、長いこと道路も開かれ

家がすっぽり隠れる冬囲い

ておらず、島を一周する贅沢は、昭和五八年（一九八三）から味わえるようになった。同じ島の住人が、西部の二つの集落を称して、「よくも、あんな不便なトコに住んでるもんだネェ」と、感心するくらい不便であった。

奥尻は北海道全体からすれば南に位置しており、東海岸と南部の青苗地区に発達している段丘の一部が水田として開かれて、かつては相当の量の米の生産も行われていたから、他の離島に比べれば住みやすい環境となっている。しかし、それは単に比較の問題でしかなく、季節風に出会えば島の厳しさも、少しは実感できる。

夏のヤマセ（東風）は東海岸をシケさせる。昭和二九年（一九五四）の洞爺丸台風の時には風速五〇メートルを記録したという。年に数度は四〇メートル近い風は吹いているが、近年では、昭和六二年（一九八七）八月末の台風くずれの荒天による塩害などで、一晩で十一億円の被害をもたらした。冬の西もしくは西南西の風はすさまじい。降りはするが、吹き飛ばされて雪も積もらないという、この風をまともに受ける北西部の海栗前《のなまえ》や西岸の集落では、家が隠れる位の高さにカヤを編んだ冬囲いを作らねばならない。家の中は暗くなるし、いかにも閉じこめられた感じになるのだが、相手は冬だから、逆らってもムダである。この季節風は、しかし、北西部の海岸の岩にノリをもたらし、シケで漁に出れない漁師の、冬季の数少ない現金収入となる。スダレに貼った岩ノリを、カヤの風除けの陰に干すさまは、冬の奥尻の、いかにもそれらしい景色として報道関係者好みのものである。

他処者《よそもの》である私たちにも及ぶ、季節風の直接的な影響はフェリーの運航である。

島の人の三大話題は、一に天候、一に漁模様（特にイカ）、一にフェリーの就航の有無で、特に冬は、フェリーのことが多くなる。一一月から四月の間、船便は江差・奥尻間一日一便で、朝、奥尻から出ないとなれば、スペアーがないため、自動的にその日は江差からも来ないことになる。

ちなみに、昭和四一年（一九六六）冬の、北海道新聞によれば、一月一日から二月一〇日までの四〇日間に欠航すること三五日の記録がある。冬、特に一月の欠航率が高い。六三年一月には、一五九九トンの大型フェリー、第五ひやま丸が前年に就航したにもかかわらず、三日間連続しての欠航があり、島の人も、最近じゃ珍しいと、嘆くとも呆れるともつかぬ口調で語っていた。その最初の日に関しては、島民こぞって、「あの日は、どうみたって船は出れたんでないノ」と、口を揃えた。あの位のシケはシケのうちに入らない、経済欠航ではナイカイ？と言う人もいた。旅客も貨物も少ない時には、採算を考えて欠航することもあるのだろうか。

逆のこともあった。昭和六一年（一九八六）の一一月、早朝に札幌を出て奥尻に着いたのが十五時、近江さん宅でフト新聞を見ると、札幌で見たのと同じ紙面。船が着いたばかりなのに、もう配達されたのかと驚いたが、一一月に入ってから、ホッケが大漁につぐ大漁で臨時便が運航されたのだという。フェリーは突然運休もするが、突然運航もすることもあるのだ。

第五ひやま丸は、江差・奥尻間の六一キロを二時間で運航している。昭和初期には、三〇〇トンクラスの船で四、五時間かかったというから隔世の感はある。しかし、第五ひやま丸はもっと早く走れるのに、経済速度をとっていてその能力を発揮していない、という話も聞いた。どうも、本島が離島に対してとる態度には、経済性を振りかざして、その力を出し惜しみしているフシが見うけられる。

五月から九月の間は、瀬棚《せたな》町からもフェリーが運航さ

囲いに守られた花壇

島には磯につづいているような畑もある。

れる。札幌からは、こちらの方が近くて早い。事実、年間に約四万人前後といわれる観光客が集中し、奥尻がもてはやされるのは七、八月の二ヶ月間だけであり、果たして定員を守っているのだろうかと思われるほど、フェリーには客が詰め込まれる。

「七、八月の一番良い時に来て、やれウニだアワビだ、ウメェーものをたらふく食って、奥尻はいい所だと言う人が多いけど、そりゃそうだべサ」

通年すれば、季節風が吹き荒れる、フェリーは停まる、シケで漁がない……という日が結構多く、冷凍庫が本領を発揮するのもそんな時なのである。

●〝ムカイの島〟と呼ばれた島だが

『奥尻町史』（昭和四四年刊）によれば、東海岸では、青苗や東風泊《やませどまり》など数ヶ所から貝塚や縄文土器が発見されており、人の住みつきは相当に古かったことを物語っている。しかし、島の人から聞くことが多いのは、松前藩の始祖、武田信広主従が江差の南の上《かみ》ノ国《くに》に向かう途中で嵐に遭い、奥尻に漂着したのが始まりで、その時、信広一行を三平なる漁師がもてなしたのが「三平汁」の起源である、という話である。

要するに、和人の活動は一五世紀頃から始まったらしく、江戸時代、松前藩は西蝦夷の奥尻場所を設定し、ニシン、煎ナマコ、アワビなどの海産物や「陽気を助ける」とされるオットセイなどを要求している。『町史』には、天保八年（一八三七）に奥尻場所の請負人、荒谷新左衛門が実地調査をした「ヲクシリ宝珠島」という地図が載っている。これによれば、ツルカケ（現奥尻）、アカイシ（赤石）、アオナイ（青苗）の三ヶ所にそれぞれ、通年住みついている家という意味であろう越年家という文字が見えるから、この頃には定住が始まっていたらしい。しかし、幕府の直轄となっていた安政三（一八五六）年には、永住戸数三戸一五人とあり、決して順調に人口が増えているわけではないようだ。また「宝珠島図」には、この他に一九ヶ所の夏漁出稼小屋もあるから、江戸末期の奥尻は、出稼ぎ人の集まる島であったのだろう。各地からの出稼ぎ人によって開かれた北海道、そのまた出稼ぎの地、北海道の縮図としての歴史が、奥尻にはあったのである。

ところで奥尻の人は、北海道を「ムカイ」と呼ぶ。本来は、奥尻の方がアイヌから「向かいの島＝イクシュンシュリ」と呼ばれたものだが、ムカイと呼ばれた方が、呼んだ方を逆にムカイと呼び返すのには、並々ならぬ意地と肩ひじ張った誇りが感じられるが、それは北海道でも開発が早かったことに対するプライドも少なからず作用しているようで、対岸の北の方を下《しも》海岸と呼ぶことなどにも現れている。

昭和三三年（一九五八）の北海道新聞の奥尻探訪記事には、「奥尻は桧山ばなれしている。ちっとも新しいものがないくせに、（奥尻人の）何か強靱な態度には端倪《たんげい》すべからざるものを感ずる。土着の臭いのしみついた、封建制と適度な便宜主義がある……」という意味のことが書いてあったが、なかなかに鋭い嗅覚である。

明治になって、ニシン漁が人口を増加させ、一五年以降、伸び率はにわかに高まり、ニシンやイカの好不漁によって振幅はあるものの、四〇年代には三〇〇〇人台に突入している。四四年に始まった、幌内での硫黄鉱山の開発が拍車をかけ、今は三戸五人しかいない幌内だが、一時は二〇〇〇人の人口があったという。

戦後、国後島《くなしり》の一郡二村の住民が神威脇に入植したのをはじめ、人口は緩やかながら増加して、昭和三〇年代には八〇〇〇人の大台を超えてピークとなった。しかし、

奥尻島から望むムカイの島。磯では蛸《たこ》を獲っている。

昭和四〇年代になると高度経済成長の影響で、大きく後退しはじめ、現在では五〇〇〇人ギリギリのところで踏みとどまっている状態である。各集落の人口は、ピーク時よりそれぞれ減っているが、行政官庁や病院、フェリー発着所のある奥尻集落はむしろ増えており、ここにも縮図が見られる。そして、かつては夏には出稼ぎ人が集まっていた島が、冬になると出稼ぎ人がゴッソリと出ていく島になった。

●ニシン漁が余りに早く終ったために

奥尻の歴史は、ほとんど漁業の歴史といってさしつかえないだろう。藩政時代はオットセイや長崎貿易の花形商品の俵物、それにニシンを加えれば完璧である。

北海道での史上最高のニシン漁獲量は、明治三〇年（一八九七）の百三〇万石（九八万トン）とされているが、実にこの年が奥尻でのニシン漁終焉の年になっている。

下海岸（余市《よいち》、古平《ふるびら》）のニシン漁は戦後まであったのに、余りに早く、劇的に終わってしまったため、奥尻ではニシン漁そのものを知っている人はいない。ただ、下海岸に出稼ぎに行った話や、ニシン漁場での薪として奥尻の山林が伐られた話は残っている。

明治三〇年までは、江差方面の親方が東海岸の烏頭《ぶし》川の河口近くに番屋を構え、秋田、山形、石川、福井あたりから、いわゆるヤン衆を集めたので、奥尻には日本海沿岸に出身地を持つ家が多いのだという話も聞いた。

余りに早い時期にニシン漁が終わってしまったことによって、他のニシン漁場にみられるような、座る場所にも厳しい区別があるという強い縦の関係や、親方と若い衆との間の封建的関係よりも、むしろ賃金労働者としての契約、しかも毎年人が変わるというドライな関係が残ったことが、奥尻の特徴であるようだ。

親方、乗り子という言葉は今も残ってはいるが、その

島には新しい家もあるが、昔ながらの軒の低い家もある。

関係は比較的自由で、人によっては、「なあに、五分五分だ。乗り子も船持てば親方ヨ」という程度のものだという。それだけに、自由な空気があったわけだが、また、逆に島全体の漁業経営は常に零細であったともいえる。

ニシンが去った後、奥尻の漁業を支えたのは、イカ、マス、ホッケと、アワビ、ウニ、タコ、ワカメ、ノリなどの磯まわり漁であった。この組み合せによって奥尻の漁業は何とかバランスをとってきた。漁獲金額の推移だけをみると、昭和五五年（一九八〇）に一八億円の水揚げがあったのをピークに、近年では一〇億円を切るようになっている。それは、主力のイカ、マス漁にかげりが見えるからである。

ただ、衰えたりとはいえ、イカだけはまだ横綱の地位を降りてはいない。五〇年代から六一年までガクンと落ちた漁獲量が、六二年にはやや回復の兆しを見せたことも、淡い期待を抱かせてくれる。

最盛期には2000人がいたという硫黄鉱山。今はわずか3戸だけ。

●島の命運を握ってきたイカ漁は

昭和六一年（一九八六）は、奥尻のイカ漁にとって最悪の年ではなかったろうか。八月に行った時に、イカが不漁であることを小耳にはさみ、デンキに、「イカがとれてないって話だョ？」と言ったら、一瞬、彼は絶句して目を白黒させて、小鼻をふくらませた。

次に、「まさか!?」とつぶやくなり、無意識に電話に手を伸ばして、二、三軒に当たっていたが、獲れてないことは事実だった。前夜の、歓楽地のネオンを思わせるような海上の照明は、単なる石油のムダ使いに終わってしまったようだった。

昔はそれこそ「どうしようもなく獲れた」イカである。前浜とよばれる東海岸に小舟を出して、回遊するイカを待ってさえいればよかったものだという。表層に浮いてくるのはハネゴで、中層にいるのはヤジロベエ型のトン

祖母は、醤油で煮ると美味いというカワハギの皮をはぐ。

ボという釣具で釣った。一人で一〇〇〇尾釣ることを千ヅケといい、一応は大漁の代名詞だったが、二〇〇〇もつけることが決して珍しくはなかったという。しかも、舟とオカとで夫婦が会話のできる距離での操業であり、日に何度も漁に出るという手軽なものでもあったという。

　生イカは刻一刻肌の色を変えるほど鮮度に敏感で、冷凍技術が発達するまでは、市場に出すにはそれこそ時間との勝負であった。奥尻では市場から遠いため、獲れたイカは全てスルメに加工されていた。鮮度のよいイカをスルメにするため、市場での評価は高かった（今でも函館の朝市では奥尻のブランドのついたスルメが並んでいる）が、それだけに色、型、乾燥の度合いなど検査もうるさかったし、乾燥機が導入される以前のスルメ加工の最盛期には、小学校も臨時休業させるほど大がかりの作業でもあった。

　もっとも、スルメにしかできなかったのは、市場から遠いことだけでなく、奥尻全体が経営規模の小さな漁民の集まりでしかなく、冷凍設備などに投資する余裕がなかったこともあった。これは、ニシン漁が余りに早くに終わってしまったために、奥尻に資本が定着する機会を失ってしまったことと関係があるように思われる。

　ニシン漁時代の名残りとしての、親方、乗り子の関係はイカ漁にもあるが、その関係はいかにも奥尻らしい。つまり、親方の動力船に乗せてもらった乗り子は、そのお礼としてヤク（一定の割合。二五～三〇％）でイカの現物を親方に支払うが、親方の家に労働力がある場合には生イカで、少ないときはスルメで支払ったという。このあたりに、親方といい乗り子といっても、共にスルメ加工業者としての共通性があり、地縁・血縁で結びついている両者の間には本質的な差異がなかったことがわかる。

また、戦前には「メシ食い」制度というものがあった。冬の間は食えない漁民が仲買人（海産商）から前借りして、魚が獲れると後から現物で支払うという仕組みだが、今の奥尻にある現物経済の根幹は、ここにあるようだ。

それはともかく、戦後は「メシ食い」はなくなり、漁協が資金面で漁民を援助するようになった。これによって、乗り子は次々と独立していった。魚探やレーダーを備えた新造船ブームが昭和四五年（一九七〇）頃にやってきて、「さて、これからイカ、マスをどんどん獲るぞ」と意気ごんでいるときに、例のオイル・ショック。続いて五二年には二百カイリ規制で漁場が半分に減り、五四年の第二次オイル・ショック、五八年には日本海中部地震による津波で沈没したり、防波堤に乗り揚げて破損する船の被害が出た。昭和六二年（一九八七）までに、漁協の保証で個人が借りている借金が四〇億円と膨らんでいるままに、奥尻の漁民にとって、難問がそれこそ津波のように押し寄せてきた。

漁さえあれば、借金は返せるのだが、頼みのイカ漁が五〇年ころから急速にかげりをみせている。沢山獲れていた時には、皆に応分に獲れていたが、悪くなってくると漁に差が出てきて、隣で操業している船に一匹も釣れないのに、こっちは豊漁ということもある。しかもイカ漁はコストも高く、集魚灯一個一キロワット、九九型（九・九トンの船）で二〇個も点けると油代がかさみ、採算点は年間で六〇〇万円程度であるという。

現在、親方をしている人がこんな事を言っていた。

「設備に金はかかるし、油代などは漁があってもなくても同じにかかるし、いっそ乗り子だった時の方がナンボか気楽だったモネェ」

六二年末には、一晩で二〇〇箱あげた船があったという。発泡スチロール製の通称トロ箱に、型に応じて二、三〇匹入るが、正月前で品薄だったこともあって、一箱六〇〇〇円から七〇〇〇円の値がついたというが、こんなことは、滅多にあるわけではない。

奥尻でイカと言えばスルメイカのことだが、最近は他の種類のイカも獲るようになった。スルメ加工一辺倒だったものから、二次・三次加工に回しやすい生干しで出荷したり、ムカイの市場に生イカで出すことも多くなった。現物給付制も残ってはいるが、漁協が算出した額×率で、現金で支払われることも多くなっているという。

イカ漁の不振について、デンキなどは「余り近代装備をつけすぎて、もう、獲りつくしたんでナイカイ」と、言っているが、確かに、戦後になっての漁法の変化はすさまじく、昭和二八年（一九五三）に連結式のトンボが発明され、昭和三〇年代からのドラム型の手回しのイカ釣り機はイカ釣りに上手・下手をなくしてしまい、三九年頃からはイカだけを機械的に釣る自動イカ釣り機、そして今やマイコン付のイカ釣りロボットが登場している。

漁業従事者が少なくなったことへの対応でもあろうが、近代装備は逆に従事者を減らすことにもなっているし、自らの首を締めることにもなりかねないが、乱獲競争に参加しないことには、投資した装備費が回収できないことも事実である。

イカは、その全身を食べることのできる魚であり、調理方法も万能、万人向きだし、加工も自在で、極めて用途が広い。特に解凍してもその味に変化がない点では、イカ以上のものはないと言ってもよい。函館の朝市近くで、イカソーメンと称するイカ刺身が人気を呼んでいる。三月などのイカ漁の季節外れには、どの店でも解凍して客に出しているのだが、生きているイカと比べて、身の透明度にやや劣るものの、まず見分けがつかない。脂肪分が殆どないので、いわゆる脂やけがないからだと漁師は言っている。

漁から帰った夫の漁船を妻が神楽桟で引揚げる。

イカに対する日本人の嗜好に大きな変化はないであろう。従って、未だ解明されていないイカの回遊が資源的にどうなるかという問題が、依然として奥尻の運命を扼していることに変わりはない。

●冬の岩ノリ採りには〝陰まわり〟の名残りが

奥尻の漁業の主体は、夏から冬にかけてのイカ漁であることは明らかだが、一月～四月のノリ、タコ、春のワカメ、夏のウニ、アワビなど、磯まわり漁の比重も高くなってきている。島の周辺は全て、いわゆる根付漁業の好漁場であり、中でも西海岸はウニ、アワビの宝庫と言ってよい。

種アワビとして島外に出荷されるために、滅多に口に入らなくなったアワビに比べて、ウニに関する奥尻の資源はまだ〝無尽蔵〟といってよいほどである。特に西海岸では、うかつに水泳しようものなら、密生したウニに足を乗っけてひどい目にあう。奥尻のウニは、今は殆ど

道路近くまで漁船を揚げた西海岸の千畳浜

がエゾムラサキウニ（通称ノナ）である。かつてはバフンウニ（通称ガンゼ）も多く獲れたらしいが、海栗前《のなまえ》という地名がある位だから、ひたすらノナが獲れる。色も形も馬糞そっくりで、海藻の繁ったところにいることが多いガンゼに比べて、ノナの方が獲りやすいが、市場では色彩の鮮明さや味の濃厚さなどでガンゼの方に人気があり、通常、価格も高い。

「ここで美味いのはノナだ。奥尻のはエサが違うんダ」と、デンキは頑張る。

ウニのエサは海藻である。しかし、奥尻のノナは海藻不足のために極端に身入りの悪いものも多く、その意味での〝無尽蔵〟であることも指摘しておかなければなるまい。

お盆も過ぎたころ、漁協に行ってみた。普通、漁協では小売りはしないことになっているはずだが、〝小売りは現金で〟という貼り紙さえしてあった。小さなポリバケツを持った婦人が、ウニを買いに来ていた。漁協の職員は庭いじりに使うようなスコップで、ポリバケツに一杯また一杯と入れ始めた。値段はキロ当たり四五〇〇円。北海道では全般にそうだが、特に奥尻では量の多さが絶対的な善とみなされ、量の少なさは「こったらべっちょ」と言われてしまう。ウニをキロ単位で小売りするあたりが、奥尻のスケールなのである。

私たちも、一キロのウニを白菜とともに薄い塩味にしたてた鍋にして食べた。ウニで満腹するなどという贅沢は、他処ではなかなか味わえない。新鮮なウニは甘い。確かに奥尻のノナは、みょうばん液に漬けられた苦くて薬くさい、へたなガンゼよりはるかに美味い。デンキがノナにこだわるのは、あながち彼が奥尻至上主義者だからではないようだ。

東海岸の漁師が、四月からお盆（八月十五日）頃まで、ウニやアワビの豊かな西海岸に行くことを、島では陰まわりとよんでいた。島内では便利で集落の多い、東海岸を前浜とよぶことに対しての陰なのであろう。出稼ぎの島での出稼ぎである。

戦前はもとより、戦後の昭和二四〜三〇年頃が最盛期だったという。今でも道路が通じてない北西海岸には、多くの澗《ま》がある。澗といっても、岩が屹立している荒磯のちょっとした入江で、決して安心して操業できるようなところではない。その狭い土地の水が得られる場所を選んで番屋を建て、イカが回遊してくるまでの間、ウニ、アワビ、海藻類などを獲って暮らしていた。

「前浜で、イカの千ヅケがあったと聞くと、陰まわりしていても落ち着かず、尻がもちょこくなったもんサ」

と、谷地の漁師の佐々木二郎さん（大正二年生）は、陰まわりを語ってくれた。昔は夜明け前に谷地を出て、昼近くまで車櫂を漕ぎ続けて行ったもので、マメはできるし、櫂にコンブが絡みついて往生させられたし、学校に上がっている子供は年寄りに預けて、夫婦と幼児での出稼ぎだったという。アワビ漁が主体で、アワビだけを獲っていた人もいたが、佐々木さんはコンブも採ったそうだ。奥尻のコンブはそれ自体は商品価値に乏しく、焼いてヨードを取ったのだという。

島内での季節的な出稼ぎである陰まわりは、昭和四〇年代から、道路の整備にともなう車の普及と船外機の普及によって、急速に姿を変えた。櫂で半日もかけて西海岸に行く時代は終わり、日帰りの漁になった。例えば稲穂港に船を置き、そこまで車で通勤し、船外機で西海岸まで行く人が多くなった。

しかし、西南西の季節風が運んでくる冬の岩ノリ採りには、まだ陰まわりの名残りがある。昭和六三年一月、幌内に僅か三戸残った家の一戸、池島貞次さん（六三歳）を訪ねた。冬の海は黒く鈍く光っていた。冬囲いの入口は、背をこごめなければならないほど低い。除雪が幌内にまで達するようになったのは、二年前からである。冬の間は郵便も新聞も来ない、飲料水は凍るという、島の人すら驚嘆するほど不便なところに住んでいる理由は簡単で、岩ノリの収入があるからだ、と池島さんは言う。

「ノリ採りは女の仕事だっていう気持ちが他の人にはあるみたいだけど、オレは、これ立派な男の仕事だと思っているのサ。道具ったって、カギって、ただひっかくだけのものなんだけど、先をちゃんと砥いでおかないと、かいたノリを後で切るときにきちんと切れないサ。マ、簡単な道具だから、そんなところで差が出るべ。同じように一日歩いたって、採る量が全然ちがうサ」

四年前にNHKが池島さん夫妻を取材したという。

「ビデオ見るかい？　ここに一週間居たんだ。筋作って、ひどい天気の日にノリ採れって言うんだモネ」

幌内は衛星放送しか受信できない。池島さんは慣れぬ手つきでリモコンを扱い、株式市況の画面をビデオに切り換える。

朽ち果てた漁船

反対側の海岸にある賽の河原で、寒風の中、ムリヤリ手を合わせて拝まされたなどと、事実とは違う部分を指摘しながら、

「ノリは採ってきたら洗って、かきまぜて、ノマっていう小さなスダレなんだけど、それに一枚ずつ貼るんだ。それを外の風除けに吊るして干すワケ。その数が足りないって言うんで、オレ、しかたないから薄くのばして貼ったんダ。見てる人が多いもんだネ、ウチに直接、ノリ送れって電話がイッペェかかってきて、困った、困った。個人じゃ売れないから、漁協の電話教えたサ。たいした売れたらしいヨ。ンダども、次の年は何《なん》も注文がなかったというから、ヘンな物を送ったんでないべカって、心配してたんダ」

「養殖ノリみたいな、スキマのないノリはできないのヨ。色・艶・型で松・竹・梅って等級があって、松で一〇枚一五〇〇円ぐれぇかな。スキマのあるようなノリの方が、見栄えは悪いけど、味はイイもんだ。ノリの出来？ そりゃ、シバレよ。シバレねぇとダメ。暖かいと、いいノリはできネ」

奥尻のノリは、お握りや鮨に使えないほど分厚いが、サッと火にあぶると、歯ごたえ、香りとも尋常のものではない、野性的な味が口中にパッと広がる。

池島さんの自慢は、子供たち三人を全て島外の高校、大学に出したことである。ビデオでも、池島さんは子供のことを語っているが、そこのトコだけは本当のことだ、と目を細めた。冬の厳しさに耐えながらのノリ採りが、子供らの成長を支えたのである。

東海岸でも凪であれば、水ダコが一日一トン程度、それにゴッコという魚が少し水揚げされていた。

●〝ゴッコ汁〟は島ならではの果報

奥尻から転勤することが決まった、ある公務員が、

「何といって特に心残りはないが、これからゴッコ汁が食えなくなると思うと、残念でならない」

と、述懐したという。


ゴッコは北海道でも、函館を中心とする道南のごく一部の人しか知らない魚である。和名は「ほてい魚」。七福神のほてい様のように、腹がふくらんでいることによる命名だろう。冬にしか食べられない。トラフグのような色をしたゴッコの体表は、粘液で覆われてヌルヌルしており、そのままではとても食べる気がおこる代物ではない。これに熱湯をかけると、急速に魚体が縮んで粘液が固まっておちる。次いで、腹の中央にある醜い吸盤をえぐりとる。後は、身をブツ切りにして、豆腐、長ネギとともに醤油味のつゆに入れれば、食通垂涎のゴッコ汁。内臓、身ともにアンコウそっくりの味がするし、肝もアンコウ同様に貴重で、別に取り出して肝あえにするとよい。

海に近い川に設けた仕掛網。どんな魚がはいるのだろうか。

一月、烏頭《ぶし》川集落の漁師、藤谷英樹（昭和一七年生）さんを訪ねた時に、ちょうど網からはずしていたのがゴッコだった。藤谷さんは、昭和四八年（一九七三）に怪我がもとでイカ船を降り、磯まわりに転じたとのことで、冬は〝細々と〟タコやゴッコを獲って暮らしているという。血縁にあたるデンキによれば、研究熱心で、かつては養殖ホタテを手がけたり、現在はワカメ養殖をしたりしているという。篤農家という言葉はあるが、奥尻では珍しい篤漁家とも言うべき人である。

「大怪我して船を降りたんだけど、あの時に漁師をやめていれば、こんな貧乏しなくてもよかったのに……」

と、藤谷さんは苦笑する。


磯まわりになってからの年間のパターンは、冬＝ゴッコ、タコ、マス釣り、春＝ワカメ採り、夏＝アワビ、ウニ、秋＝九月から実質的に仕事がなくなる。

「年間に一五〇日以上は漁業やってないと、漁業権なくなるから、出稼ぎにもなかなか行けないし。今獲れてるマスは小型で金にはならないし、春になったらデッかくなるから、それまで待つんダ。ゴッコも半分遊びみたい

なもんで……。前の日に入れておいた網を朝行って揚げるサ、三〇分位なモンダ。メガネでのぞいて、タコがいれば獲るし……。ゴッコは冬に子ッコ産みに岸に寄って来るんサ。産んじゃうと、サケみたいに死んでしまう。岩に固くこびりつくようにして。コレ、すごく早く大きくなる魚だヨ。奥尻じゃ安いけど、ムカイだとたいした値段するんだト。札幌で一〇〇〇円もするの？

ヘェー！　好きな人、好きダモネ」

　赤石港に近い自宅で、天井から吊るした横木に網をかけ、奥さんと二人で下に引きながら、魚が目の前に来た時に外す。ヒトデや傷ついた稚魚も丁寧に除かなければならない。たっぷり二時間はかかった。ゴッコは約五〇尾。防寒のためにモモヒキを三枚穿いているせいか、薪ストーブの燃えすぎのせいか、藤谷さんの額に汗が浮かんでいた。

　その後二日間は海が荒れて、漁に出られる状態ではなかった。凪で快晴となった三日目にまた訪ねたら、久しぶりの漁なので大漁。ゴッコ一〇〇尾以上、ツブ貝五キロ程度、ホッケ一〇尾、カレイ、アブラコ各一尾、中ぶりのタコ一尾、ババノテ貝一個。

　網外しが終わったのがちょうど昼食時で、お昼を御馳走になった。当地の正月には欠かせないというクジラ汁（クジラの脂身、ササタケ、ワラビ、コンニャク、豆腐、ゴボウなどが入った醤油汁）、ホッケの飯鮨《いずし》、タコ煮つけ、白菜の漬物、それに奥さんが急いで解凍して煮てくれた、豪華絢爛たるアワビの煮つけが私だけに。網外しのとき、たった一個しか獲れなかったババノテ貝を、薪ストーブで焼いてくれたばかりなのに。

　帰りには、お土産つき。ゴッコ二尾（オス・メス各一）、冷凍アワビが一〇個、その日の全ての収穫であるツブ貝（冬のツブは砂を噛んでいるので、帰ったらすぐ塩水に漬けることとの忠告とともに）、真タラの冷凍したもの六枚。もったいなくて食べなかった先刻のアワビ煮も、包んでくれた。

　こんな風に、世話になったうえにまた何かを貰ってしまうということが、奥尻ではしばしばある。奥尻の人は親切だからと言ってしまえば、それだけのことかもしれないのだが、どうも底流には物のやりとりが、貨幣を介在させずに行われるという慣習が、まだ日常に生きているからではないのかと思われる。物が動くルートは、基本的には先述したように、複雑な地縁・血縁関係をたどってはいるのだが、先方が認めてさえくれれば、その関係の外にいる人間に対してもルートは開かれる。昭和六二年（一九八七）二月の近江さんからの手紙にはこうある。

〈二月〇×日、宮津の浜に鯨が四頭打ち上げられました。うち一頭は元気だったので海に逃がしてやったそうです。この欲ばらない態度がまず気にいりました。次に、宮津、奥尻、青苗で各一頭ずつ分けた、というところが素晴らしいことでした。

　三年生で、私が授業をもっていない女の子が、鯨を持って来てくれました。〝上がっていかない？〟と聞いたら、〝父さんが車で待っているから……〟と言うのです。父親が車に乗せて持って来てくれたのです。しかも、一袋は血抜きをしたもの、別の袋は黒く血のしたたるヤツ。

高台にはよく耕された畑がある。

舟溜りのそばの小さな畑

そして生姜を一片。次いで、これも授業をもっていない三年生の男子に、〝お前の家にクジラあるべ？〟と聞いたら、〝先生、よくわかったな、昨日貰った。近所にやってネバ、まだあるゾ。持ってってヤッカ？〟更に、PTA副会長たるクリーニング屋氏が来て、〝先生、クジラ食えるか？ ナラ、車で迎えにいってやるから、六時ごろ来い〟そこで味噌煮と焼酎をごちそうになって帰ってきたら、同僚のT氏から電話で〝今、クジラパーティーやってる。迎えに行く〟と。結局、小生は四ヶ所から鯨を貰ったことになります。〉

魚、野菜、山菜などの奥尻の産物は、例えば以上のようにして流通しているのである。スーパーに鮮魚がないのは何も不思議ではない。そして、どんな場合でも人の世話になったことは忘れてはいけないことだが、殊に奥尻では誰から何を貰ったかは、強く銘記しておかなければならない。貰うだけでは物は流れないのである。奥尻を訪ねるたびに、ちょっとしたお土産の数がどんどん増えている。荷物が多くなることに閉口しないでもないが、お返しをすべき人が多くなることは、たまさかの訪問者である私たちにとっても嬉しいことではある。もちろん、近江さんによれば、彼の住む集落のお祭りの後片づけに顔を出しただけでも、親切さがずっと上がったというから、お返しは物でなくても良いようではあるが。

いずれにせよ、藤谷さんから頂いた品物をぶらさげて帰ると、物を貰う名人と自称する近江さんが「アンタも、一人前になってきたネ」と、誉めてくれ、その夜はゴッコ汁を満喫することになった。

●ホッケを食うための知恵と技術の集積

「奥尻のホッケ食ったら、函館のホッケなど食えたもんでない」という、名セリフがある。ナニ、函館のホッケが食べられないとすれば、北海道のホッケはあらかた浮かばれないことになる。このセリフは、奥尻の人にありがちな、過大な郷土愛からくる誇張が含まれているとは思われるが、ある面では真実を言いあててもいる。

道南一帯は、ホッケが獲れだすと、もうホッケ一色。ホッケ・モノカルチュアとよびたくなるほど、毎日朝から晩までホッケばかり食わなければならない。人々は、いかにこれを食べるべきかに知恵をしぼる。かつてニシンのために使われた技術は、全てホッケに援用されている上に、ホッケ独自のものが加わってくるから、その知恵の集積たるや大変なものである。ホッケがニシンより劣っているのは、その卵巣《かずのこ》と精巣《しらこ》に関してのみで、スリ身となって変身できる点では、ホッケの方がはるかに優れている。

島の山では茸《きのこ》がよく採れる。

ホッケはしかし、下魚であった。魚価も安く、獲れすぎて港に野積みされたまま、放置されることもあった。今でも、他の魚の餌にされたりする。戦時中は、塩の固まりのようなローソクボッケが本州に配給され、味の悪さで悪評をかったこともある。ホッケにとっては不幸な歴史の積み重ねであった。

奥尻では、ホッケは年間二〇〇〇トン台の漁獲量を維持し、金額も一億円を超えている。他の魚が獲れなくなってきているのに、ホッケは依然として獲れるのである。真夏を除けば、年中、コンスタントに獲れる魚で、例えると、地味で目立たないが、出席率がよく、成績もしだいに向上してきた生徒のような魚である。

優等生的な特徴は他にもある。煮ても焼いても、フライにしても、塩漬け、みそ漬けにしても食べられるし、味に飽きがこない点では、この魚に対抗できるものは余りないのではないか。おそらく、高度成長期の日本人の蛋白質供給を支えた魚肉ソーセージの過半は、このホッケと、親戚のタラであったに違いない。同様の地位にあったクジラは、未来がなくなってしまったことから注目されているが、依然現役で活躍しているホッケについての評価はまだ充分とはいえない。

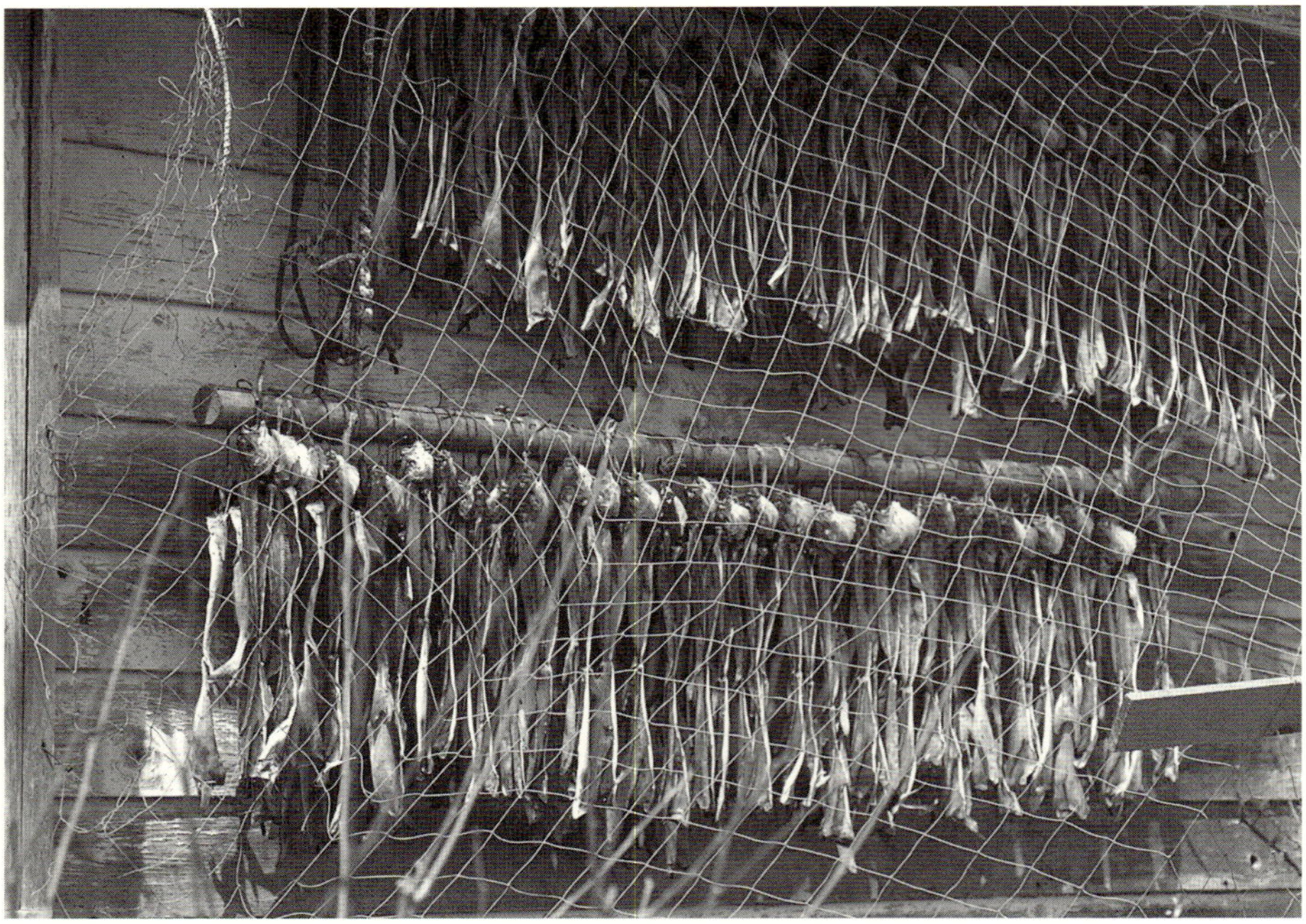

猫などに取られないように、網をまわしてホッケを干す。

島のたいていの家では、秋ボッケを樽に漬けて保存している。秋ボッケは抱卵しているが、緑色したこの卵はけっこうアクが強く、丁寧に血抜きして醤油漬けにしたり、ニシン漬けに混ぜたりする。ホッケの頭とハラワタをとり、一本のまま沢庵を漬けるようにして塩（糠）漬けにしたのが、保存法としては一番単純な塩ボッケに糠ボッケである。最近は、何かというと減塩とか、甘口という風潮があるが、少し塩のきいた糠ボッケは、筋の通った旨みがあって、朝飯のおかずには最適である。春ボッケが獲れ出し、秋の糠ボッケが余ることがわかると、これを春風に干す。すると糠の風味が、全く燻製と同じ風味に昇華する。脂がジトーっとまわっているのを、ムシって食うくらい旨いものはない、というのが、魚にうるさいデンキの弁である。

ホッケは刺身では食べない。「たいして旨いが、アタルと怖い」とされている。新鮮なものでアタルとは不可解だが、おそらく、白身の魚にいて、胃壁に食い込んだりして激痛と嘔吐を招くアニサキス幼虫による中毒が怖いのだと思う。その対策としてなのか、ホッケのジュジュとよばれる、シャブシャブと同じような水炊きが奥尻にはある。薄切りにしたホッケの身をお湯にくぐらせ、醤油ダレで食べるもので、もちろん、新鮮なホッケでなければならない。

新鮮でなければならないのは、ホッケの飯鮨《いずし》も同様である。秋も深まり、初雪でも降ろうかという頃、各家では飯鮨を作る。ホッケを三枚もしくは二枚（骨つきの方が水切りが良く、身がしまるという）におろし、皮つきのまま四、五センチに切り、水をじゃんじゃんと流して、濁りがなくなるまで血抜きし、それに酢をまぶして布袋に入れて一晩水切りをする。それを適当に切った人参・大根などの野菜とともに、塩、麹、御飯を混ぜて、幾重にも重ね、次第に重しを重くしていくが、大体三、四〇日位で食べられるようになるという。近江さん宅には、十数軒からの飯鮨が集まって、これを食べ比べるのが島での大きな楽しみの一つだという。醗酵にともなう技術は、定量化しても、年によっては同じ味にはなりにくいが、奥尻ではこのホッケの飯鮨作りの名人と称される人が何人かいて、相応の尊敬を受けている。そして、その技術は姑から嫁に伝承されるのが普通だという。

北海道内はおろか、いかな奥尻でも、食堂の類では絶対に食えないのが、ホッケの頭の煮つけである。ホッケの頭には殆ど身はないが、首とエラの部分を攻めて、何とか身をほじくり出すところに技術を要する。処置に困るほど獲れるホッケを、ここまでして食べることも、島の生活にはあるわけで、これを御馳走してもらったら、家族同様の付き合いをしてもらえることになった証拠である。また、たまに来た客には、これも滅多に市場に出ない、大型の道楽ボッケが出されることがある。一網に四、五本しか入らず、たいていは漁師の自家用とされるそうだが、大きさが真ダラなみになった、ホッケの王様である。脂ののりといい、身のしまりといい、味のまろみといい、「これを食べたら、函館の……」と言うセリフは嘘ではないと思わせられるものである。

「青苗のホッケ漁見たことない？　イヤ、凄いもんだ。秋なんか、船がヨタヨタ入って来るんダ。海面と船べリが三〇センチもないのサ、あんなに積んで、よく沈まないもんだと思う位ヨ。一二、三トンもあるんでナイカイ」と藤谷さん。

これほどに獲れるホッケは、今後、奥尻漁業の輝けるスターとなる公算が強いのではないかと思われる。

●〝奥尻原人〟と称される人の生き方

漁業の島ではあるが、南部の富里や米岡などの集落には、牧場や水田が見られ、ここが島か？　と思うことがある。特に青苗川の谷筋にある富里などでは、津軽風に稲を干していたりする。とはいえ、島の産業としてはあくまでも農業は従であり、漁業が好調な時は農業が等閑視され、逆に不振であれば農業従事者が増えるという状況にあった。しかし、日本の農業そのものが他から人口を吸収するだけの魅力を失った現在、奥尻が例外であるわけではない。需要がないから、農地は異常に安いという話もきいた。

三度目の訪問のとき、私たちは、稲穂の山で農業をしたり、土木作業員をしたりしている、目谷治孝さん（以下メヤさん）夫婦に会うことができた。

メヤさんは、大正一五年（一九二六）生まれ、生粋の奥尻人である。一二人兄弟の末の方に生まれ、三〇歳位まではイカ釣り船に乗っていたが、イカ船には弱いせいもあって、陸に上がり、昭和三〇年（一九五五）、戦後の食糧確保のための緊急開拓者の一員として、球浦開拓に入った。現在、メヤさんの家は、島の北部の海栗前から三キロばかり段丘を上がったところにある。球浦開拓がうまくいかず、今のところに下りてきたのが、昭和四〇年頃だという。

メヤさんを紹介してくれたのは、もちろんデンキであるが、同じ島に居ながら、彼らの交際もそんなに古くはない。昭和五八年頃、稲穂の山の一軒家のメヤさん夫婦が、美しい画面のテレビを見たいと思ったことからである。すっぽり山に囲まれたメヤさん宅は、NHKも面倒見切れないとした、超難視聴区域だ。強力なアンテナを背後の山に立て、家までケーブルを引いてくるのだが、途中に増幅機を三台入れなければ電波が届かない。アンテナの天敵は落雷で、「火の玉がゴォーンとあがった」となると、デンキとメヤさんは、重い機材を担いでの登山となる。デンキが、赴任したての近江さんを機材担ぎに徴用したことから、私たちとの縁がつながった。

メヤさんの言葉は、津軽弁にかなり近い北海道弁で、しかも早口。音量は普通の倍。音量が大きいのは、広い畑と広い海を相手に働いてきたからであろう。奥さんも同様である。メヤさん夫婦の会話にデンキが加わると、同じ北海道人である私も、誰かに同時通訳をしてもらいたくなる。最初の頃は、そのテンポの速さと、不可解な省略と語彙で、半分位しか理解できず、二十一世紀は〝国際化の進行〟だなんて、ドコの話だと言いたくなったものだ。

メヤさんの人柄について、デンキは「マ、汚れてない人だネ。奥尻原人って言った方がいいベカ」と、評している。奥尻で、汚れてない人というのは、まさに無垢の人という意味であり、そのために、メヤさんは人に騙されることが多く、いつも損な役ばかりを引き受けてしまうようだ。

「オレが球浦開拓に入ったのは昭和三〇年（一九五五）、宮津開拓の方が一寸早く入ったんでネカ。朝から晩まで、何でも手ェでやった。木ィ一本一本、ノコで切って根ッコ掘ってヨ、鎌で一つ一つ穴あけて、豆なんか植えたけど、土地も悪かったんだべ、全然採れなかったナ。アンタ、採れたって誰が買うのヨ、カボチャの四つや五つ。豚や鶏飼って一緒に住んだ。オレは馬も飼った。でっけェ馬小屋もあったんダ。一〇頭もいたことがある。自動車なんて少なかったから、物運ぶのは馬だったべ。畑耕すのもヨ。仔ッコもとるんだドモ、馬ァ弱くてヨ、難産ですぐ死んじゃう。飼うのむつかしいんダ」

「なんせ、生きものの草取るにかかってハァー、岩生の山まで行って、暗くなるまで草刈って、家サ帰ってから、豚の餌煮なきゃナンナイベサ」と、奥さん。この人も奥尻原人の妻らしく、全身これ善意の固まりそのもの。

「豚はみんな飼っていたナ。殺して食った。マキリ（小刀）で毛ェそって。豚の皮ァ、ウダデ（大変）ウメーもんだが、自分で飼ってる奴か、よっぽど金持ちの奴でネェと肉なんて食えなかったサ。だいたい、米のメシが食えんかった。米にフキとかワカメ混ぜて、増やして食ったサ。風呂だって、ニシン釜やドラムカンに入った」

結局、開拓農業では食えなかった。冬場には炭焼き以外の仕事はなく、今のようなデメントリ（日雇労働）の仕事もなく、次々と山を下りていった。昭和三二年には二五人の児童がいた球浦小学校も、昭和四七年廃校になった。入植当時は六八戸だったが、現在まで残っているのは八戸だという。

メヤさんも、稲穂の山に下りてきた。一人娘は、奥尻に高校がなかったので、愛知県に進学就職させた。行く

5月のストーブ。話に熱がはいるといささか熱い。

のを嫌がった娘も、行ってしまったら向こうに慣れて、結婚して孫も出来たが、滅多に帰ってこれない。メンコクてしょうがない孫のために、小包を作るのが楽しみだ。この（昭和六三年）一月に三日連続したフェリー欠航には腹が立った。餅やホッケ製品が入った生鮮小包が、足止めを食ったからである。

小包を取りにくる郵便配達さんにだって、タダでは帰さないというメヤさんである。ムカイからの客人が来るとなると、奥さんは朝から赤飯を炊かなければならないし、メヤさんは、特製カマボコの原料のホッケ釣りに出なければならない。

職業分類からすれば、メヤさんは農民であるが、船三隻と船外機三台を持っており、船付き場は、春にはカタクリの群落が見られる急斜面を降りた、岩だらけの滝ノ澗にある。降りていく分にはいいが、漁の後にモッコに詰めたホッケを担いでここを登るのは重労働だ。二五〇尾も釣れてしまうと、奥尻の悪魔とも称すべきカラスと闘いながらの四往復を余儀なくさせられる。

釣れたてのホッケを三枚におろして包丁で叩き、すり鉢でする。固くなりすぎないように量に注意した澱粉と卵、人参、みりん、塩などを入れ、充分にこねる。一般にはミキサーが使われているが、メヤ夫人はつい最近までは、一切手でこねていた。「ナンモ、時間なんてかかんないサ」と言うが、この人のナンモは、常人にとっては余程大変なことでもすべてナンモで片づけてしまうことがあるから、注意を要する。小判型にして油で揚げたカマボコは、質量感のある、ずっしりと重い、一〇〇％

純粋なホッケ製。一つ食っただけでも、充分に腹にこたえるが、メヤさんの早口で音量豊かなもてなしの声が飛んでくる。

「ナシテ、遠慮する。もっと食《け》！　ホレ、刺身、食！　食！　カマボコ、食！　ナシテ酒飲まない？　飲め！」

元漁師のメヤさんにとって、農業に当面の目標がなくなったため、現在の生き甲斐は凪の日の釣りである。さすがに、魚には詳しい。

「イカは本当によく獲れたナ、イカ納屋にびっしり干したもんだモナ。魚は刺網やり出してから獲れなくなったドモ、まだ釣れるサ。ハチガラにガヤ、クロゾイ。カレイは黒ガシラにマガレ、ヒラメもいる。アブラコは刺身魚だから、奥尻ではみんな喜ぶ。ホヤ？　なんぼいるもんダカ……。マ、ここに居れば魚に不自由はしネエ。ンダども、冬は全然ダメダ。凪ネェンダ、びったし荒れて荒れて。船出せるもんでネエ。出るとき良くても、帰るときどうなるかワカンネ。滝ノ澗は岩ばっかりだで、櫂で漕いで出して、それから船外機かけネバナンネ。命かかってるから、ヘンな船や機械は使えネ……。」

「オレの得意はマス釣りヨ」とカレは主張する。サクラマスを謂うのだが、それはオンコ（イチイ）やアオダモの木で作った、鰹節の小さいような姿をしたテンテンと称するものを泳がせて釣る。海の尋（深さ）を有効に使うため、針の間をふつうの人より離すのがコツの一つだそうだ。

「マスも八キロもある奴だったら、たいしたもんだ。腹がコッタラ厚くて。サケなんて食えたもんでネエ。オレは漁師でネエから、マスなんか釣ってると、漁師が気合いかけてくることもあるんダ。オレに言わせれば、流《りゅう》魚《ぎょ》、止めれるもんなら止めてみろダ。魚の一本釣りに何の規制ができるもんでネ。アワビやコンブは、オラと関係ネ」

マス釣りの話になると、身ぶり手ぶりをまじえ、居間が船上のようになってしまう。

メヤさんの家の周辺は自然に満ち満ちている。春には山菜が、秋にはキノコが、それこそ「なんぼあるもんダカ」である。タヌキやイタチ、ヘビ、ネズミ、最近では野性化したミンクまでが、干してあるホッケやその臓物を狙ってやって来る。メヤさん夫婦は、その自然に包まれながら、魚を獲り、畑を作って暮らしている。そしてその収穫の大半は訪ねてきた人たちに与えてしまうのだが、与えること自体が宿命であるかのように、他とかかわっている夫婦のようにみえる。

昭和六三年（一九八八）一月、この季節としては不思議なくらい凪いだ滝ノ澗で、メヤさんは
「イヤー、こんな凪いだ日は珍しい。ンダドモ、凪ぐってことは、今度荒れるってコトダ。こんな日が一番オッカネエ」

と、凪いでも、荒れても、要するに毎日がオッカナイことを強調するような言い方をしていた。自然の威力が断然と優越している奥尻にあって、最も自然に近い生き方をしていると思われるメヤさんの言葉だけに、自然人とは、最も自然を畏れている人のことなのだと断言できるほどの説得力があった。

島の道路は小学生の運動場にもなる。

●荒波の向こうのムカイとは違う生き方もできる

昭和六三年元旦、鳥頭《ぶし》川の藤谷さんは、北海道新聞の連載記事、『荒波の向こうに—奥尻島から—』を見て、「どってんこいた（びっくり仰天した）」そうである。

奥尻が元旦から記事になることも珍しいが、奥尻の漁師の中に、しかも三六歳の若さで一億円もの貯金を持っている人がいる、という内容に驚いたのだ。

北海道新聞は、以下十回にわたって奥尻の話題をとりあげたが、デンキは、「ちょっと暗すぎるんでナイカイ」と、不満気だった。とかく奥尻は、島の中の島、北海道の矛盾の象徴、としてとらえられることが多い。北海道の産業、中でも第一次産業の前途は険しい。農業も漁業もお先き真っ暗、やめるにやめられない立場に追いやられていることが強調される。そこが、デンキの言う暗さにつながる。

今まで通りじゃダメになるという危機感は誰しも持っている。どうすればいいのかが判れば苦労はないのだ。今まで、多分に意識が自足的だったかもしれない。協同して大きなことをやる気概に欠けていた、何かやろうとすると人の足を引っぱるクセがある、いいとなるとワッと飛びつき、ダメになるとわれがちにやめてしまう、などの反省や批判も耳にしたことがある。

そこへ〝一億円漁師〟である。「やるもんダ！」と、みんな唸った。日常的な無駄は極力省き、前途を見越して必要な部分には最大限の投資をする、という経営的な戦略は、一般論としては判っていても、前途がどうなり、具体的に何が必要であるのかは、そう簡単に見えてはこない。自分たちの周辺で、それを実行に移した人がいたことは、かなりの刺激となったようだ。

もちろん、今までだって何もしなかったわけではない。養殖も手がけたが、穏やかな海ではない。一荒れくると、投資した設備をみんな持っていかれてしまう不運が重なったのである。最近では、サクラマスやドナルドソンの放流も手がけられている。また、アワビ漁に代表される磯まわりに関しては、奥尻の死活にも繋がることであり、漁協は漁を抑制する方針を出し、ダイバーを養成して沖合の魚礁で育てたアワビを専門に獲らせるようにする方向にあるという。要するに、漁師のワガママ勝手はさせないという方針だ。また、魚種別の網の規制も強化し、新規のものは殆ど許可が出ないとも聞いた。

観光に力を入れるのも良いが、所詮遊び客相手である。それにしか頼るものがなくなってしまった離島に、誰が住みつきたいと思うだろうか。漁業資源に恵まれた奥尻は、観光には少し不熱心であったが、そこが、今もって奥尻の魅力になっているのである。資源を保護することは、確かに容易なことではないのだが、究極的には奥尻を守ることにつながるのだ。観光に横目は使いながらも、魚を獲ることで生計を立ててきた態度には、大きな間違いはないはずだ。

「昔、あったものをやるべきでネエカ。ホタテはイッペーいたんダ。獲り尽くしたんだケド。ムカイでも、ニシン獲れだしてきたでショ。ここでも、イカもマスもマズマズだったし……。今まで全くなかったモンはダメなんでナイノ？　ここでの経験を話して、大学あたりの先生にも相談に乗ってもらってサ。マ、あんまり海を大事にしてこなかったモナ。缶捨てたり、ゴミ捨てたり。洗剤も悪いベナ。やたら木を伐るのも、川の改修もチット考えてできないベカ。昔、イッペーあった藻がなくなってきてるモナ。藻の王様はホンダワラってやつヨ。信じられないだろうケド、ムシロにホンダワラ付けて、サンマが飛び上がってくるトコ、手づかみにしたもんサ。イヤ、ここでもサンマが獲れたンダ。イヤ、ホント」

「オレ、この島にホタルを戻せネエかと思ってるんサ。昔ここにいた人が島に帰ってきたときに、ホタルの光見て、ああ、帰ってきたんだナって、思わせてやりたいのヨ。いや、イッペーいたんダ。五年前までは、球浦の墓地にいたんだから……。近江センセ、何とか調べてみてくれないカ？」

去る人を送るホタルの光ではなく、島に来る人に迎え火のようにまたたくホタルの光とは、考えただけでも幻想的ではないか。ホタルの越冬は技術的にはなかなか困難なところもあるらしいが、デンキの理屈で言えば、昔はあったモノなのである。

＊　＊

拝啓　貴殿が帰ったあと、数度の欠航がありました。私には欠航は何の損害も与えませんから、痛くも痒くもありません。貴殿などは、新聞が一日来なくても、来ないと言いますが、そんなことではここでは暮らせませんヨ。欠航になって、みんな騒ぐけれど、困るのはムカイで、こっちは少しも困らないのだということが、まだよく判っていない人もこっちにいることが残念です。

　こっちへ来て二年。みんなと仲良くやっていることは、ご承知の通りです。学校の仲間たちに、長期の休み中でも札幌へは帰らないと言ったら、〝俺も残ろうかな〟と、言い出す人が出てきました。異動希望をとり下げる人も出て来ました。イヤイヤながら島に居た人たちも、島を見直し始めました。山菜、鳥、人の心などを語り合う中で、彼らがここの魅力に気づき始めました。実は、ヒラで五〇歳をすぎた教師がどうなることか、後半の一〇年間、足手まといになって、みじめな思いをするのではないか、といった危惧の念が頭から離れなかった私にとって、今の生活は幸福そのものです。

　昨日、稲穂のメヤさんが珍しいことに拙宅を訪れ、開口一番〝センセ、痩せたな、ちゃんとメシ食ってるか?〟その足で、デンキに寄って〝近江センセに、うんと元気の出るもの持ってケ!〟と、命令して帰ったそうです。そしたら、すぐデンキがメバルを持って来ました。デンキ夫人が〝なんで、私が近江センセの健康管理しなイバナンナイ!〟と、ボヤいているとのこと。今日はそれで大笑いしました。

　とにかく、奥尻は自然の資源に恵まれているだけでなく、自然の中に包まれた人がごく自然に人と対していけるという、そんな資源にも恵まれているのですが、ここの人たちはそれを自覚していません。それだから、私にも恵みを与えてくれるのでしょうが。

　島の人たちにお愛想は要りません。心にもないことを言って、うわべをつくろう、ムカイのやり方は通用しません。行くと言ったら行かねばなりませんし、やると言われたら貰わなければなりません。へたな遠慮はしない方がいい。喜んでもらえることを喜ぶ、直截なのです。

　三年間では帰らない、という気持が去年あたりから定年までとなり、今年に入っては一寸貴殿に洩らしたように、永住したいという気持に固まってきました。定年になったら、塾のようなものを開きたい。私の塾ですから、基礎力養成を第一とし、この奥尻を教材とします。ここの自然は、広義にも狭義にも理科の宝庫なのです。勤め人はみんな数年のサイクルでいなくなり、根を下ろす人はマレです。そこに私の参入する余地もでてきます。私が奥尻に来たのは、夫婦仲が悪くてということになっていますが、事実、永住する気だと言ったら、相棒も娘も相当焦っていました。でも最近は諦めてきたようです。

　正直、都会での人間関係のしがらみに嫌気がさして、こっちに来た私にとって、ここの自然と人情は救いです。来た年に、生徒指導部長の私に、アワビ一個を五〇円で融通してくれると言ってくれた生徒がいましたが、卒業して島外に就職してしまい、残念なことをしました。

　そんなワケで、大変楽しく暮しているので、ご安心下さい。一月に貴殿にツブの脂を食わされて、ヨレヨレになった猫は、完全に立ち直りましたので申し添えておきます。

　今度の連休のご来島をお待ちしています。

一九八八年三月二九日　近江一之

奥尻での探鳥メモ地図

近江一之

昭和六一年（一九八六）四月から六三年六月までの二年半足らずの間に、この島で見かけた鳥を中心に、動植物などで私の関心をひいた事がらや、山菜採りのためのメモとして地図に書きこんでいたものを、少し整理したものです。こうした身近かな動植物に興味を持ちだしてからの生活は札幌が中心であり、私に珍しいと感じられた事がらも、札幌人であった私にとっては目新しい、というだけのことかもしれませんが。

ところで、昨日（六月一八日）私が確認した鳥は次のようなものです。ハシブトガラス・ハシボソガラス・スズメ・ヤマガラ・コガラ・オオアカゲラ・カワラヒワ・ウグイス・オオルリ・ウミネコ・ウミウ・ヤブサメ・シジュウカラ・エナガ・シマエナガ・ゴジュウカラ・キジバト・カッコウ・コヨシキリ・ホオアカ・ヒヨドリ・イワツバメ（?）など、二〇種をこえます。このうち、オオアカゲラは当地に来て以来初めて観察したものです。特に探鳥に出かけたわけではありません。裏に川が流れる宿舎のまわりと、そこから五〇ccのバイクでゆっくり走って七、八分、海を望む小高い丘陵地にある勤務地に出勤して、夕方には帰ってくるという、ごく普通の一日でした。普段通りの生活をしていて、一日にこれだけの鳥を観察できる所は、そうザラには無いのではというのが、島の住人になろうとしている、今の私のささやかな自慢でもあります。

珍しいものとしては、北海道新聞社編『北海道の野鳥』（昭和五三年刊）によれば、北海道での観察記録は六例とされているヤツガシラを、島に来てから二回観察しておりますし、昨年の一一月に生徒たちと出かけた探鳥ではマミジロキビタキ・エナガ・ミヤマホオジロを見ました。ミヤマホオジロは、日本野鳥の会発行の『日本の野鳥』（昭和五八年刊）では、北海道には生息しないことになっておりますが、この春にも、雌雄を同時に観察しましたので、奥尻で繁殖している可能性が考えられます。同書には「マミジロキビタキも数少ない旅鳥として本州、九州、対馬等での記録がある」と書かれております。また、前記『北海道の野鳥』には、シマエナガは記載されていますが、エナガは生息しないことになっています。たまたま二回観察することができただけですから、勿論確実なことではありませんが、このニナガも留鳥である可能性もあります。

脊椎動物の分布で特徴的なことは、エゾシカ・ヒグマ・マムシなどが生息しないことです。六〇年ほど前に実際に見たという古老の話によれば、「昔は島にもシカが沢山いたが、ある年、群をなしてムカイの島に渡っていった。体の大きいのが先頭になり、次々と前のシカの尾を噛んで一列に並んで泳いでいった。それから、この島にはシカの姿は見かけない」とのこと。畑の開墾をすると島の各地で角が出土することなどから、恐らく、かつてはこの島にもシカがいたことは間違いないようですが、なぜシカがムカイに渡っていったのかは判りません。北海道の西岸や天売《てうり》島、焼尻《やぎしり》島にはいるマムシが、なぜこの島に生息しないのかも不思議なことの一つです。エゾダヌキはムカイでは殆ど見られなくなりましたが、ここでは一年中見かけます。この一週間のうちに、車に轢かれたタヌキを二度見ています。雪の降り初めの頃だと、一日に

二、三頭見ることも珍しくありません。

植物では、最近のエビネブームで奥尻に注目する好事家も多いようですが、確かにラン科の植物の宝庫ではあります。ただし、保育社の『えびね』（昭和五一年刊）に載っているオクシリエビネは幻の植物になったようです。

また昆虫でも、札幌ではお目にかからなかったミンミンゼミがいますし、クワガタも七、八種はいます。また、四年前に絶滅したといわれているホタル（ゲンジボタル？）も、生徒からの最近の情報によれば、「父サンが、球浦で飛んでいるのを見たってヨ」とのことです。

編者あとがき

日本観光文化研究所、通称「観文研」に出入りする者を、揶揄をこめて「やくざな生活」といったりした。風来坊のような自由業の者という意味で、決して「やくざだ」といっているわけではない。『あるくみるきく』の多くは、この「やくざな生活」の者が書いているが、ほぼ共通していたのは、話をすときも『あるくみるきく』に執筆するときも、「旅」とはいっても「旅行」という言葉は使わなかったことである。「旅行」は遊興の色合いが濃いが、歩いて学ぶという意味合いの強い「旅」のほうを、観文研に出入りするだれもがごく自然に使い、旅をしている、という自尊心にもなっていた。

旅行も旅も、いうまでもなく日本国内だけとはかぎらない。『あるくみるきく』も、別冊（臨時号）を含めた全二六五冊のうち、国外の旅の特集が四三冊ある。探検や冒険、辺境の生活を体験したもの、あるいは日本につながる手工芸について丹念に調べたものなどもあるが、国内を歩くのと同じように、人に会い、話を聞き、学びながら外国を旅したものが少なくない。今回のこの「あるくみるきく双書」全二五巻は国内の特集にしぼったので、残念ながらそうした国外のものは収載されない。また国内の特集も、全二二五巻にすべてが網羅されるわけではない。取捨選択されている。

観文研は平成元年（一九八九）三月に閉じられる。そのとき活動をまとめた『観文研・二十三年のあゆみ』が刊行された。そのなかの〈『あるくみるきく』——観文研の象徴〉の章には、『あるくみるきく』についてのさまざまな経緯とともに、『あるくみるきく』の地域別リストとテーマ別リストが記されている。そこからたとえばテーマ別リストのテーマだけ拾ってみると、つぎのようなものがある。これには国外も含まれている。

地質・地形、動物・植物と人々のかかわり、まつり・民俗芸能・行事・信仰、祈願の造形物、民俗・歴史・風土・文化を訪ねる、海に生きる人々、山の暮らし・農村の暮らし、地域調査、食文化、民家と町並み、焼きもの、竹細工、織ものと染め、漆・木工・器、金属文化、伝統工芸と玩具、美・音・詩・演劇、人生を聞く、さまざまな旅、登山・川下り・釣・探検等、その他で、もっとも多く特集されているのは「民俗・歴史・風土・文化を訪ねる」である。多彩とはいえないかもしれないが、観文研にはさまざまな能力を持った、「やくざな生活」の者が出入りしていたことだけは想像できるのではないだろうか。

『あるくみるきく』は特集の本文のほかに別記事があって、創刊号からしばらくは、資源班が調査した観光資源を整理した記事だった。それが次第にさまざまな記事になる。つぎはこの17巻のそれぞれの号に掲載された別記事のタイトルである（「しゃぶりつく北海道の味」の掲載号は除く）。

冬の北海道（一一号）「ツァースキー23選」
春の北海道（四八号）「修験の山二十四選」
夏の北海道（一六号）「山の湖25選」
資源班による〇〇選は五八号（昭和四六年一二月）
までつづいた。
秋の北海道（六七号）「チセッづくり」
小樽の話（一五九号）「一枚の写真から」
〃　「イタリアだより　連載第一信」
〃　「アラビア印象記　第四回」
〃　「可笑報告—連続第二回」
奥尻島（二五八号）「世界の村から町から　アジア—
オーストラリアを歩く2」
〃　「連載30　大地のハナに立つ」
〃　「私の旅から95　東ネパールの旅から」
〃　「旅つれづれ」
〃　「ふみの小箱」
〃　「忙中有閑—編集室」
〃　「神田錬塀町73」
〃　「次号は」

『あるくみるきく』は、創刊号から二二三号までは縦一七二ミリ、横一八〇ミリ、表紙を含め二四頁、二四号から二〇〇号まではこの「あるくみるきく双書」と同じ判形で、頁は号によって四〇頁前後と一様ではない。二〇一号から終刊の二六三号まではB5で、頁も五〇頁を超えている号が多い。終刊の五号前の「奥尻島」は五二頁あって、別記事も豊富である。読者から投稿の頁の「ふみの小箱」は二〇一号からのタイトルで、その前は「拝啓　あるくみるきく御中」、「拝啓観文研御中」などのタイトルで掲載されていた。「忙中有閑—編集室」は、担当した号の編集者のつぶやき。「神田錬塀町73」は観文研の人の動きを書いたものである。

須藤　功

『あるくみるきく』の編集作業をする宮本千晴と清家（渡部）順子　昭和43年（1968）6月　撮影・須藤　功

著者・写真撮影者略歴（掲載順）

宮本常一（みやもと つねいち）
一九〇七年、山口県周防大島の農家に生まれる。大阪府立天王寺師範学校卒。柳田國男の『旅と伝説』を手にしたことがきっかけとなり民俗学者への道を歩み始め、一九三九年に上京、渋沢敬三の主宰するアチック・ミュージアムに入る。戦前、戦後の日本の農山漁村を訪ね歩き、民衆の歴史や文化を膨大な記録、著書にまとめるだけでなく、地域の未来を拓くため住民たちと膝を交えて語りあい、その振興策を説いた。一九六五年、武蔵野美術大学教授に就任。一九六六年、後進の育成のため近畿日本ツーリスト（株）・日本観光文化研究所（通称観文研）を設立し、翌年より月間雑誌『あるくみるきく』を発刊。一九八一年、東京都府中市にて死去。
著書に『忘れられた日本人』（岩波書店）『日本の離島』（未来社）『宮本常一著作集』（未来社）など多数。

工藤員功（くどう かずよし）
一九四五年、北海道生まれ。武蔵野美術短期大学芸能デザイン科専攻科修了。日本観光文化研究所所員、武蔵野美術大学民俗資料館設立準備室勤務を経て、現在は武蔵野美術大学非常勤講師（民俗学）。著書に『日本の生活と文化』三一書房に収録、『小樽の石造建築』（ぎょうせい出版）、共著に『民族文化双書2 暮らしの中の竹とわら』『6 小樽の史跡・旧跡と建造物』などがある。

更科源蔵（さらしな げんぞう）
一九〇四年北海道川上郡弟子屈町に開拓農民の家に生まれる。麻布獣医学校中退し、代用教員をしながら、詩作を始め、アイヌ文化を研究する。元北海学園大学教授。一九八五年没。
著書に『更科源蔵詩集』（木馬社）に『北海道の旅』（新潮社）、『アイヌの伝統音楽』（日本放送出版協会）、翻訳書に『アイヌ人物誌』（農文協）など多数ある。

中川 勝（なかがわ まさる）
一九四三年北海道札幌市生まれ。早稲田大学第一文学部卒業。元北海道立高等学校教諭。

高井吉一（たかい よしかず）
一九五二年兵庫県生まれ。武蔵野美術大学美術学部卒業。同大学科学助手、武蔵野美術学院指導部長などを経て、「ie factory 鉄ボー」を設立。都立城東職業開発センター溶接科講師。金属彫刻作家。

堀 耕（ほり たがやす）
一九三三年北海道小樽市生まれ。北海道学芸大学札幌分校卒業。元小樽市小中学校教諭。
著書に『鰊場の話』（『近代庶民生活誌』第12巻農民・漁民・水上生活者）三一書房に収録、『小樽の石造建築』、『民俗学』、著書に『日本の生活と文化』。

近江一之（おおみ かずゆき）
一九三五年北海道生まれ。北海道大学理学部卒業。元北海道立高等学校教諭。

堀 槇子（ほり まきこ）
一九三六年北海道函館市生まれ。北海道学芸大学函館分校卒業。小樽美術協会会員。

西山昭宣（にしやま あきのり）
一九四三年台湾生まれ、新潟県で育つ。早稲田大学第一文学部卒業後日本観光文化研究所に参画し、宮本千晴と共に『あるくみるきく』の企画・編集に携わる。後に都立高等学校教諭として転出するが、研究所閉鎖時まで所員として同誌の企画・編集を行なった。

須藤 功（すとう いさを）
一九三八年秋田県横手市生まれ。川口市立陽高校卒。民俗学写真家。一九六七年より日本観光文化研究所所員となり、全国各地歩き庶民の暮らしや祭りの撮影に当たる。民俗芸能等の研究、写真撮影に当たる。日本地名研究所より第八回「風土研究賞」を受賞。
著書に『西浦のまつり』（未来社）『山の標的―猪と山人の生活誌』（未来社）『花祭りのむら』（福音館書店）『写真 昭和の暮らし』（農文協）『大絵馬ものがたり』（農文協）全五巻『ものがたり』（農文協）全一〇巻など多数。

堀内 好（ほりうち このむ）
琉球諸島の民具』（未来社）、『JAPANESE BANBOO BASKETS』などがある。

監修者略歴

田村善次郎（たむら　ぜんじろう）

一九三四年、福岡県生まれ。一九五九年東京農業大学大学院農学研究科農業経済学専攻修士課程修了。一九八〇年武蔵野美術大学造形学部教授。武蔵野美術大学名誉教授。文化人類学・民俗学。

大学院時代より宮本常一氏の薫陶を受け、国内、海外のさまざまな民俗調査に従事。『宮本常一著作集』（未来社）の編集に当たる。著書に『ネパール周遊紀行』（武蔵野美術大学出版局）、『棚田の謎』（農文協）ほか。

宮本千晴（みやもと　ちはる）

一九三七年、宮本常一の長男として大阪府堺市鳳に生まれる。小・中・高校は常一の郷里周防大島で育つ。東京都立大学人文学部人文科学科卒。山岳部に在籍し、卒業後ネパールヒマラヤで探検の世界に目を開かれる。一九六六年より近畿日本ツーリスト・日本観光文化研究所（観文研）の事務局長兼『あるくみるきく』編集長として、所員の育成・指導に専念。

一九七九年江本嘉伸らと地平線会議設立。一九八二年観文研を辞して、向後元彦が取り組んでいた「（株）砂漠に緑を」に参加し、サウジアラビア・UAE・パキスタンなどをベースにマングローブについて学び、砂漠海岸での植林技術を開発する。一九九二年向後らとNGO「マングローブ植林行動計画」（ACTMANG）を設立し、サウジアラビアのマングローブ保護と修復、ベトナムの植林事業等に従事。現在も高齢登山を楽しむ。

あるくみるきく双書
宮本常一とあるいた昭和の日本 17 北海道 1

2011年3月20日第1刷発行

監修者　田村善次郎・宮本千晴
編　者　須藤　功

発行所　社団法人　農山漁村文化協会
郵便番号　107－8668　東京都港区赤坂7丁目6番1号
電話　03（3585）1141（営業）　03（3585）1147（編集）
FAX　03（3585）3668
振替　00120（3）144478
URL　http://www.ruralnet.or.jp/

ISBN978－4－540－10217－2

印刷・製本　（株）東京印書館

郷土の歴史・文化・資源を生かし内発的地域振興策を考える農文協の本

＜北海道＞

日本の食生活全集　全50巻

各巻２７６２円＋税　揃価１３８０９５円＋税

各都道府県の昭和初期の庶民の食生活を、地域ごとに聞き書き調査し、毎日の献立、晴れの日のご馳走、食材の多彩な調理法等、四季ごとにお年寄りに聞き書きし再現。地域資源を生かし文化を培った食生活の原型がここにある。

●北海道の食事　●アイヌの食事

江戸時代　人づくり風土記　全50巻（全48冊）

揃価　２１４２８６円＋税

地方が中央から独立し、侵略や自然破壊をせずに、地域の風土や資源を生かして充実した地域社会を形成した江戸時代、その実態を都道府県別に、政治、教育、産業、学芸、福祉、民俗などの分野ごとに活躍した先人を、約50編の物語で描く。

●北海道　４２８６円＋税

三澤勝衛著作集　風土の発見と創造　全4巻

揃価２８０００円＋税

世界恐慌が吹き荒れ地方が疲弊し、戦争への足音が聞こえる昭和の初期、野外を凝視し郷土の風土を発見し、「風土産業」の旗を高く掲げた信州の地理学者、三澤勝衛。今こそ、学び地域再生に生かしたい。

1地域の個性と地域力の探求　６５００円＋税　2地域からの教育創造　８０００円＋税
3風土産業　６５００円＋税　4暮らしと景観・三澤「風土学」私はこう読む　７０００円＋税

写真ものがたり　昭和の暮らし　全10巻

須藤　功著

各巻５０００円＋税　揃価５００００円＋税

高度経済成長がどかどかと地方に押し寄せる前に、全国の地方写真家が撮った人々の暮らし写真を集大成。見失ってきたものはなにか、これからの暮らし方や地域再生を考える珠玉の映像記録。

①農村　②山村　③漁村と島　④都市と町　⑤川と湖沼　⑥子どもたち　⑦人生儀礼　⑧年中行事
⑨技と知恵　⑩くつろぎ

シリーズ　地域の再生　全21巻（刊行中）

各巻２６００円＋税　揃価５４６００円＋税

地域の資源や文化を生かした内発的地域再生策を、21のテーマに分け、各地の先駆的実践に学んだ、全巻書き下ろしの提言・実践集。

[1]地元学からの出発　[2]共同体の基礎理論　3自治と自給と地域主権　[4]食料主権のグランドデザイン　5手づくり自治区の多様な展開　6自治の再生と地域間連携　[7]進化する集落営農　8地域をひらく多様な経営体　9地域農業再生と農地制度　10農協は地域になにができるか　11家族・集落・女性の力　[12]場の教育　13遊び・祭り・祈りの力　14農村の福祉力　15雇用と地域を創る直売所　[16]水田活用 新時代　17里山・遊休農地をとらえなおす　18林業―林業を超える生業の創出　19海業―漁業を超える生業の創出　20有機農業の技術論　[21]百姓学宣言

（□巻は平成二三年三月現在既刊）